Christoph Safferling
Ohnmacht des Völkerrechts

CHRISTOPH SAFFERLING

OHNMACHT DES VÖLKER RECHTS

Die Rückkehr des Kriegs und der Menschheitsverbrechen

dtv

FSC
www.fsc.org
MIX
Papier | Fördert gute Waldnutzung
FSC® C083411

Tumblingerstraße 21, 80337 München
produktsicherheit@dtv.de
Satz: Fotosatz Amann, Memmingen
Gesetzt aus der Melior LT Std
Redaktion: Jürgen Bolz
Druck und Bindung: CPI books GmbH, Leck
Printed in Germany · ISBN 978-3-423-28506-3

INHALT

VORWORT

»Aber der letzte Schritt, periodisch wiederkehrende Kriege zu verhüten, die bei internationaler Gesetzlosigkeit unvermeidlich sind, ist, die Staatsmänner vor dem Gesetz verantwortlich zu machen«, erklärte der US-amerikanische Chefankläger im Nürnberger Hauptkriegsverbrecherprozess Robert H. Jackson am 21. November 1945 im Saal 600 des Nürnberger Justizpalastes.[1] Heute, achtzig Jahre später, blicken wir fassungslos auf die Situation in Europa und in der Welt und fragen uns, warum es nicht gelingt, diesen letzten Schritt zu gehen. Welchen Wert hat das Völkerrecht, wenn es nicht in der Lage ist, Angriffskriege zu verhindern? Was bringen die Regeln des humanitären Völkerrechts, wenn in den bewaffneten Konflikten weiterhin vergewaltigt, gemordet, geschändet und gefoltert wird? Welche Bedeutung haben die Menschenrechte, wenn weiterhin Diktatoren Menschen ausbeuten, unterdrücken, einsperren und umbringen lassen?

Von einem Rechtssystem erwarten wir Sicherheit und Ordnung. Was für ein Rechtssystem aber ist das Völkerrecht, wenn es diese Ziele offensichtlich nicht erreicht? Ist es überhaupt in der Lage, Frieden und Menschenwürde zu garantieren?

Kriege und Verbrechen gegen die Menschlichkeit waren in den vergangenen achtzig Jahren seit Nürnberg immer präsent. Der Koreakrieg, dessen Ergebnis wir heute in der Trennung von Süd- und Nordkorea am 38. Breitengrad immer noch sehen, die Dekolonialisierungskriege, der Vietnamkrieg und, und, und – die Reihe reißt nicht ab. Aber nach dem Ende des Ost-West-Konflikts, das der Fall der Berliner Mauer am 9. November 1989 so stimmungsvoll symbolisiert, keimte die Hoffnung auf, dass Recht und Vernunft sich nun auch selbst im Völkerrecht Bahn brechen. Auch wenn der Übergang von der Diktatur zur Demokratie bei Weitem nicht in allen Staaten unblutig verlief, auch wenn im ehemaligen Jugoslawien Rassenhass und religiöse Verblendung in blutigen Massakern und Völkermord endeten, so fand die internationale Gemeinschaft doch gemeinsam eine völkerrechtliche Antwort auf diese Verbrechen. Die Idee von Nürnberg, Staatenführer zur Rechenschaft zu ziehen, wurde wieder mit Leben gefüllt und durch mehrere Strafgerichtshöfe in die Tat umgesetzt. Für das ehemalige Jugoslawien, für Ruanda, Sierra Leone und Osttimor wurden nach dem Nürnberger Vorbild internationale oder hybride Strafgerichtshöfe geschaffen, die den Opfern Gerechtigkeit bringen sollten. Schließlich einigte man sich im Sommer 1998 mehrheitlich sogar auf die Einrichtung eines permanenten Internationalen Strafgerichtshofs. Das alles deutet darauf hin, dass dieser letzte Schritt, den Robert H. Jackson in Nürnberg anmahnte, nun gegangen werden konnte.

Was bei der Gründung des Internationalen Strafgerichtshofs schon nur eine vage Hoffnung war, geriet angesichts der Terrorgefahr seit 9/11 mit dem folgenden, immerhin von den Vereinten Nationen autorisierten Krieg in Afghanistan in eine Schieflage und erweist sich heute angesichts des brutalen Angriffs Russlands auf die

Ukraine, der nicht enden wollenden Gewalt in Palästina, der Vertreibungen und Massenexekutionen in Myanmar und anderer blutiger Konflikte als naive Vorstellung. Autokraten und Populisten übernehmen die Macht auch in traditionellen Demokratien. Rückwärtsgewandt predigen sie die Größe ihrer Nationalstaaten, stellen die Eigeninteressen in den Vordergrund und erteilen dem Multilateralismus eine Absage. Vom »letzten Schritt« ist die internationale Staatengemeinschaft weiter entfernt denn je. Die Macht will sich der Vernunft nicht unterordnen. Der Krieg als größte Geißel der Menschheit ist zurück auf der politischen Bühne und bringt tausendfaches Leid mit sich.

Noch einmal Ankläger Jackson in Nürnberg: »Und lassen Sie es mich deutlich aussprechen: Dieses Gesetz wird hier zwar zunächst auf deutsche Angreifer angewandt, es schließt aber ein und muss, wenn es von Nutzen sein soll, den Angriff jeder anderen Nation verdammen, nicht ausgenommen die, die jetzt hier zu Gericht sitzen. Wir können im Innern Gewaltherrschaft, Willkür, Zwang und Überfall derer, die gegen die Rechte ihres eigenen Volkes an der Macht sind, nur beseitigen, wenn wir jedermann vor dem Gesetz verantwortlich machen. Dieser Prozess ist der verzweifelte Versuch der Menschheit, die Strenge des Gesetzes auf die Staatsmänner anzuwenden, die ihre Macht im Staate benutzt haben, die Grundlagen des Weltfriedens anzugreifen und die Hoheitsrechte ihrer Nachbarn durch Übergriff und Überfall zu verletzen.«[2]

Hier traf der Visionär Jackson den Nagel auf den Kopf: Der Prozess in Nürnberg war der verzweifelte Versuch der Menschheit, das Völkerrecht endlich zu dem zu machen, was es sein soll. Ein Instrument, den Frieden zu schützen, ihn einzufordern und Verstöße streng zu sanktionieren. Die Menschheit sehnt sich bis heute danach.

Das vorliegende Buch möchte dieser Sehnsucht Ausdruck geben. Es möchte erklären, warum das Völkerrecht so ist, wie es ist, wie es sich entwickelt hat, welche Potenziale es hat und warum wir es trotz seiner Defizite brauchen. Dabei wird zwangsläufig pauschalisiert, periodisiert, typisiert und auch ein wenig trivialisiert. Das Buch will einordnen, erklären, Missfallen ausdrücken, vor allem aber Hoffnung machen.

Im Kern geht es hier um das Sicherheitsrecht, nicht um das Wirtschaftsvölkerrecht. Internationale Wirtschaftsbeziehungen, WTO, Weltbank, Lieferkettengesetz, all das steht hier nicht im Fokus. Im multilateralen Geflecht des Wirtschaftsvölkerrechts liegt auch vieles im Argen, und seit der Amtsübernahme von Donald Trump ist die Unsicherheit groß. Doch in diesem Buch steht das Thema Krieg und Frieden im Mittelpunkt. Auch hier zeigt der Regierungswechsel in den USA seine Auswirkungen. Die Dysfunktionalitäten liegen aber im System, die Entwicklung hin zur heutigen Ratlosigkeit hat schon lange vorher begonnen.

Dieses Buch ist aus der Perspektive Mitteleuropas und insbesondere Deutschlands geschrieben. Als spätes Mitglied der Boomer-Generation, aufgewachsen in der alten Bundesrepublik, bin ich ein Kind des Kalten Kriegs. Das wird und soll auch deutlich werden, denn es ist vor allem meine Generation, die für viele der unerträglichen Situationen in der Welt verantwortlich ist, die heute unser Gewissen strapazieren. Das Buch ist also auch eine Art Selbstanklage. Ich habe mich bemüht, die Dynamik der aktuellen Entwicklungen in der Welt so weit wie möglich abzubilden. Dennoch sind dem Fortschreiben dieser Entwicklungen zeitliche Grenzen gesetzt, in diesem Fall ist es der 17. Juni 2025. Auf diesem Stand sind die folgenden Ausführungen.

Christoph Safferling
Erlangen, im Juni 2025

I
DAS VERSPRECHEN VON NÜRNBERG

Was kennzeichnet das Völkerrecht?

Das Völkerrecht ist das Recht, das die Staaten zur Regelung der Beziehungen untereinander setzen. Die Akteure oder Subjekte des Völkerrechts sind einzig und allein Staaten, so jedenfalls die traditionelle Lesart. Neben den Staaten gibt es nur noch drei originäre Völkerrechtssubjekte: das Internationale Komitee vom Roten Kreuz, der Heilige Stuhl und der Malteser-Ritterorden. Eine große Rolle spielt das heutzutage nicht mehr.

Ist das Recht der Völker gleich dem Recht der Natur? Leben die Völker in einem Naturzustand miteinander, in dem ein Krieg aller gegen alle herrscht, in dem nichts gerecht oder ungerecht ist? Thomas Hobbes (1588–1679) hat das in seinem *Leviathan* so angenommen.[1] Auch Georg Wilhelm Friedrich Hegel (1770–1831) sieht im Völkerrecht kein wirkliches Machtinstrument mit Verbindlichkeit für die Staaten. Es zählt allein der Wille der Staaten.[2] Der Grund für diese Aussagen liegt in der Prämisse der Staatssouveränität: Staaten sind souverän und damit absolut. Sie sind keiner auswärtigen Macht unterworfen, an Regeln nur gebunden, soweit sie diesen zugestimmt haben, und nach innen frei zu entscheiden, wie sie das gesellschaftliche Leben gestalten.

Ist das Völkerrecht aber beliebig, welchen Wert hat es

dann als Recht? Hat es überhaupt Rechtscharakter? Oder ist es nur Rhetorik im Geflecht internationaler Beziehungen, wie die zeitgenössischen amerikanischen Wissenschaftler Jack L. Goldsmith und Eric A. Posner meinen?[3]

Der große Aufklärer Immanuel Kant (1724–1804) setzt sein Vernunftkonzept gegen den Zustand der Rechtlosigkeit und sieht in seinem Vertragsentwurf *Zum ewigen Frieden* die Staaten in der Lage, über Bündnisse Streit zu schlichten und Kriege zu vermeiden.[4] Auch Kant geht von der Staatssouveränität als Grundlage des Völkerrechts aus. Er sieht darin aber die Chance für die Staaten, sich moralisch zu verhalten und rechtlich zu binden.

Der Schlüssel zum Verständnis des Völkerrechts liegt demnach genau hier: in der Staatssouveränität. Was genau aber meint hier »Souveränität«? Woher kommt dieses Konzept, und wie ist es legitimiert?

Im zwischenmenschlichen Kontext gibt es Souveränität auch. Hier nennen wir sie Persönlichkeitsrecht.[5] Die Begründung des Persönlichkeitsrechts liegt letztlich in der Menschenwürde. Der Schutz der Menschenwürde ist das oberste Gebot unserer Verfassung und steht deshalb ganz am Anfang: Die Würde des Menschen ist unantastbar (Art. 1 Abs. 1 Grundgesetz). In dieser Formulierung greift der Artikel auf, was unveränderlich der Verfassung vorgeht, stellt aber zugleich die Forderung auf, dass jeder die Würde des anderen als unantastbar anzuerkennen hat.

Wir verstehen die Persönlichkeitsrechte aber nicht als absolut. Die Freiheit des Einzelnen ist immer beschränkt durch die Freiheit des anderen und der Gemeinschaft.[6] Über die Legitimation für die Beschränkungen mag man sich im Einzelnen streiten, aber über den elementaren

Gedanken, dass die Freiheit des Einzelnen relativ zur Freiheit der anderen verstanden wird, besteht grundsätzliche Einigkeit in den demokratischen Rechtsstaaten der Welt. Dazu existieren Institutionen, Behörden und Gerichte, die diesen Ausgleich zwischen den Rechtspositionen Einzelner und den Interessen der Allgemeinheit überwachen und notfalls mittels Zwang durchsetzen.

Wieso nun gilt diese Relativität nicht in gleicher Art und Weise für die Staaten und ihre Souveränität? Woher kommt dieser Absolutheitsanspruch von Staaten? Warum fehlen hier allgemeine Institutionen, die einen Ausgleich schaffen zwischen den Interessen der Staaten und der Weltgemeinschaft? Wieso sind Staaten nur dann gebunden, wenn sie explizit auf ihre Souveränität verzichten? Ist der Krieg das einzige Mittel, völkerrechtliche Interessen durchzusetzen? Zur Beantwortung dieser Fragen müssen wir weiter ausholen. Zuvor möchte ich jedoch einen kurzen Blick auf die Geburt des neuzeitlichen Völkerrechts in der Folge des Dreißigjährigen Krieges werfen.

Der Westfälische Frieden

Das moderne Konzept der Staatssouveränität stammt aus der frühen Neuzeit. Der französische Staatsphilosoph Jean Bodin (1529–1596) hat es definiert als die dem Staat zustehende Letztentscheidungsbefugnis.[7] Er wollte damit Sicherheit und Frieden im Land garantieren, denn die konfessionellen Bürgerkriege hatten Frankreich stark in Mitleidenschaft gezogen. Die unbeschränkte Konzentration der Staatsgewalt auf den Monarchen konnte die

Konfliktbeendigung im Innern garantieren. Heute sprechen wir vom staatlichen Gewaltmonopol oder von innerer Souveränität. Der legitime Herrscher ist der Souverän. Wie genau diese Herrschaft beschaffen ist, ob es ein absolutistischer Monarch ist, der von Gottes Gnaden eingesetzt ist, oder das Volk, das sich in demokratischen Wahlen eine Regierung setzt, ist dabei nicht wichtig. Souveränität funktioniert im Völkerrecht unabhängig von der Staats- und Regierungsform.

Dem folgt zunächst völlig stimmig, dass dieser Souverän Einflüsse von außen nicht tolerieren muss. Die Folge des Gewaltmonopols im Innern ist die äußere Souveränität. Vielleicht verstehen wir heute, wo wir russische und chinesische Trolle kennen, die via Social Media Politik und Wahlkampf in fremden Staaten beeinflussen, dieses Bedürfnis der Abgrenzung wieder besser, weil die Versuche, Einfluss von außen zu nehmen, offensichtlich sind. Im Mittelalter war die äußere Einflussnahme auf innerstaatliche Politik an der Tagesordnung bzw. Teil des Systems. Erinnert sei hier nur an den Einfluss des Papstes und der kirchlichen Machthaber.[8]

Wie geht man nun aber wechselseitig mit dieser äußeren Souveränität um? Ist diese in irgendeiner Art und Weise beschränkt oder beschränkbar? Ist sie einer – möglicherweise gerichtlichen – Kontrolle unterworfen? Wie verhält sich die Souveränität des einen Staates zu der des anderen?

Seit 1618 tobte in Europa eine kriegerische Auseinandersetzung unterschiedlicher Könige und Fürsten, die fürchterliches Leid, Hungersnot und Seuchen über weite Teile des Heiligen Römischen Reichs brachte. Das Morden, Verwüsten und Rauben im Namen der richtigen Religion sollte Europa dreißig Jahre lang fest im Griff halten. Die Religion stand schon bald nicht mehr im Mittelpunkt, sondern es ging um territoriale Interessen der Mächtigen. Krieg war zum damaligen Zeitpunkt aber nicht so sehr Teil des staatlichen Systems, als dass die Machthaber über große stehende Heere verfügt hätten, die nun zum Einsatz kamen. Vielmehr wurden Söldnerheere angeheuert, die sich am besten selbst versorgen sollten. Gemäß dem von Friedrich Schiller (1759–1805) geprägten Satz »Der Krieg ernährt den Krieg«[9] wurde das Plündern und Ausbluten ganzer Landstriche freigegeben, um die Soldaten zu versorgen und bei Laune zu halten.[10]

Erst ein gesamteuropäischer Friedenskongress konnte 1648 die Kriege beenden. Die Lage war indes so verfahren, dass man sich nicht einmal auf einen gemeinsamen Verhandlungsort einigen konnte. Die Stadt Münster war während der fünfjährigen Verhandlungsdauer Schauplatz der Friedensverhandlungen für die katholische Seite, in Osnabrück tagten die protestantischen Verhandlungsführer. In einigen Nachfolgekonferenzen in Nürnberg, dem »Nürnberger Exekutionstag«, wurden in den Jahren 1649 und 1650 Einzelheiten des Truppenabzugs und der Entschädigungsfragen geklärt. Der am 24. Oktober 1648 in Münster und Osnabrück unterzeichnete Westfälische Frieden definierte die Machtbalance in Europa neu und bildet bis heute die Grundlage des modernen Völkerrechts.

Es sind diese drei Prinzipien, die das »Westfälische System«, wie es in der Völkerrechtswissenschaft gern genannt wird, ausmachen. Erstens: Jeder Staat ist souverän. Zweitens: Jeder Staat hat klare territoriale Grenzen, innerhalb derer er das Gewaltmonopol innehat. Drittens: Die Staaten sind untereinander gleichberechtigt.

Der Krieg als Mittel der Durchsetzung politischer Ziele wird in den Verträgen explizit nicht ausgeschlossen. Im Gegenteil: Krieg ist weiterhin eine Normalität im Rahmen dieses auf Souveränität und Gleichheit ausgerichteten Staatensystems.

Man darf den Westfälischen Frieden nun nicht als singuläres Gründungsereignis des europäischen Nationalstaates oder eines völkerrechtlichen Gesamtsystems missverstehen. Das widerspräche der historischen Entwicklung. 1648 markiert in dieser langen Entwicklungsgeschichte aber gleichwohl einen wichtigen Meilenstein.[11] Zudem wird der Westfälische Frieden in den internationalen Beziehungen und im Völkerrecht regelmäßig mit den Prämissen Souveränität und Gleichheit der Staaten wie eine Monstranz hochgehalten, und weitere Entwicklungen werden immer wieder daran gemessen und bewertet. Dabei täte es not, den Frieden von Münster und Osnabrück als das zu sehen, was er historisch war: die Beendigung mehrere Jahrzehnte lang tobender Kriege durch Festlegung von Territorialgrenzen, Zahlung von Entschädigungen und Bestimmungen über die Religionsausübung, was für einen gewissen Zeitraum eine Friedensarchitektur in Europa garantieren konnte. Aus dem Westfälischen Frieden heute noch Forderungen abzuleiten, scheint daher mehr als fragwürdig. Gleichwohl wird in der Politik- und Völkerrechtswissenschaft häufig mit diesen Verträgen argumentiert. Dass man sich damit eine Verkrustung der Strukturen erkauft und notwendige Veränderungen verhindert, zeigt die jüngste Entwicklung in der Weltgeschichte sehr deutlich.

Die Verengung des Blicks auf ein einzelnes Ereignis widerspricht im Grunde auch der Entwicklung des Völkerrechts. Das Völkerrecht besitzt nämlich durchaus ein hohes Maß an Dynamik. Es entwickelt sich von Fall zu Fall. Völkerrecht ist immer auch Völkerrechtsgeschichte. Neue Herausforderungen lassen neue Lösungen entstehen, die in der Folge akzeptiert werden oder eben auch nicht. Es ist wie ein Haus, an dem ständig gebaut wird, wobei auch mal Teile wieder zurückgebaut werden und an einer anderen Stelle etwas hinzugefügt wird, ein Haus, an dem unfertige Teile gleich neben prächtig mit Stuck verzierten Festsälen liegen.

Dieses Bild verdeutlicht, wie sehr sich das Völkerrecht von einem nationalen Rechtssystem unterscheidet. Im nationalen Kontext erwarten wir ein stabiles Haus, das auf einem tragfähigen Fundament namens Verfassung steht, dessen Dach dafür sorgt, dass niemand nasse Füße bekommt, und das so isoliert ist, dass niemand frieren muss. Natürlich wird da auch an- und umgebaut, werden einzelne Räume mehr oder weniger aufwendig verziert oder Schmuck wieder abgetragen. Aber die Grundstruktur eines sicheren Wohnhauses bleibt erhalten.

Im Haus des Völkerrechts gibt es kein Dach über dem gesamten Haus. Allenfalls einzelne Teile sind vor Regen und Schnee geschützt. Ein kräftiger Sturm kann auch einen Teil des Hauses zum Einsturz bringen. Stabil ist lediglich das Fundament, bestehend aus der Souveränität und Gleichheit der Staaten als die geborenen Subjekte des Völkerrechts.

Wie »entsteht« Völkerrecht?

Aus dem oben beschriebenen dynamischen Charakter ergibt sich auch die Methodik, wie Völkerrecht »entsteht«. In der Völkerrechtswissenschaft sprechen wir von den »Quellen des Völkerrechts«.

Grundsätzlich sind drei Arten zu unterscheiden: Die wichtigste Form ist der Vertrag. Das können (bilaterale) Verträge zwischen zwei Staaten oder auch (multilaterale) Verträge einer größeren Zahl von Staaten sein, wie etwa die Charta der Vereinten Nationen.

Daneben gibt es zwei weitere Quellen des Völkerrechts. Zu nennen ist dabei zunächst das Völkergewohnheitsrecht. Dieses ergibt sich aus einer gewissen Übung (Gewohnheit, Praxis) und der damit korrespondierenden Überzeugung der Völkerrechtssubjekte, dass es sich dabei auch um eine rechtliche Regel *(opinio iuris)* handelt. Staatenpraxis und *opinio iuris* müssen vorliegen, damit man von einer Regel des Völkergewohnheitsrechts sprechen kann.

Völkerrecht kann sich auch aus allgemeinen Rechtsprinzipien ergeben. Gemeint sind damit rechtliche Normen und Prinzipien, die in so gut wie allen innerstaatlichen Rechtsordnungen anerkannt sind und sich auf die Ebene des Völkerrechts übertragen lassen. Im Statut des Internationalen Gerichtshofs, wo in Art. 38 die Völkerrechtsquellen genannt sind, wird hier von Rechtsgrundsätzen gesprochen, die von den »Kulturvölkern« anerkannt sind. Die Vorstellung, dass es »Kulturvölker« und unzivilisierte Völker gibt, entspricht der Auffassung der Sieger von 1945. Am Ende des Zweiten Weltkriegs waren sich die beteiligten Staaten darin einig, dass Deutschland und Japan nicht zu den Kulturvölkern zu zählen waren. Sie hatten sich selbst durch ihre Aggressionspolitik und ihre verbrecherische Kriegsführung aus dem Kreis der zivilisierten Völker herauskatapultiert.[12] Heute ist diese Unterscheidung natürlich nicht mehr haltbar. Dabei war die Vorstellung von »Kulturvölkern« und »unzivilisierten Völkern« auch schon 1945 falsch, denn sie widerspricht ganz offen dem Grundsatz der Gleichheit der Staaten.

Die Lehre von den Völkerrechtsquellen ist auf dem Papier somit rasch erklärt. In der Praxis stoßen wir indes immer wieder auf gewaltige Schwierigkeiten. Das liegt nicht am Völkerrecht selbst. Verträge mögen schwierig auszulegen sein, verschiedene Sprachfassungen mögen zu Problemen bei der Interpretation führen, mit dem »Wiener Übereinkommen über das Recht der Verträge« existiert seit 1969 aber eine anerkannte und gangbare Methodik.[13] Danach sind die Verträge objektiv, also nach dem Wortlaut, der Systematik und dem Sinn und Zweck auszulegen. Die Vorstellungen der Vertragsparteien bei Vertragsschluss sind ergänzend heranzuziehen.

So weit zur Klarheit von Verträgen. Wie aber stellt man fest, was Völkergewohnheitsrecht ist? Die Definition unterscheidet zwischen einem objektiven Element, der Staatenpraxis *(consuetudo)*, und einem subjektiven Element, der Rechtsüberzeugung *(opinio iuris)*. Würde man das objektive Element ernst nehmen, so käme man in vielen Fällen wahrscheinlich zu keinem Ergebnis. Klar ist, man darf die Staatenpraxis nicht quantitativ verstehen. Das ist keine Zählaufgabe. Es können auch nur wenige Staaten eine entsprechende Rechtspraxis ausmachen, wenn es eben die Staaten sind, die besonders betroffen sind. Geht es also etwa um den Festlandsockel in der Nordsee, um einen bekannten Fall des Internationalen Gerichtshofs zu bemühen, wird die Staatenpraxis durch die Nordseeanrainerstaaten geprägt.[14]

Auch stößt diese Herangehensweise an Grenzen, wenn es neue Fallkonstellationen zu bewerten gibt. Kann Völkerrecht nicht auch spontan entstehen? Reicht es möglicherweise aus, wenn ein Staat sich auf eine Weise verhält und kein anderer Staat widerspricht?

Die Beantwortung der Frage, ob eine Norm völkergewohnheitsrechtliche Geltung beanspruchen kann, liegt, so scheint es, häufig im Auge des Betrachters. Dabei gibt es hier viele umstrittene Fälle: Welche Geltung haben die Menschenrechte oder die Regelungen des humanitären Völkerrechts? Gibt es eine humanitäre Intervention als Ausnahme vom Gewaltverbot, wie die NATO das für den Kosovo-Fall behauptet hat? Sind Präventivkriege erlaubt, wie die Bush-Doktrin nach 9/11 das verstanden hat? Wir werden darauf zurückkommen.

Nicht weniger problematisch sind die Allgemeinen Rechtsgrundsätze. Viele dieser Prinzipien sind aus dem Privatrecht bekannt, was schon deshalb nicht überrascht, weil das Völkerrecht, wie das Privatrecht, von der Gleichheit und Souveränität der Rechtssubjekte ausgeht.[15] Aus dem hierarchischen Denken von Öffentlichem Recht und Strafrecht lässt sich das Verhältnis der Staaten untereinander eher nicht ableiten. Es sind also Prinzipien wie *pacta sunt servanda* (Verträge sind einzuhalten), *clausula rebus sic stantibus* (Wegfall der Geschäftsgrundlage), *venire contra factum proprium* (Widerspruch zu früherem Verhalten) oder der allgemeine

Grundsatz von Treu und Glauben *(bona fide)*. Aber lässt sich aus den allgemeinen Rechtsprinzipien nicht viel mehr ableiten? Zum Beispiel eine prinzipiengeleitete Rechtsordnung, die im Wesentlichen auf dem Grundsatz der Abwägung beruht?[16] Die Menschenrechte, die Nürnberger Prinzipien, das Gewaltverbot und Friedensgebot als allgemeine Rechtsprinzipien könnten, so verstanden, die Grundlage der Völkerrechtsordnung bilden. Das ist ein vielversprechender theoretischer Ansatz. Auch hierauf werden wir zurückkommen.

Immunitäten im Völkerrecht

Eine Folge von Gleichheit und Unabhängigkeit souveräner Staaten ist Staatenimmunität. Kein Staat kann über einen anderen Staat zu Gericht sitzen, gemäß dem Grundsatz *par in parem non habet iudicium*. Ein Staat kann also einen anderen Staat nicht vor seinen eigenen, innerstaatlichen Gerichten verklagen. Das ist zunächst eine durchaus einleuchtende Regelung. Ohne diese Regelung kämen internationale Beziehungen sehr wahrscheinlich zum Erliegen, weil sich Staaten jeweils wechselseitig mit Gerichtsverfahren überziehen würden. Diese Immunitätsregelung hat der US Supreme Court in einer Entscheidung aus dem Jahr 1812 als Völkergewohnheitsrecht bezeichnet. In dem zugrunde liegenden Fall, er gilt als der erste in Sachen Staatenimmunität,[17] ging es um ein Segelschiff, die *Exchange*, welche von Napoleon Bonaparte beschlagnahmt und zum Kriegsschiff umgerüstet worden war. Als das Schiff unter dem Namen *Balaou* zwei Jahre später nach einem Sturmschaden in

Philadelphia zur Reparatur andockte, klagten die früheren Eigentümer John McFaddon und William Greetham vor US-Gerichten auf Rückgabe des Schoners. Chief Justice Marshall stellte in der Entscheidung fest, dass die Gerichte in den USA keine Gerichtsbarkeit über fremde Staaten und deren diplomatische Repräsentanten haben.[18] Da es sich hier um ein französisches Kriegsschiff handelte, konnten die früheren Eigentümer keine Ansprüche geltend machen.

Italien konnte also die Bundesrepublik Deutschland auch nicht vor einem italienischen Gericht auf Reparationszahlungen für Kriegsverbrechen während des Zweiten Weltkriegs verklagen. Der Internationale Gerichtshof sah in diesem Fall auch keine Ausnahme von der Immunitätsregel, obwohl fundamentale Menschenrechte verletzt worden waren.[19]

Ob Immunitätsregelungen, die eine Klage gegen einen Staat ausschließen, auch im Strafrecht gelten, ist eine andere Frage. Im Strafrecht wird nicht der Staat verklagt, sondern ein Individuum wird angeklagt. Eine natürliche Person wird beschuldigt, Straftaten, im Fall des Völkerrechts eben internationale Straftaten, begangen zu haben. Die verdächtige Person kann dabei aber auch für einen Staat gehandelt haben. Sind dann auch Immunitätsregeln zu beachten? Grundsätzlich sind Repräsentanten des einen Staates auch immun gegen Strafverfolgung durch einen anderen Staat, wenn sie für ihren Staat handeln (funktionelle Immunität). Hier aber hat sich eine Ausnahme für die seit Nürnberg anerkannten internationalen Kernverbrechen (Aggression, Kriegsverbrechen, Verbrechen gegen die Menschlichkeit und auch Völkermord) herausgebildet. Wie weit diese geht und ob es sie überhaupt geben kann, ist in der Völkerrechtspraxis umstritten. In der Völkerrechtskommission der Vereinten Nationen sind zuletzt im Zusammenhang mit einem Entwurf zur Immunitätsregelung Diskussionen darüber aufgekommen. Dort wird seit 2007 über »Draft Articles on Immunity of State Officials« debattiert.

In Art. 7 dieses Entwurfs wird das Prinzip der Immunität im Fall von Völkermord, Verbrechen gegen die Menschlichkeit, Kriegsverbrechen, Apartheid, Folter und Verschwindenlassen ausgesetzt. Im letzten Entwurf ist nun auch richtigerweise das Verbrechen der Aggression enthalten.[20]

Der Grund für diese Ausnahme wird in einem sich entwickelnden Völkergewohnheitsrecht *(discernible trend)* gesehen.[21] Die Völkerrechtskommission wurde schwer kritisiert für diese Aktualisierung. Vor allem wird gegen die Ausnahme vorgebracht, sie sei missbrauchsanfällig. Schon mit der Behauptung, es seien Kernverbrechen verwirklicht, könnten dann vor einem nationalen Gericht Strafverfahren zum Beispiel gegen Diplomaten angestrengt werden. Mit der Behauptung etwa, Deutschland unterstütze mit Waffenlieferungen an Israel den an den Palästinensern vermeintlich begangenen Völkermord, könnten Mitarbeiterinnen des Auswärtigen Amtes festgesetzt und strafrechtlich verfolgt werden. Da nun mit genau dieser Behauptung von Nicaragua ein Verfahren gegen Deutschland vor dem Internationalen Gerichtshof angestrengt wurde,[22] ist die Kritik an einer solchen Auffassung vielleicht gar nicht so aus der Luft gegriffen. Entsprechend zurückhaltend hat sich die Bundesrepublik dann auch in der Diskussion bei den Vereinten Nationen verhalten.[23] Es wird in Zweifel gezogen, ob eine Ausnahme vom Grundsatz der funktionellen Immunität tatsächlich fest im Völkergewohnheitsrecht verankert ist.[24] Das wiederum wurde zu Recht als viel zu vage kritisiert, insbesondere für die Bundesrepublik Deutschland, die doch ein »Champion« des Völkerstrafrechts sein will.[25]

Jedenfalls hat der Bundesgerichtshof in einer Entscheidung über einen Offizier der afghanischen Armee, der gefangene Taliban-Kämpfer misshandelt hat, klar festgestellt, dass es keine funktionelle Immunität vor deutschen Gerichten bei Kernverbrechen gebe, und diese Ansicht in weiteren Entscheidungen gefestigt.[26] »Der Ausschluss dieser funktionellen Immunität fremder Hoheitsträger bei Völkerstraftaten gehört zum zweifelsfreien Bestand des Völkergewohnheitsrechts«, betont der Staatsschutzsenat des Bundesgerichtshofs in seiner jüngsten Entscheidung gegen einen syrischen Handlanger des vormaligen Diktators Assad.[27] Er beruft sich dabei – neben einer Menge fast ausschließlich deutschsprachiger Literaturstellen – auf den Nürnberger Hauptkriegsverbrecherprozess sowie das Verfahren gegen Adolf Eichmann in Jerusalem und zitiert eine Entscheidung des Jugoslawienstrafgerichtshofs im Fall Blaškić.[28]

Nun hat auch der Gesetzgeber – durchaus auf Druck aus der Wissenschaft – einen klarstellenden Satz ins Gesetz geschrieben. »Funktionelle Immunität hindert nicht die Erstreckung deutscher Gerichtsbarkeit auf die Verfolgung von Verbrechen nach dem Völkerstrafgesetzbuch« heißt es nun in § 20 Abs. 2 Gerichtsverfassungsgesetz in Umsetzung der Rechtsprechung.[29] Nun fehlt nur noch die Stimme des Bundesverfassungsgerichts, damit jegliche Zweifel an der völkergewohnheitsrechtlichen Ausnahme verstummen können.[30]

Diese Ausnahme gilt aber nicht für Staatenführer, die während der Ausübung ihres Amtes zusätzlich personelle Immunität genießen. Zu Staatenführern in diesem Sinne zählt man die sogenannte Troika aus Staatsoberhäuptern, Regierungschefs und Außenministern. Das erkennt auch der Bundesgerichtshof unumwunden an.[31] Der Internationale Gerichtshof hatte schon vor mehr als zwanzig Jahren in einem viel beachteten Verfahren zwischen Belgien und dem Kongo festgestellt, dass die Staatenführer, während sie im Amt sind, allenfalls durch internationale Strafgerichte strafrechtlich verfolgt werden können.[32] Nationale Gerichte sind wegen des Prinzips der personellen Immunität in jedem Fall daran gehindert, Staatschefs anzuklagen, während sie noch im Amt sind. Diese Gegenausnahme soll die Handlungsfähigkeit des betroffenen Staates gewährleisten und wiederum verhindern, dass sich die Staaten in der Folge wechselseitig mit Haftbefehlen überziehen. Denn dadurch würden die internationalen Beziehungen in eine ernsthafte Schieflage geraten.

Wladimir Putin und Benjamin Netanjahu können also nicht vor einem deutschen Gericht wegen Völkerstraftaten angeklagt werden. Sie sind durch den völkerrechtlichen Grundsatz personeller Immunität für Staatsoberhäupter und Regierungschefs geschützt, solange sie im Amt sind. Diese personelle Immunität kann nur ein internationales Gericht wie der Internationale Strafgerichtshof überwinden. Die dort erlassenen Haftbefehle gegen Putin und Netanjahu durchbrechen das Immunitätsdogma. Mitgliedstaaten des Internationalen Strafgerichtshofs sind qua Vertragsunterzeichnung verpflichtet, den Internationalen Strafgerichtshof bei der Erfüllung seines Auftrags zu unterstützen. Das bedeutet, dass die Bundesrepublik Deutschland die Haftbefehle auch durchsetzen müsste, sollte einer der Gesuchten deutschen Boden betreten. Ein politisches Dilemma?

Rechte für den Einzelnen: Anfänge des Kriegsvölkerrechts

»In Fällen, die von den geschriebenen Regeln des internationalen Rechts nicht erfasst sind, verbleiben Zivilpersonen und Kombattanten unter Schutz und der Herrschaft der Grundsätze des Völkerrechts, wie sie sich aus den feststehenden Gebräuchen, aus den Grundsätzen der Menschlichkeit und aus den Forderungen des öffentlichen Gewissens ergeben.«

Dieser Grundsatz, die Martens'sche Klausel, wurde von dem russischen Völkerrechtler und Professor an der Universität St. Petersburg Friedrich Fromhold Martens 1899 anlässlich der ersten Haager Friedenskonferenz formuliert. Er ging ein in die Präambel der Haager Landkriegsordnung von 1907. Der Krieg ist kein rechtsfreier Raum, das ist die Grundaussage dieses Programmsatzes.

Um die Entwicklung des Kriegsvölkerrechts oder besser des humanitären Völkerrechts zu verstehen, muss man sich zunächst klarmachen, dass hier der Umstand, dass Krieg herrscht, nicht infrage gestellt wird. Die Regeln finden Anwendung unabhängig davon, wie es zu der bewaffneten Auseinandersetzung gekommen ist. Diese Aufspaltung in das *ius ad bellum*, also das Recht zur Kriegsführung, und das *ius in bello*, also das Recht, das im Krieg gilt, mag zwar heute schwer nachvollziehbar sein, ist aber nach wie vor eine der Grundlagen des internationalen Sicherheitsrechts.

Die Entwicklung des humanitären Völkerrechts kennt zwei Ursprünge. Noch vor den Haager Friedenskonferenzen wurde 1863 in Genf das »Internationale Komitee vom Roten Kreuz« gegründet. Einer der Gründerväter dieser Organisation war der Schweizer Geschäftsmann Henry Dunant (1828–1910). Er wurde eher zufällig am 24. Juni 1859 in der Ebene bei Solferino, südlich des Gardasees, Zeuge der Zustände auf dem Schlachtfeld nach der Schlacht zwischen den verbündeten Truppen des sardischen Königs und des französischen Kaisers Napoleon III. auf der einen Seite und der Armee des Kaisers von Österreich auf der anderen. Mehr als 300 000 Menschen standen sich in Waffen gegenüber. Fünfzehn Stunden lang wurde gekämpft. Unter dem Titel *Un Souvenir de Solférino* (Eine Erinnerung an Solferino) veröffentlichte Dunant 1862 seine Erinnerungen und seine Bemühungen um ärztliche Hilfe für Verwundete beider Seiten. Er forderte darin auch die Gründung privater Hilfsorganisationen, die absolut neutral den Konfliktparteien gegenüber sich allein um die Versorgung der im Feld Verwundeten kümmern sollten. Das Buch ließ er auf eigene Kosten in einer Auflage von 1600 Stück drucken und an einflussreiche Persönlichkeiten verschicken. So gewann sein Bericht große Beachtung. In der Folge wurde bereits 1863 das »Internationale Komitee der Hilfsgesellschaften für die Verwundetenpflege«, das 1876 in »Internationales Komitee vom Roten Kreuz« umbenannt wurde, gegründet. Am 22. August 1864 wurde die erste Genfer Konvention verabschiedet mit grundlegenden Regeln für die Versorgung der Kranken und Verwundeten in Feldlazaretten. Zusammen mit dem französischen Pazifisten Frédéric Passy wurde Henry Dunant für sein Engagement im Jahr 1901 mit dem Friedensnobelpreis geehrt.

Diese Anfänge verdeutlichen bereits die Grundpfeiler des humanitären Völkerrechts: Reziprozität in der Anerkennung neutraler medizinischer Versorgung. Das bedeutet, dass die Staaten sich wechselseitig verpflichten, die Pflege der Kranken und Verwundeten zu dulden und zu schützen. Dabei steht der einzelne Mensch im Vordergrund, der verletzte, der verwundete Kombattant, der versorgt werden muss und dem medizinische Unterstützung, egal welcher Partei er angehört, staatlicherseits nicht verwehrt werden darf.

Wenige Jahre später versammelten sich Vertreter der europäischen Staaten, der USA, Japans und Chinas im Sommer 1899 in Den Haag zu einer ersten großen Friedenskonferenz. Die Initiative dazu war vom russischen Zaren Nikolaus II. ausgegangen. Eingeladen hatte die niederländische Königin Wilhelmina. Auf einer zweiten Konferenz 1907 waren insgesamt 44 Staaten vertreten. Zar Nikolaus warnte vor einer Katastrophe, die drohen würde, wenn man keine Anstrengungen unternähme, friedliche Lösungen zur Streitbeilegung verbindlich vorzuschreiben.[33] Doch die Konferenz scheiterte, nicht zuletzt am Veto des Deutschen Reichs, das sich dem Grundsatz der Verbindlichkeit widersetzte. Und die Katastrophe folgte fast auf dem Fuße: 1914 brach der Erste Weltkrieg aus.

Einigen konnte man sich im Verlauf der beiden Haager Konferenzen allerdings auf gewisse Verhaltensregeln im Konfliktfall. Die Haager Landkriegsordnung, die auf dieser Konferenz endgültig verabschiedet wurde, enthielt die »Gesetze und Gebräuche des Landkriegs« und die eingangs zitierte Martens'sche Klausel als Ausgangspunkt. Der Krieg ist demnach kein rechtsfreier Raum, es gibt Beschränkungen bei der Wahl der Mittel der Kriegsführung, und Zivilpersonen und zivile Einrichtungen sind so weit wie möglich zu schonen.

In der Logik des humanitären Völkerrechts von Den Haag steht allerdings nicht der Einzelne im Vordergrund. Es geht allein um militärische Operationen von Staaten, die gewissen Einschränkungen unterworfen werden sollen, um die Mittel und Methoden der Kriegsführung. Einzelne profitieren zwar mittelbar von den Regelungen, etwa von dem Gebot der Schonung der Zivilbevölkerung. Daraus lässt sich aber kein Recht des Einzelnen ableiten.

Zu Beginn des 20. Jahrhunderts, das die schlimmsten Katastrophen der Menschheitsgeschichte noch erleben sollte, gab es also bereits ein relativ ausgereiftes Konzept des humanitären Völkerrechts. Mit dem Internationalen Komitee vom Roten Kreuz gab es sogar eine international anerkannte, mit dem Status eines Völkerrechtssubjekts versehene Institution, welche für die im Krieg Verwundeten und Gefangenen Sorge tragen sollte. Die Staaten hatten sich selbst verpflichtet, militärische Operationen Rechtsregeln zu unterwerfen und eine Organisation anzuerkennen, die neutral gegenüber den Konfliktparteien zum Schutz von Verwundeten und Gefangenen tätig werden kann.

Neuordnung nach dem Ersten Weltkrieg

Den Friedenskonferenzen in Den Haag zum Trotz ließ der deutsche Kaiser Wilhelm II. nach dem Attentat von Sarajevo auf den österreichischen Thronfolger Franz Ferdinand am 28. Juni 1914 mobil machen und trat an der Seite Österreichs in einen Krieg gegen Serbien, Russland und Frankreich ein, der bald den ganzen Kontinent überziehen sollte. Nach vier Jahren Krieg war Europa kaum wiederzuerkennen. Das Zarenreich war mit der Oktoberrevolution 1917 untergegangen, Österreich-Ungarn zerfiel, das Osmanische Reich war am Ende, und in Deutschland dankte der Kaiser ab. Am 9. November 1918 wurde die Republik ausgerufen.

Wie die Politik war auch die Kriegsführung, anders als kurz zuvor vereinbart, gnadenlos: Der Einsatz von Giftgas, der totale U-Boot-Krieg und der Völkermord an den Armeniern sind drei offensichtliche Verstöße gegen die Vereinbarungen von Genf und Den Haag, die im Zusammenhang mit dem »großen Krieg« begangen wurden.

Im Versailler Vertrag wurden diese Verletzungen benannt. Sie sollten nicht widerspruchslos hingenommen werden. Bislang waren zwar Schuldzuweisungen und Kompensationszahlungen in Friedensverträgen durchaus vorgesehen. Über die Kriegshandlungen selbst wurde aber eher der Mantel des Schweigens gelegt. Auch weil in der Regel alle Kriegsparteien sich gegen die Gesetze und Gebräuche des Krieges versündigt hatten. Die Unterhändler von Versailles wollten die deutsche Kriegsführung aber nicht so einfach hinnehmen. Der Versailler

Vertrag umfasste deshalb in Teil VII Strafbestimmungen. Zunächst den deutschen Kaiser unmittelbar betreffend:

> »Artikel 227
> Die alliierten und assoziierten Mächte stellen Wilhelm II. von Hohenzollern, vormaligen Kaiser von Deutschland, wegen schwerer Verletzung des internationalen Sittengesetzes und der Heiligkeit der Verträge unter öffentliche Anklage.
>
> Ein besonderer Gerichtshof wird eingerichtet, um über den Angeklagten unter Wahrung der wesentlichen Bürgschaften des Rechts auf Verteidigung zu Gericht zu sitzen. Der Gerichtshof besteht aus fünf Richtern, von denen je einer von folgenden fünf Mächten, namentlich den Vereinigten Staaten von Amerika, Großbritannien, Frankreich, Italien und Japan, ernannt wird.
>
> Der Gerichtshof urteilt auf der Grundlage der erhabensten Grundsätze der internationalen Politik; Richtschnur ist für ihn, den feierlichen Verpflichtungen und internationalen Verbindlichkeiten ebenso wie dem internationalen Sittengesetze Achtung zu verschaffen. Es steht ihm zu, die Strafe zu bestimmen, deren Verhängung er für angemessen erachtet.
>
> Die alliierten und assoziierten Mächte werden an die Regierung der Niederlande das Ersuchen richten, den vormaligen Kaiser zum Zwecke seiner Aburteilung auszuliefern.«

Des Weiteren richteten sich diese Strafbestimmungen gegen hochrangige Militärs:

»Artikel 228
Die deutsche Regierung räumt den alliierten und assoziierten Mächten die Befugnis ein, die wegen eines Verstoßes gegen die Gesetze und Gebräuche des Krieges angeklagten Personen vor ihre Militärgerichte zu ziehen. Werden sie schuldig befunden, so finden die gesetzlichen Strafen auf sie Anwendung. Diese Bestimmung greift ohne Rücksicht auf ein etwaiges Verfahren oder eine etwaige Verfolgung vor einem Gerichte Deutschlands oder seiner Verbündeten Platz.

Die deutsche Regierung hat den alliierten und assoziierten Mächten oder derjenigen Macht von ihnen, die einen entsprechenden Antrag stellt, alle Personen auszuliefern, die ihr auf Grund der Anklage, sich gegen die Gesetze und Gebräuche des Krieges vergangen zu haben, sei es namentlich, sei es nach ihrem Dienstgrade oder nach der ihnen von den deutschen Behörden übertragenen Dienststellung oder sonstigen Verwendung bezeichnet werden.

Artikel 229
Sind die strafbaren Handlungen gegen Staatsangehörige einer der alliierten und assoziierten Mächte begangen, so werden die Täter vor die Militärgerichte dieser Macht gestellt.

Sind die strafbaren Handlungen gegen Staatsangehörige mehrerer alliierter und assoziierter Mächte begangen, so werden die Täter vor Militärgerichte gestellt, die sich aus Mitgliedern von Militärgerichten der beteiligten Mächte zusammensetzen.

In jedem Fall steht den Angeklagten die freie Wahl seines [sic] Anwalts zu.«

Der Versailler Vertrag schrieb also die Verantwortung des deutschen Kaisers Wilhelm II. eindeutig fest und forderte ein internationales Strafverfahren. Das ist schon eine Überraschung. Am Ende des Kriegs hatten sich aber auch die anfänglichen Skeptiker mehr und mehr überzeugen lassen. Vor allem die Öffentlichkeit war an einer Bestrafung interessiert. »Hang the Kaiser« war schließlich auch der Slogan, der David Lloyd George im Dezember 1916 zum Wahlsieger und Hausherrn in 10 Downing Street gemacht hatte.[34]

Mehr als ein Lippenbekenntnis war das aber nicht. Es war ein Kompromiss zwischen dem amerikanischen Präsidenten Wilson, der gegen die Strafverfolgung war, und Premierminister Lloyd George. Die in Art. 227 formulierte »Strafnorm« des schweren Verstoßes gegen das Sittengesetz und die Verletzung der Heiligkeit der Verträge ließ sich schlechterdings nicht durchsetzen. Es war also von Anfang an nicht wirklich ernst gemeint.[35]

Versuche, den Hohenzollernkaiser doch vor Gericht zu bringen, scheiterten aber schließlich endgültig am Widerstand der Niederlande. Nach seiner Abdankung floh Wilhelm II. 1918 ins Exil in die neutralen Niederlande, deren Bevölkerung davon völlig überrascht wurde. Königin Wilhelmina hatte ihm Asyl gewährt. Im Landhaus Huis Doorn bei Utrecht sollte der 61-Jährige noch über zwanzig Jahre lang seinen Lebensabend in Ruhe verbringen können. Eine Auslieferung war schon aus formalen Gründen schwierig, schließlich gab es weder ein Gericht, an das hätte ausgeliefert werden können, noch gab es für die Überstellung an ein internationales Gericht eine gesetzliche Grundlage, und schließlich war die Auslieferung wegen politischer Straftaten damals wie heute ein Problem.[36] Eine Auslieferung an Deutschland wäre möglich und sogar vorrangig gewesen. Die Weimarer Republik hatte aber keinerlei Interesse an einer Rückkehr des früheren Kaisers und wollte eine mögliche Konterrevolution vermeiden, im Gegenteil: Man tat alles, um Wilhelm den Aufenthalt im Schloss Doorn so angenehm wie möglich zu gestalten.

Anders verfuhr man mit den weiteren Kriegsverbrechen nach Art. 228 des Versailler Vertrags. Die alliierten Regierungen stellten eine Namensliste mit circa 890 Personen zusammen, die an das Ausland ausgeliefert werden sollten. Die deutsche Regierung versuchte das zu vermeiden. Die Auslieferung hochrangiger Militärs an ein alliiertes oder internationales Gericht zur strafrechtlichen Verfolgung wegen Kriegsverbrechen war gesellschaftlich in Deutschland nicht durchzusetzen. Quer durch alle gesellschaftlichen und politischen Schichten wäre dies als Erniedrigung empfunden worden. Zudem konnte darauf verwiesen werden, dass nach § 9 RStGB von 1871 ein Deutscher nicht an eine ausländische Regierung zur Strafverfolgung ausgeliefert werden durfte. Man versprach die Prozesse selbst durchzuführen. Von alliierter Seite wurde das schließlich unter der Prämisse akzeptiert, dass die Verfahren vor eigenen Gerichten wiederholt werden durften, sollte die Strafverfolgung in Deutschland nicht befriedigend ausfallen.[37]

Auf der Grundlage des Kriegsverbrecherverfolgungsgesetzes[38] von 1919 wurden schließlich in den Jahren 1921/22 zwölf Personen vor dem Reichsgericht in Leipzig in erster und einziger Instanz angeklagt. Diese Verfahren sind als die Leipziger Prozesse in die Geschichte eingegangen.[39] Der geringen Zahl der tatsächlich Verfolgten entsprach die richterliche Milde bei der Strafzumessung; schließlich kam es zu lediglich acht Verurteilungen.[40] Eine ernsthafte Strafvollstreckung fand nicht statt. Den Bemühungen der Alliierten, den Verfolgungsanspruch aus dem Versailler Vertrag durchzusetzen, begegnete Deutschland mit beharrlicher Weigerung, die vermeintlichen Kriegsverbrecher auszuliefern. Zwangsmittel hatten die Alliierten nicht. Einen neuerlichen Krieg in Europa wollte man vermeiden, sodass die Regierungen nicht weiter auf der Auslieferung beharrten, ohne das Ersuchen allerdings förmlich zurückzunehmen.[41]

Die Leipziger Prozesse, die auch als »Verliererjustiz« bezeichnet wurden, stehen daher als Synonym für ein Versagen juristischer Aufarbeitung von Kriegsverbrechen. Die nationale Justiz hatte sich als unfähig erwiesen, Kriegsverbrecher zu verfolgen.[42] Die Deutschen sahen in den Angeklagten auch keine Verbrecher, sondern Helden, die sich bedingungslos für das Vaterland aufgeopfert hatten. Die Aburteilung deutscher Kriegsverbrecher wird »vom Volksempfinden mit Recht als eine brutale Verhöhnung und Vergewaltigung jeden Rechtsgefühls empfunden«, schrieb Reichsjustizminister Schiffer in einer vertraulichen Note an den württembergischen Staatspräsidenten Hieber.[43]

Grundlage der Leipziger Prozesse war das nationale Strafrecht. Angewendet wurden die Straftaten des Reichsstrafgesetzbuchs. Von internationalen Kriegsverbrechen ist keine Rede. Ein einziger Fall schaffte es in die internationale Völkerrechtsliteratur. Im Llandovery-Castle-Fall ging es um das deutsche U-Boot U 86, das das kanadische Lazarettschiff, die *Llandovery Castle*, am 27. Juni

1918 angriff und versenkte. Nach der Torpedierung befahl der Oberleutnant zur See Helmut Patzig seinen beiden Wachoffizieren, das Feuer auf die hilflos in Rettungsbooten oder im Wasser treibenden Besatzungsmitglieder zu eröffnen. Von den 234 Menschen überlebten nur 24.[44] Vor dem Reichsgericht mussten sich die beiden Wachoffiziere verantworten. Patzig sollte ausgeliefert werden, war aber untergetaucht.[45] Die Rechtsfrage, die sich nun stellte, war, ob sich die beiden Angeklagten auf den Befehl berufen konnten und deshalb nicht selbst verantwortlich waren. Hier aber urteilte das Reichsgericht, dass es wie nach der Haager Landkriegsordnung auch im Seekrieg nicht gestattet sei, wehrlose Feinde zu töten. Ein solcher Befehl sei für jedermann, auch den Untergebenen, zweifelsfrei als verbrecherisch erkennbar. Die beiden Angeklagten wurden zu je vier Jahren Gefängnis verurteilt. Wenige Wochen später wurde von der »Organisation Consul« ein erster Befreiungsversuch unternommen. Mit zahlreichen Helfern gelang es schließlich tatsächlich, beide Gefangene aus dem Strafvollzug zu befreien und ihnen die Flucht ins Ausland zu ermöglichen. Sechs Jahre später wurde das Verfahren insgeheim wieder aufgenommen, die Urteile wurden aufgehoben und die Angeklagten freigesprochen. Sie erhielten zudem eine Entschädigung für die erlittene Haft.

Auch im Vertrag von Sèvres, einem weiteren der Pariser Vorortverträge, waren Strafverfahren vorgesehen. In diesem Vertrag diktierten die siegreichen Entente-Mächte die Auflösung des Osmanischen Reichs. Kriegsverbrechen hatte es dort genug gegeben. Der Völkermord an den Armeniern war der grausame Höhepunkt türkischer Hegemonialbestrebungen. Internationale Verfahren gab es auch hier keine. Einige nationale Verfahren wurden zwischen April und Juni 1919 durchgeführt, sie wurden als Istanbuler Prozesse oder Unionistenprozesse bekannt. Angeklagt waren hochrangige Politiker, die sich aber fast alle durch Flucht der Strafverfolgung entzogen hatten. Es wurden etliche Todesurteile – meist in Abwesenheit – verhängt, aber nur drei vollstreckt.[46]

Wie man als betroffene Nation, in diesem Fall Armenien, die Dinge in die eigene Hand nimmt, zeigt der Fall Talật Pascha.[47] Der Großwesir des Osmanischen Reichs, einer der Organisatoren des Völkermords an den Armeniern, wurde auf der Berliner Hardenbergstraße erschossen. Als Mörder wurde rasch der armenische Student Soghomon Tehlirjan identifiziert. Der Prozess endete völlig überraschend mit einem Freispruch. Verteidiger und Gutachter war es gelungen, den Prozess auf die Taten des Opfers zu lenken und dem Täter eine eingeschränkte Willensfreiheit zu attestieren. In Wahrheit war der Anschlag von der armenischen Geheimoperation Nemesis geplant und Tehlirjan mit der Exekution beauftragt worden. Dies ist im Prozess verborgen geblieben, sodass der Angeklagte als freier Mann das Moabiter Gerichtsgebäude verlassen konnte.

Dieser Prozess sollte eine nachhaltige Wirkung auf die strafrechtlichen Reaktionen nach dem Zweiten Weltkrieg haben. Robert Kempner, später ein führender Ankläger der USA bei den Nürnberger Prozessen, beobachtete als junger Jurist den Prozess gegen Tehlirjan in Berlin und sah hierin die Offenbarung eines völkerrechtlichen Dilemmas: Wegen des völkerrechtlichen Dogmas der Nichteinmischung unter allen Umständen war das armenische Volk quasi gezwungen, Selbstjustiz zu üben. Es müsse aber möglich sein, so Kempner, in derartigen Fällen grober Menschenrechtsverletzungen mit den Mitteln des Rechts oder der Gewalt diesen Verletzungen ein Ende zu setzen.

Auch der junge polnische Jurist Raphael Lemkin hörte in Lwiw von diesem Prozess. Auch für ihn war Selbstjustiz keine Lösung. Er entwickelte die Idee der Strafbarkeit des Genozid, deutsch Völkermord, denn Staatssouveränität kann nicht als Recht missverstanden werden, Millionen unschuldiger Menschen umzubringen.

Die Verfolgung von Kriegsverbrechen nach dem Ersten Weltkrieg scheiterte also auf ganzer Linie. Weder waren sich die Regierungen der Alliierten einig noch waren sie bereit, die Artikel des Versailler Vertrags mit Gewalt durchzusetzen. Die deutsche Gesellschaft war ebenso wenig wie die türkische Gesellschaft bereit, Kriegsverbrechen als strafwürdige Verbrechen zu akzeptieren. Kriegsverbrechen waren Heldentaten für das Vaterland.

Der Völkerbund: Die Welt als ein besserer Ort

Nach diesem Krieg, der geführt wurde, um alle künftigen Kriege zu verhindern (»the war to end all wars«, Woodrow Wilson, US-Präsident 1913–1921), war es an der Zeit, die Welt, zumal Europa, neu zu ordnen. Woodrow Wilson hatte lange versucht, sein Land von den Schlachtfeldern in Frankreich und Belgien fernzuhalten. Am 6. April 1917 ließ sich ein Kriegseintritt aber nicht mehr verhindern. Damit verband der Idealist Wilson aber die Hoffnung, Deutschland zu demokratisieren und eine zukünftige Friedensordnung zu etablieren. In seinem 14-Punkte-Plan, den er am 8. Januar 1918 vor den beiden Häusern des US-Kongresses vorstellte, schlug er die Gründung eines Verbands der Nationen vor. Dessen Zweck sollte es sein, durch gegenseitige Bürgschaften die politische Unabhängigkeit und die territoriale Integrität der Staaten zu garantieren und damit künftige Kriege zu verhindern. Wilson sah das Völkerrecht durch den Krieg massiv gefährdet und fürchtete um bleibende Schäden für das Vertrauen in und den Respekt vor dem Völkerrecht.

Die Gründung des Völkerbundes erfolgte dann durch zunächst 29 Staaten am 10. Januar 1920 als Teil der Versailler Verträge. Letztlich wird hier nach der Katastrophe des Ersten Weltkriegs fortgesetzt, was in den Haager Friedenskonferenzen 1899 und 1907 nicht gelungen war: eine internationale Organisation zu schaffen, die multilaterale Zusammenarbeit fördern und damit den Frieden sichern sollte. Krieg und Bedrohung durch Krieg sollte als Angelegenheit aller Mitgliedstaaten des Völkerbundes betrachtet und gelöst werden. Der Völkerbund verzeichnete zunächst auch einige Erfolge. Die Gesundheitsorganisation etwa half bei der Eindämmung der Spanischen Grippe und von Typhusepidemien in Osteuropa sowie bei der Sicherung maritimer Handelswege vor allem in Asien. Auch im Rahmen der Sicherheitspolitik gab es zunächst kleinere Erfolge. So wurden einige Abrüstungsverträge ausgehandelt.[48] Die Zahl der Mitglieder wuchs zudem zwischenzeitlich auf 63 Staaten.

Der Enthusiasmus von Woodrow Wilson währte allerdings nicht lange. Der US-Kongress verweigerte ihm die Gefolgschaft, und die USA traten dem Völkerbund nicht bei. Der »Bund der Sieger« blieb mit einer schweren Hypothek belastet. Deutschland wurde am 8. September 1926 Mitglied des Völkerbunds und verband damit die Hoffnung, die durch Versailles verhängte Isolation zu überwinden. »Wir sind bereit, die Verantwortung für den Frieden zu übernehmen und uns in die Gemeinschaft der Völker zu integrieren«, erklärte der deutsche Außenminister Gustav Stresemann zum Beitritt. Die Mitgliedschaft und der Integrationswillen endeten aber bald. 1933 bezeichnete Adolf Hitler den Völkerbund als »Werkzeug der Sieger, um die Verlierer zu unterdrücken« und verließ das Genfer Friedensprojekt. Schließlich suchten die Mitgliedstaaten ihr Heil nicht im System kollektiver Sicherheit, sondern strebten nur mehr nach Garantien für die eigene Sicherheit und brachten das Friedensprojekt damit zum Scheitern.

Es war nicht gelungen, den Bund in einer Weise mit Autorität auszustatten, dass die Staaten sich freiwillig an die Beschlüsse hielten. Mechanismen, die Gefolgschaft zu erzwingen, gab es ohnedies nicht. Schließlich diente der Völkerbund auch dazu, die Hegemonialansprüche Frankreichs und Großbritanniens zur Aufteilung des zerfallenden Osmanischen Reichs und der vormals deutschen Kolonien zu legitimieren.

Immerhin errichtete der Völkerbund gemäß Art. 14 seiner Satzung ein erstes internationales Gericht, den Ständigen Internationalen Gerichtshof. 1921 im Friedenspalast in Den Haag eingerichtet, sollte er als Schiedsgericht zwischen den Staaten der friedlichen Streitbeilegung dienen. Die Einrichtung gilt als Meilenstein in der Entwicklung des Völkerrechts. Zwischen 1922 und 1940 wurden 29 zwischenstaatliche Streitigkeiten in

Den Haag verhandelt und 27 Rechtsgutachten von den Richtern erstellt. Das ist ein beachtlicher Beitrag zur friedlichen Lösung von zwischenstaatlichen Konflikten. Der wichtigste Fall ist sicherlich die »Lotus«-Angelegenheit, die für das Völkerrecht heute noch eine Referenzentscheidung ist. Worum ging es? Ein französisches Postschiff, die *S. S. Lotus*, war auf hoher See in der nördlichen Ägäis mit dem türkischen Dampfer *Bozkurt* kollidiert. Mehrere türkische Seeleute waren dabei ums Leben gekommen, andere wurden von der *Lotus* gerettet. Im Hafen von Konstantinopel, in dem die *Lotus* nach der Kollision festmachte, wurde der wachhabende Offizier von türkischen Behörden verhaftet und in der Folge wegen fahrlässiger Tötung zu einer geringen Freiheitsstrafe und einer Geldstrafe verurteilt. Frankreich erhob gegen dieses Vorgehen Einspruch und erklärte es für völkerrechtswidrig. Ein türkisches Gericht sei nicht für die Verurteilung eines französischen Staatsbürgers wegen dessen Verfehlungen auf hoher See zuständig. Das Völkerrecht kenne eine solche extraterritoriale Kompetenz nicht. Frankreich und die Türkei legten die Frage dem Ständigen Internationalen Gerichtshof vor. Die Entscheidung fiel zugunsten der Türkei aus und zwar aus den folgenden allgemeinen völkerrechtlichen Überlegungen:

»Völkerrecht regelt die Beziehungen zwischen unabhängigen Staaten. Die die Staaten bindenden Regeln erwachsen daher aus deren eigenem, freien Willen […]. Von Beschränkungen der Freiheit der Staaten kann daher nicht [ohne Weiteres] ausgegangen werden. […] Anstatt ein grundsätzliches Verbot [zu handeln] auszusprechen […] lässt es [d. i. das Völkerrecht] ihnen einen weiten Ermessensspielraum, welcher nur in bestimmten

Fällen durch Verbotsnormen eingeschränkt ist; in [allen] anderen Fällen steht es den Staaten frei, die Prinzipien anzuwenden, die ihnen am besten und geeignetsten erscheinen.«[49]

Hier wird von den internationalen Richtern die Souveränität der Staaten als Grundlage des Völkerrechts betont. Sie können letztlich machen, was sie wollen, solange nicht eindeutige völkerrechtliche Verbote entgegenstehen. Einen rechtlichen Kompetenztitel als Grundlage für legitimes Handeln kennt das Völkerrecht demnach nicht. Das bedeutet: Was nicht explizit verboten ist, ist erlaubt.

Das verhält sich im Rechtsstaat nach innen natürlich genau umgekehrt. Der Staat kann gegenüber seinen Bürgerinnen und Bürgern nur handeln, wenn er über eine entsprechende Ermächtigungsgrundlage verfügt. Hier gilt der »Vorbehalt des Gesetzes«.

Die Konsequenzen dieses Urteils aus dem Jahr 1927, das im Übrigen nur mit der Autoritätsstimme des Schweizer Gerichtspräsidenten Max Huber ergangen war, wirken bis heute fort. Der Entwicklung einer regelbasierten Ordnung im Völkerrecht, wie sie von einem konstitutionalistischen oder kosmopolitischen Ansatz her gefordert wird, ist die Entscheidung alles andere als zuträglich.[50] Dass sie bis heute als der entscheidende Maßstab gilt, ist ein deutliches Zeichen der schleppenden Entwicklung der Völkerrechtsordnung. Wie sich das *Lotus*-Prinzip mit dem Versprechen von Nürnberg vereinbaren lässt, wird noch zu diskutieren sein.

Von gerechten und ungerechten Kriegen

Nach dem Horror der Kriegsführung im Ersten Weltkrieg, in dem auch vor dem Einsatz chemischer Waffen nicht zurückgeschreckt wurde, musste das humanitäre Völkerrecht reagieren. In einem »Genfer Protokoll« wurde 1925 der Einsatz von Giftgas untersagt. Diese Regelung ist eine Ergänzung der Haager Regeln über die Mittel der Kriegsführung. Aber auch die Genfer Abkommen wurden reformiert. Am 27. Juli 1929 wurde das Genfer Abkommen über die Behandlung von Kriegsgefangenen unterzeichnet. Eine wichtige Neuerung war die Schaffung von Auskunftstellen für Kriegsgefangene, die vom Roten Kreuz eingerichtet werden sollten, um Informationen über Kriegsgefangene zu sammeln und an Angehörige weiterzugeben. Eine Konvention zum Schutz der Zivilbevölkerung wurde zwar erwogen, vor Ausbruch des Zweiten Weltkriegs fand sich aber offenbar kein geeigneter Moment für die Verabschiedung einer solchen Konvention.

Im Rahmen der Gründung des Völkerbundes konnten sich die Vertragsstaaten nicht auf eine Ächtung oder gar auf ein Verbot des Krieges verständigen. Dass Krieg sich aber zur Geißel der Menschheit entwickelte und durch moderne Mittel der Kriegsführung die Zerstörungen und das Leid der Zivilbevölkerung zunahmen, führte zu diplomatischen Versuchen, eine Antikriegsregelung völkerrechtlich auf den Weg zu bringen.

Die Schwierigkeiten bei dieser Diskussion lagen in der Überzeugung, dass der souveräne Staat zum Mittel des Kriegs greifen können muss, um sich politisch zu stärken und durchzusetzen. Das knüpft an die alte Diskussion um den *bellum iustum*, den gerechten Krieg, an.

Einer der frühen maßgeblichen Autoren über den gerechten Krieg ist der Kirchenlehrer Augustinus von Hippo (354–430).[51] In seinem Hauptwerk *De Civitate Dei* (Vom Gottesstaat) sieht er in der weltlichen Gesellschaft, der *civitas terrena*, eine unvollkommene, gottlose Welt, die sich gleichwohl nach irdischem Frieden sehne. Die weltliche Herrschaft könne diesen Frieden aber nur erreichen, wenn Staat und Kirche in geordneter Eintracht nach diesem Frieden streben. Ein Krieg ist nicht grundsätzlich ausgeschlossen und Christen dürfen sich auch daran beteiligen, aber nur, wenn dieser den Frieden zum Ziel habe. Auch in der Kriegsführung müsse das Friedensziel in den Blick genommen werden. Kriegsmotive wie Rache, Gier, Überlegenheit, Aufbegehren sind für Augustinus keine akzeptablen Gründe. Gerecht hingegen ist ein Krieg, der von Gott befohlen wird. Daraus lassen sich vier Kriterien für einen gerechten Krieg ableiten:

1. Der Krieg muss dem Frieden dienen und diesen wiederherstellen.
2. Der Krieg darf sich nur gegen ein dem Feind vorwerfbares Unrecht richten.
3. Der Krieg muss von einer legitimen Autorität, d. h. von Gott oder einem Fürsten, angeordnet sein.
4. Der Kriegsbefehl darf nicht gegen Gottes Gebot verstoßen, sonst kann ihn der Soldat nicht ausführen.

Einen Vernichtungs- oder reinen Eroberungskrieg hat Augustinus damit ausgeschlossen. Einen »heiligen Krieg« für eine gottgewollte Ordnung hingegen nicht.

Die Schriften von Augustinus prägten das gesamte Mittelalter. Thomas von Aquin (1225–1274) griff sie in seiner Schrift *Summa theologica* (Gesamtdarstellung der Theologie) auf.[52] Auch hier findet sich keine Fundamentalkritik am Krieg an sich, solange er aus »guten Motiven« heraus erfolgt.

Eine intensive Diskussion um die Rechtfertigung von Kriegen findet sich auch in der spanischen Spätscholastik. Im 16. und 17. Jahrhundert standen Francisco de Vitoria (um 1483–1546) und Francisco Suárez (1548–1617) mit ihren Überlegungen auf dem Boden der christlichen Philosophie, und das in einer Zeit der Eroberung und Kolonialisierung der neuen Welt unter dem Zeichen des christlichen Kreuzes.[53] Kriege, Massaker an den indigenen Völkern und deren gewaltsame Missionierung führten zu intensiven Diskussionen über die Rechtfertigung von Kriegen. De Vitoria und Suárez sprachen sich für die Rechte der indigenen Völker aus und argumentierten für die Notwendigkeit, sie als Menschen mit eigenen Rechten zu respektieren. Hier finden sich Grundlagen für die spätere Entwicklung der Menschenrechte und der Rechte von Minderheiten, während das Christentum imperiale Ansprüche durchsetzte.

In der frühen Neuzeit wirkte der niederländische Jurist und Philosoph Hugo Grotius (1583–1645) als Begründer des modernen Völkerrechts.[54] In seinem Hauptwerk *De iure belli ac pacis* (Über das Recht des Krieges und des Friedens) sinnierte Grotius neben anderem über den gerechten Krieg. Die Handschrift des antiken Kirchenvaters Augustinus ist auch in Grotius' Schriften klar erkennbar. Seine philosophische Basis liegt aber nicht im christlichen Glauben; bei Grotius steht nicht das moralisch Richtige, sondern das rationale, das rechtliche Argument im Vordergrund. Es ist die Idee des »Naturrechts«, das dem menschlichen Gesetz vorgeht und im Denken Grotius' den Maßstab vorgibt. In der Sache aber liegen beide, Grotius und Augustinus, sehr nahe beieinander: Krieg ist als politische Notwendigkeit ein natürliches Recht der Staaten. Gerecht ist ein Krieg aber nur als Reaktion auf ein vorangegangenes Unrecht oder eine Bedrohung. Ein Krieg aus Gier oder Rache ist nicht gerecht. Frieden und Gerechtigkeit wiederherzustellen, muss das Ziel eines Krieges sein. Der Krieg ist auch nur dann gerecht, wenn er von einer legitimen Autorität erklärt worden ist. Schließlich ist auch für Grotius die Verhältnismäßigkeit bei der Kriegsführung ein wichtiger Faktor.

Einen deutlichen Schritt weiter ging der Aufklärer Immanuel Kant, der seiner Friedenstheorie eine eigene kleine Schrift widmete.[55] *Zum ewigen Frieden* heißt das 1795 verfasste Werk, das Kant in Form eines Vertrags abgefasst hat. In den Grundannahmen baut der Königsberger Moralphilosoph auf Grotius auf und verlangt für die Legitimität des Krieges eine gerechte Ursache, also die Verteidigung gegen eine Aggression. Allerdings hält Kant den Krieg als Mittel der Politik für überwindbar. Ein »ewiger Frieden« sei erreichbar, wenn Staaten sich darauf einlassen, Konflikte mit rechtlichen oder diplomatischen Mitteln zu lösen. Kant ist der Überzeugung, dass eine Weltordnung der Staaten möglich ist, die Frieden und Gerechtigkeit fördert. Krieg sei möglicherweise noch akzeptabel, wenn er der Verwirklichung des ultimativen Ziels, dem dauerhaften Frieden dient.

Die Friedensidee war demnach nicht nur in der Philosophie präsent. Auch in der Völkerrechtswissenschaft zeigten sich immer wieder Ansätze, Kriege einzudämmen, sie Regeln zu unterwerfen und zu kontrollieren. Christliche und naturrechtliche Ansätze stimmen hierin mit vernunftbasierten aufklärerischen Autoren überein. Weder im Westfälischen Frieden noch in den Haager Friedenskonferenzen waren die Staatenlenker allerdings bereit, ihre Macht, politische Forderungen mit militärischen Mitteln durchzusetzen, rechtlich einzuhegen. Und auch nach dem Ersten Weltkrieg und dem unermesslichen Leid, das er über Millionen von Menschen gebracht hatte, war eine rechtlich verbindliche Regelung zur Eindämmung von Kriegen zunächst nicht mehrheitsfähig. Von den USA allerdings wurde Druck gemacht. Im Kabinett von Calvin Coolidge (US-Präsident 1923–1929) sah man Verwirklichungschancen für eine Ächtung des Kriegs am ehesten mit Frankreich. Frankreich konnte sich so eine besondere Stellung gegenüber den USA vor allem in Handelsfragen sichern und erklärte sich mit einem bilateralen Abkommen einverstanden. In Washington hatte man aber größere Pläne. Der US-amerikanische Außenminister Frank B. Kellogg legte Ende 1927 dem Pariser Kollegen den Entwurf eines multilateralen Vertrags zur Eindämmung des Krieges vor. Der deutsche Außenminister erklärte sich sogleich einverstanden, da sich die Weimarer Republik davon Sicherheiten gegenüber dem militärisch starken Nachbarn im Westen versprach. Außerdem sank damit auch die Befürchtung, dass die Siegermächte militärisch eingreifen, sollte Deutschland gegen die Auflagen des Versailler Vertrags verstoßen.

Aristide Briand, der damalige französische Außenminister, hatte sich zuvor schon für ein bilaterales Abkommen stark gemacht und konnte dem amerikanischen Vorschlag nun kaum die Gefolgschaft verweigern. So kam es schließlich am 27. August 1928 zur Unterzeichnung eines völkerrechtlichen Vertrags zur Ächtung des Krieges, der unter dem Namen der beiden Außenminister als Briand-Kellogg-Pakt in die Geschichte eingegangen ist.[56]

Mit seinen lediglich drei Artikeln ist dieser Vertrag kurz und überschaubar. Art. 1 des Vertrags lautet: »Die Hohen Vertragschließenden Parteien erklären feierlich im Namen ihrer Völker, daß sie den Krieg als Mittel für die Lösung internationaler Streitfälle verurteilen und auf ihn als Werkzeug nationaler Politik in ihren gegenseitigen Beziehungen verzichten.«

Den elf Erstunterzeichnerstaaten folgten bald weitere, fast alle Staaten des Völkerbundes und auch die Sowjetunion traten dem Abkommen bei.

Ein durchschlagender Erfolg, zumindest auf dem Papier.

Trotz dieses Vertrags kam es weiterhin zu militärischen Auseinandersetzungen. Schon zwei Jahre nach Inkrafttreten des Vertrags griffen Japan und China in der sogenannten Mandschurei-Krise zu den Waffen. Ebenso wenig verhinderte der Pakt Italiens Aggression in Äthiopien 1935/1936, dem sogenannten Abessinienkrieg. Zwei unmittelbare Konsequenzen hatte der Pakt aber gleichwohl: Die Staaten wurden vorsichtiger beim Griff zur Waffe, und sie passten ihre Terminologie an. Militäraktionen wurden nun nicht mehr als »Krieg« bezeichnet, sondern allenfalls als »bewaffnete Konflikte«, die ja offensichtlich von dem Pakt nicht erfasst wurden. Eine zweite Konsequenz: Die USA überwanden ihre selbst auferlegte außenpolitische Isolation und kehrten zurück auf die internationale politische Bühne.[57]

Ob der Pakt tatsächlich einen moralischen Qualitätssprung in den internationalen Beziehungen mit sich brachte, wie Klaus Hildebrand betonte,[58] mag bezweifelt werden. Die Staaten verhielten sich nicht wirklich anders, sie argumentierten nur anders. Die Stunde des Briand-Kellogg-Pakts sollte trotzdem noch kommen: Er wurde – bei all seiner terminologischen Unbestimmtheit – zur Grundlage für die Bestrafung der Nazi-Hauptkriegsverbrecher in Nürnberg 1945/46.

Aggression und Holocaust

Die völkerrechtlichen Bemühungen nach dem Ersten Weltkrieg konnten allerdings nicht verhindern, dass bald nach der Machtübernahme Adolf Hitlers in Deutschland 1933 intensive Vorbereitungen für einen Eroberungskrieg getroffen wurden. Am 1. September 1939 marschierte die Wehrmacht in Polen ein und löste damit einen Krieg aus – mit mehr als 50 Millionen Opfern und einer bis heute unvorstellbaren industriellen Vernichtung von Menschenleben.

Teil des politischen Programms von Adolf Hitler war die Ablehnung des Versailler Vertrags und der Austritt aus dem Völkerbund. Der Austritt des Deutschen Reiches war bereits am 14. Oktober 1933 erfolgt. Wirksam wurde der Austritt zwar erst nach Ablauf der zweijährigen Kündigungsfrist, jedoch wurde das diplomatische Personal sofort nach der Austrittserklärung aus allen Gremien abgezogen. Die NSDAP zelebrierte diesen Bruch mit dem Völkerrecht als Willen des Volkes, indem zugleich mit den gleichgeschalteten Reichstagswahlen am 12. November 1933 eine Volksabstimmung zur Absegnung des Austritts angesetzt wurde.

Außenpolitisch versuchte Nazi-Deutschland durch weltoffene Olympische Spiele im Februar 1936 in Garmisch-Partenkirchen und im August 1936 in Berlin zu punkten.[59] Auch Einladungen nach Nürnberg zu den Reichsparteitagen wurden ausgesprochen und vom internationalen diplomatischen Corps zunehmend auch angenommen.[60]

Im März 1936 folgte ein erster militärischer Bruch des Völkerrechts durch die Besetzung des nach dem Versailler Vertrag entmilitarisierten Rheinlands. Der zahnlose Völkerbund konnte gegen diesen klaren Vertragsbruch nichts ausrichten. Frankreich, innenpolitisch angeschlagen, konnte nicht militärisch antworten, und Großbritannien praktizierte bereits seine Appeasement-Politik. Adolf Hitlers Test der Grenzen des Völkerrechts hatte zur Folge, dass sein Selbstvertrauen wuchs und er seine aggressive Außenpolitik fortsetzte.

Ein nächster Schritt war die Stärkung der außenpolitischen Allianz mit Italien 1936 in der »Achse Berlin-Rom«. Hitler und Benito Mussolini teilten eine nationalistische und militaristische Weltanschauung und vereinbarten die gegenseitige Unterstützung in ihren militärischen Expansionszielen und strategischen Ambitionen.

Ein weiterer völkerrechtlicher Erfolg Hitlers war ebenfalls 1936 der Abschluss des Antikominternpakts mit Japan, einer Vereinbarung zum gemeinsamen Kampf gegen die kommunistische Bedrohung. Wegen der engen Beziehungen zu China war Hitler unter dem Einfluss des Außenministers Konstantin von Neurath einer solchen Allianz mit Japan zunächst kritisch gegenübergestanden. Dem Vertrag trat 1937 auch Italien bei, was die Grundlage eines weltpolitischen Dreiecks schuf, das vor allem gegen die Sowjetunion gerichtet war. Letztlich sollte dieses Vorhaben aber im Verlauf des Zweiten Weltkriegs scheitern.

Eine weitere außenpolitische Provokation folgte im März 1938 mit dem »Anschluss« Österreichs an das Deutsche Reich. Die unter massiven Drohungen erlangte Integration der »Ostmark« in das Reich war ein eklatanter Bruch des Versailler Vertrags und ein Frontalangriff auf die politische Unabhängigkeit eines souveränen Staates. Internationale Reaktionen blieben aus. Einzig Mexiko legte beim Völkerbund formalen Protest zugunsten Österreichs ein, der allerdings ebenfalls ohne Folgen blieb.

Ein halbes Jahr später unterzeichneten Adolf Hitler, Neville Chamberlain für das Vereinigte Königreich und Édouard Daladier für Frankreich sowie Benito Mussolini für Italien am 29. September 1938 das sogenannte Münchener Abkommen. Diesmal richtete sich der Völkerrechtsbruch gegen die Tschechoslowakei, die gezwungen wurde, ohne bei der Konferenz in der Arcisstraße in München anwesend zu sein, das Sudetenland an das Deutsche Reich abzutreten. Am 1. Oktober 1938 rückte die Wehrmacht ein. Die Tschechoslowakei war damit am

Ende, denn auch Polen und Ungarn nutzten die Gunst der Stunde für Gebietsannexionen. Um die »Kern-Tschechoslowakei« zu retten, unterwarf sich Präsident Edvard Beneš dem Münchener Diktat. Erfolg hatte er damit nicht. Er musste abdanken, und wenige Monate später besetzte die Wehrmacht das von der NS-Führung »Rest-Tschechei« genannte Gebiet und brach damit das ein halbes Jahr zuvor geschlossene Abkommen. Für Hitler bedeutete das Münchener Abkommen einen diplomatischen Erfolg. Seine Expansionsbestrebungen waren offensichtlich völkerrechtlich legitimiert worden. Bis 1942 wurde auch von den Westmächten das Münchener Abkommen als gültiger völkerrechtlicher Vertrag angesehen.[61]

Nachdem in München Stalin von den Westmächten ausgeschlossen worden war, näherte er sich seinerseits nun Hitler an. Wenige Tage vor dem Überfall der Wehrmacht auf Polen schlossen Außenminister Joachim von Ribbentrop und Wjatscheslaw Molotow am 23. August 1939 den deutsch-sowjetischen Nichtangriffspakt. Mit dem Pakt sicherte Stalin Hitler Neutralität zu für den Fall, dass die Westmächte nach einem Angriff auf Polen in den Krieg eintreten sollten. In einem geheimen Zusatzprotokoll wurde darüber hinaus die Aufteilung Polens zwischen Deutschland und der Sowjetunion vereinbart.

Am 1. September 1939 fiel die Wehrmacht unter einem lächerlichen Vorwand der Selbstverteidigung in Polen ein. Ostpolen wurde zwei Wochen später von der Roten Armee besetzt. Am 28. September 1939 vereinbarten die beiden Staaten einen Grenz- und Freundschaftsvertrag, der wiederum mit der Operation Barbarossa und dem Überfall Hitlers auf die Sowjetunion am 22. Juni 1941 gebrochen wurde.

Der Überfall auf Polen blieb nun aber international nicht ohne Folgen. Nachdem Hitler das Ultimatum zum Rückzug der Truppen aus Polen hatte verstreichen lassen, erklärten das Vereinigte Königreich und Frankreich am 3. September 1939 dem Deutschen Reich den Krieg. Die Appeasement-Politik Chamberlains war am Ende. Zunächst blieb die Kriegserklärung ohne große Folgen. Der Krieg kam nach der Besetzung Polens zunächst zum Stillstand. Die Besetzung Dänemarks und der Angriff auf Belgien, die Niederlande, Luxemburg und Frankreich ab April 1940 änderte die Lage. Im Juni 1940 waren die Kampfhandlungen im Westen beendet. Hitler zog in Paris ein. Der neue britische Premier Winston Churchill setzte entschieden auf den Kampf gegen Hitler und war zu keinem Zeitpunkt zu Zugeständnissen bereit. Die »Luftschlacht um England« wurde im Herbst 1940 nicht weiterverfolgt, die Verluste der Deutschen waren zu hoch.

Der Verlauf des Krieges ist für unsere Überlegungen nicht relevant. Von Bedeutung jedoch ist die Brutalität, mit der er geführt wurde, die Schonungslosigkeit der Besatzer und die Verwirklichung des rassischen Programms im Schatten der Eroberungen. Entscheidende Daten für das Ende der militärischen Auseinandersetzungen des Zweiten Weltkriegs waren die Kriegserklärung Hitlers an die USA nach dem Überfall Japans auf Pearl Habor am 7. Dezember 1941, der Untergang der 6. Armee der Wehrmacht im Februar 1943 in Stalingrad und die Landung der alliierten Truppen in der Normandie am sogenannten D-Day, dem 6. Juni 1944.

Völkerrechtlich war aber eine andere Entwicklung entscheidend, die im Herbst 1943 von den Alliierten, den USA, dem Vereinigten Königreich und der Sowjetunion, eingeleitet wurde. Die drei Außenminister Hull, Eden und Molotow trafen vom 19. Oktober bis zum 1. November 1943 in Moskau zusammen und berieten nicht nur über den Kriegsverlauf, sondern auch über die Nachkriegsordnung. Das Ergebnis der Verhandlungen floss in die am 1. November 1943 veröffentlichte Moskauer Deklaration ein. Darin wurde unmissverständlich zum Ausdruck gebracht, dass man nunmehr der Meinung sei, der »Anschluss Österreichs« sei von Anfang an völkerrechtlich nichtig. Österreich wurde als erstes freies Land bezeichnet, das der Angriffspolitik Hitlers zum Opfer gefallen war. Hier liegt auch einer der Ursprünge des »Opfermythos«, dem die österreichische Politik und Gesellschaft später bereitwillig folgte. Überlesen wird dabei der nächste Abschnitt der Moskauer Deklaration, in dem Österreich an die Verantwortung erinnert wird, die es für die Teilnahme am Krieg an der Seite Hitlers trägt. Gleichwohl wurde Österreich die erneute staatliche Souveränität nach Kriegsende in Aussicht gestellt, was schließlich auch mit dem österreichischen Staatsvertrag vom 15. Mai 1955 umgesetzt wurde.

Für die Entwicklung des Völkerrechts entscheidend war aber der letzte Abschnitt der Deklaration, das von Roosevelt, Churchill und Stalin unterzeichnete »Statement on Atrocities«. Anders als bisher sollte nach der Niederringung des Deutschen Reichs keine Verhandlung auf Augenhöhe zwischen den Vertretern Deutschlands und den Alliierten stattfinden. Angesichts der »monströsen Verbrechen«, der »kaltblütigen Massenhinrichtungen« und der »schlimmsten Form der Terrorregierung« in den besetzten Gebieten konnte nicht zur Tagesordnung übergegangen werden: Die Alliierten verständigten sich darauf, dass sie nach einem Waffenstillstand die Angehörigen von Wehrmacht und Partei, die an Massakern und Hinrichtungen teilgenommen oder diesen zugestimmt hatten, in diejenigen befreiten Staaten zurückschicken würden, in denen sie ihre Verbrechen begangen hatten, damit sie dort nach dem Recht des Staates strafrechtlich verfolgt werden können.

Hier findet nun also der völkerrechtliche Grundgedanke der freien Souveränität der Staaten in ihrem Handeln eine deutliche Grenze: Die für Verbrechen verantwortlichen Nazis und Kollaborateure werden sich vor den nationalen Gerichten derjenigen Staaten, in denen sie verbrecherisch gewütet haben, strafrechtlich verantworten müssen. Zu diesem Zeitpunkt, im Herbst 1943, war das Grauen des Holocaust auf dem Höhepunkt: Die Wannseekonferenz hatte am 20. Januar 1942 die systematische Vernichtung der europäischen Juden mithilfe nüchterner Bürokratenbefehle eingeleitet, die Aktion Reinhardt war gerade abgeschlossen, das Vernichtungslager Treblinka nordöstlich von Warschau wurde nach der Vernichtung von circa einer Million Juden schon wieder zurückgebaut.

Um ihrem Willen zur Bestrafung nachhaltig Ausdruck zu verleihen, wählten die Alliierten deutliche Worte, aus denen die Wut klar hervorgeht: »Gewiss werden die drei alliierten Mächte sie bis an die äußersten Enden der Erde verfolgen und sie ihren Anklägern ausliefern, damit der Gerechtigkeit Genüge getan werde.«[62]

Zuletzt folgte noch eine weitere Neuerung: Bei denjenigen Kriegsverbrechern, deren Taten geografisch nicht eingeordnet werden können, werden die Alliierten gemeinsam für die strafrechtliche Verfolgung sorgen. »Die obige Erklärung berührt nicht den Fall deutscher Verbrecher, deren Vergehen keine besondere geografische Lokalisierung aufweisen und die durch gemeinsamen Beschluss der Regierung der Alliierten bestraft werden.«[63]

Diese Moskauer Deklaration bildet die politische Grundlage für den Nürnberger Hauptkriegsverbrecherprozess, für den später noch Frankreich in den Bund der alliierten Staaten aufgenommen wurde.[64]

Dieser Erklärung war politischer Druck durch die in London ansässigen Exilregierungen der von Nazi-Deutschland besetzten europäischen Länder vorausgegangen. Die Exilregierungen von Belgien, der Tschechoslowakei, Griechenland, Luxemburg, den Niederlanden, Norwegen, Jugoslawien, Polen und Frankreich hatten bereits kurz nach dem Kriegseintritt der USA zu einer Konferenz im St. James Palace eingeladen. Das Ergebnis war die Erklärung von St. James vom 13. Januar 1942. Durch frühere Aussagen von Roosevelt und Churchill ermutigt, erhoben die Exilregierungen ihre Forderungen. Danach sollte es ein vornehmliches Kriegsziel sein, diejenigen Deutschen zu bestrafen, die sich so eklatant außerhalb des Kriegsrechts der zivilisierten Nationen stellten. Charles de Gaulle unterzeichnete die Erklärung, aber keine der anderen alliierten Siegermächte. Zu diesem Zeitpunkt fürchtete man möglicherweise noch Repressalien seitens der Deutschen, etwa in der Behandlung der Kriegsgefangenen. Die Erklärung als solche hatte jedenfalls keinen abschreckenden Effekt auf die Kriegsführung der Wehrmacht. Eher im Gegenteil. Dass mit der Forderung in der Deklaration ein neues Zeitalter im internationalen Recht anbrechen würde, war den Delegierten durchaus klar.[65] »Wie wir sehen, gibt die Deklaration dem internationalen Recht eine neue Richtung«, führte etwa der Ministerpräsident der polnischen Exilregierung und Vorsitzende der Konferenz, General Sikorski anlässlich der Unterzeichnung aus.[66]

Den Plänen, strafrechtliche Maßnahmen nach Ende der militärischen Auseinandersetzungen einzuleiten, wurde am 20. Oktober 1943 institutionell Vorschub geleistet. 17 Staaten gründeten unter Führung der USA, des Vereinigten Königreichs und Chinas die United Nations War Crimes Commission, deren Aufgabe darin bestand, Kriegsverbrechen zu dokumentieren und Beweise zu sammeln. Die Sowjetunion trat dieser Organisation nicht bei, da sie zu wenig eigenen Einfluss befürchtete. Sie gründete später eine eigene Institution zur Beweissammlung von Kriegsverbrechen.[67] Während des Krieges ging die Arbeit der United Nations War Crimes Commission eher schleppend voran, dennoch hatte das Gremium bereits im Dezember 1944 eine Liste mit deutschen Kriegsverbrechern erstellt, an deren Spitze Adolf Hitler stand.[68]

Die Kommission, die lediglich im Namen die Bezeichnung »Vereinte Nationen« trug, organisatorisch aber nichts mit der seit Frühjahr 1945 geplanten Organisation der Vereinten Nationen zu tun hatte, konnte selbst aber keine Anklagen formulieren oder Verfahren durchführen. Gleichwohl tauchte in den Berichten der UNWCC der Begriff »Crimes Against Humanity« auf, was als Vorläufer für die Charta des Nürnberger Militärgerichtshofs gesehen werden kann.

1943 jedenfalls war der Weg politisch bereitet, um das

Völkerrecht auf eine neue Wirkungsebene zu heben. Strafrecht für Staatenlenker, Politiker und hohe Militärs statt Diplomatie auf Augenhöhe. Angesichts des aggressiven Angriffskriegs, der Brutalität der Kriegsführung und der erbarmungslosen Unterdrückung der Bevölkerung in den besetzten Gebieten konnte diese Reaktion nicht ausbleiben. Das Völkerrecht musste reagieren, um überhaupt noch wahrgenommen zu werden.

Mit dieser politischen Entscheidung, die auf den Konferenzen in Teheran 1943, in Jalta und Potsdam 1945 bestätigt worden war, war aber noch lange nicht entschieden, wie genau diese strafrechtlichen Folgerungen zumal auf der internationalen Ebene durchgeführt werden sollten. Darüber wurde vom Frühjahr 1945 an zwischen den Alliierten heftig diskutiert.

Kriegsverbrecher auf der Anklagebank

Am 8. August 1945 wurde als Anhang zum Londoner Abkommen die Charta für den Internationalen Militärgerichtshof verabschiedet. Die vier Siegermächte, die USA, das Vereinigte Königreich, Frankreich und die Sowjetunion, hatten sich, unterstützt von siebzehn weiteren Staaten, auf ein Vorgehen verständigt, wie die politischen Vorgaben aus der Moskauer Deklaration von 1943 tatsächlich zum Leben erweckt und Strafverfahren durchgeführt werden könnten. Vorausgegangen waren teils heftige Auseinandersetzungen, da die Moskauer Deklaration unterschiedlich interpretiert wurde. Für Stalin wäre das Zur-Rechenschaft-Ziehen erledigt gewesen, wenn man 50000 deutsche Offiziere standrechtlich erschossen hätte. Churchill tobte ob dieses Vorschlags.[69] Allerdings hatte auch er Bedenken, ob ein ordentliches Strafverfahren die richtige Antwort auf die Kriegsverbrechen sei. Immerhin wäre ein solches Verfahren immer mit dem Risiko eines Freispruchs verbunden gewesen, sollte es nicht gelingen, die Schuld der Angeklagten zu beweisen. Auch in den USA war der Umgang mit Deutschland umstritten. UN-Finanzminister Henry Morgenthau drang bei Präsident Roosevelt mit seinem Plan, Deutschland zu deindustrialisieren und die »deutschen Erzschurken« zu erschießen, letztlich nicht durch. Kriegsminister Henry L. Stimson hatte dagegenargumentiert, dass man nun nicht ebensolche Verbrechen an den Deutschen begehen solle, wie sie diese an ihren Opfern begangen hätten. Vielmehr solle man die obersten Nazis vor ein »internationales Tribunal« stellen mit wenigstens einem Minimum an Verfahrensrechten.[70]

Lange ging man ja auch von der Idee aus, dass es einen Prozess gegen Adolf Hitler und Joseph Goebbels geben werde, der innerhalb von drei Wochen beendet sein sollte.[71] Die beiden Nazi-Führer entzogen sich dem Prozess im April 1945 bekanntlich durch Selbstmord. Das dann im Nürnberger Justizpalast durchgeführte Strafverfahren gegen 24 Angeklagte – mehr Plätze hatte die Anklagebank nicht – dauerte schließlich fast ein Jahr. Im Vergleich zu heutigen internationalen Strafprozessen, die im Durchschnitt 7,5 Jahre dauern, ist das nicht viel mehr als ein Wimpernschlag.

Der Skepsis Churchills und der Unerbittlichkeit Stalins stand allein die Beharrlichkeit der USA gegenüber, einen rechtsstaatlichen Prozess gegen die Nazi-Führungsriege vorzusehen. Als besonders einflussreich erwies sich im Frühjahr 1945 der Roosevelt-Vertraute Robert H. Jackson. Jackson war 1940 zum Richter am US Supreme Court ernannt worden und hatte somit im Alter von 48 Jahren den juristischen Olymp in Washington erobert. Zuvor hatte er, ohne die »Law School« jemals abgeschlossen zu haben, eine beeindruckende Karriere als Anwalt in New York und anschließend im Justizministerium in Washington absolviert. Der brillante juristische Denker war einem klaren inneren moralischen Kompass verpflichtet, glaubte an den Rechtsstaat, hatte zugleich einen Sinn für Pragmatismus und brachte Kompromissbereitschaft mit. Vor der amerikanischen Gesellschaft für Internationales Recht hielt Jackson am 13. April 1945 eine Rede mit dem Titel »Rule of Law Among Nations« (etwa: Rechtsstaatlichkeit zwischen Nationen), die für das Schicksal des Nürnberger Prozesses entscheidend sein sollte. In der Nacht, in der sein Förderer Präsident Roosevelt verstarb, erklärte Jackson, dass nur ein Prozess mit allen strafprozessualen Kautelen für ein Strafverfahren gegen die Hauptkriegsverbrecher in Betracht käme. Eine Alternative dazu sei allenfalls eine rein militärische oder rein diplomatische Lösung. Bei einer rechtlichen Antwort auf die Verbrechen müsse man genau auf Unschuldsvermutung, Fairness und Verteidigungsrechte achten.[72]

Konkrete Vorbereitungen auf den Prozess wurden im Juli 1945 in London getroffen. Delegationen der vier Siegermächte bereiteten auf der Grundlage der Erklärung von Jalta eine Vereinbarung sowie eine Verfahrensordnung für ein internationales Gericht vor.[73]

Die US-Delegation wurde angeführt von besagtem Robert H. Jackson und seinem Stellvertreter, dem Brigadegeneral Telford Taylor. Für das Vereinigte Königreich nahm Sir David Maxwell Fyfe teil, der als Justizminister auch gleichzeitig Gastgeber und Vorsitzender der Verhandlungen war. Nachdem die Churchill-Regierung im Sommer 1945 abgewählt worden war, übernahm der neue Attorney General, Sir Hartley Shawcross, der allerdings seinen Freund und erfahrenen Barrister [Rechtsanwalt, d. V.] Maxwell Fyfe als seinen Stellvertreter im Rennen beließ.

General I. T. Nikitschenko, der Vizepräsident des Obersten Gerichtshofs der Sowjetunion, kam als sowjetischer Verhandlungsführer. Frankreich war durch Robert Falco, einen Richter an der Cour de Cassation, vertreten.

Alle Delegationen wurden begleitet und beraten von renommierten Wissenschaftlern aus dem Bereich des Völkerrechts. A. N. Trainin etwa war ein Völkerrechtslehrer aus St. Petersburg und Mitglied der Sowjetischen Akademie der Wissenschaften. Er hatte ein großes Völkerrechtslehrbuch verfasst, das sich Jackson zur Vorbereitung komplett übersetzen ließ. Professor André Gros war Teil der französischen Delegation. Er war nicht nur akademischer Lehrer, sondern auch als Diplomat unter anderem während des Krieges an der französischen Botschaft in London tätig.

In den mühsamen Verhandlungen in London mussten nicht nur verschiedene Vorstellungen von Prozessrecht in Einklang gebracht werden. Man musste sich auch auf die Verbrechenstatbestände verständigen, bislang gab es keinen Katalog internationaler Straftaten, und Zurechnungsfragen waren weitgehend unklar. Schließlich wurde auch der Sinn und Zweck des Verfahrens in

London zwischen Nikitschenko und Jackson heftig diskutiert.[74]

Strafverfahren in den USA oder in England unterscheiden sich sehr von Prozessen in Frankreich oder Russland. Hier musste man sich auf ein Vorgehen verständigen, das von beiden Gruppen und idealerweise auch von den deutschen Angeklagten, denen das französische System näher war als das amerikanische, verstanden und akzeptiert werden würde. Am Ende wurde im Wesentlichen nach US-amerikanischem Recht prozessiert, wenn auch mit einigen erkennbaren Zugeständnissen an das kontinentaleuropäische Verfahrensrecht.

Als Verbrechenstatbestände einigte man sich auf drei Kategorien: Kriegsverbrechen, Verbrechen gegen die Menschlichkeit und Verbrechen gegen den Frieden. Ein vierter Punkt war die Strafbarkeit der Verschwörung zum Begehen dieser Verbrechen. Dabei handelt es sich aber eher um eine Begehensform als um einen eigenen Verbrechenstatbestand.[75]

Bei der Besetzung der Richterbank und der Anklagevertreter tauchten – natürlich – diejenigen Personen auf, die bereits an der Planung des Prozesses mitgewirkt hatten. Jackson fungierte als Hauptankläger, Shawcross und Fyfe vertraten die Anklage für das Vereinigte Königreich; Nikitschenko saß auf der Richterbank, Falco war stellvertretender Richter für Frankreich. Man mag aus Gründen der Gewaltenteilung Bedenken anmelden, da hier nicht zwischen Gesetzgebern, Ausführenden und Richtern unterschieden wird. Man wird aber zugestehen müssen, dass allein diese Lösung Realisierungschancen hatte.

Die Eröffnung des Prozesses fand am 18. Oktober 1945 in Berlin im großen Saal des Kammergerichts statt. Hier wurde, die Angeklagten waren nicht anwesend, von den Anklagevertretern den vier Richtern und vier stellvertretenden Richtern des Militärgerichtshofs die Anklageschrift übergeben. Los ging es dann am 20. November 1945 im umgebauten Schwurgerichtssaal des Landgerichts Nürnberg im hoch gesicherten Justizpalast an der Fürther Straße. Am 21. November eröffnete der US-amerikanische Chefankläger, Robert H. Jackson, in dem voll besetzten Saal 600 vor laufenden Kameras die Anklage:

> »Der Vorzug, eine Gerichtsverhandlung über Verbrechen gegen den Frieden der Welt zu eröffnen, wie sie hier zum ersten Mal in der Geschichte abgehalten wird, legt eine ernste Verantwortung auf. Die Untaten, die wir zu verurteilen und zu bestrafen suchen, waren so ausgeklügelt, so böse und von so verwüstender Wirkung, dass die menschliche Zivilisation es nicht dulden kann, sie unbeachtet zu lassen, sie würde sonst eine Wiederholung solchen Unheils nicht überleben. Dass vier große Nationen, erfüllt von ihrem Sieg und schmerzlich gepeinigt von dem geschehenen Unrecht, nicht Rache üben, sondern ihre gefangenen Feinde freiwillig dem Richtspruch des Gesetzes übergeben, ist eines der bedeutsamsten Zugeständnisse, das die Macht jemals der Vernunft eingeräumt hat.«[76]

Jacksons Rede war von einer enormen Wucht und Bedingungslosigkeit. Ihre Lektüre lohnt heute noch. Die kategorische Wende im Völkerrecht, die an diesem Mittwochnachmittag in der von den Schrecken des Krieges schwer gezeichneten Stadt Nürnberg eingeleitet wurde, wird von Jackson deutlich benannt. Es gehe nicht nur um die Delegitimierung des Nationalsozialismus und die Bestrafung der zwanzig »gebrochenen Männer« auf der Anklagebank. Es gehe darum, Angriffskriege und Massenverbrechen für alle Zukunft zu kriminalisieren. Es gehe darum, das Strafrecht nicht nur für die »kleinen Leute« zur Anwendung zu bringen, sondern auch für die »großen Männer«, die die Macht in einem Staat an sich gerissen und missbraucht haben. Es gehe darum, Individuen zur Verantwortung zu ziehen, damit die sich nicht mehr hinter dem Staat, für den sie handeln, verstecken können.

Für Jackson ist das strafrechtliche Vorgehen ein Gebot der Vernunft und zwingend erforderlich, um die Zivilisation vor dem endgültigen Untergang zu bewahren.

Natürlich zeigten sich im Verlauf des Verfahrens in Nürnberg viele völkerrechtliche Probleme. Wie konnte es anders sein angesichts der völligen Neuheit eines solchen Strafprozesses im Völkerrecht.

Da war zum einen das Problem der »Verschwörung«.[77] Die Anklagestrategie hinter diesem Konzept war, auch Verbrechen der Nazis an der deutschen Bevölkerung vor Kriegsbeginn einbeziehen zu können. Eine strafrechtliche Verfolgung der Reichspogromnacht vom 9. November 1938 hätte danach erfolgen können. Allerdings gab es hier völkerrechtlich ein besonderes Problem mit der Staatssouveränität. Die Behandlung der eigenen Bevölkerung ist grundsätzlich eine rein innerstaatliche Angelegenheit, in die sich das Völkerrecht nicht einmischen kann. Das Völkerrecht kommt erst mit dem Ausbruch des Kriegs zur Anwendung. So haben es schließlich auch die Richter in Nürnberg gesehen, die den Anklagepunkt »Verschwörung« nur für Verbrechen gegen den Frieden zugelassen haben, nicht aber für Verbrechen gegen die Menschlichkeit.[78] Das wäre für die Akzeptanz des Prozesses vielleicht eine zu hohe Hürde gewesen. Für die anschließenden nationalen Prozesse auf der Grundlage des Kontrollratsgesetzes Nr. 10, etwa auch die Nürnberger Nachfolgeprozesse, haben die alliierten Vertreter in Berlin dann im Dezember 1945 klargestellt, dass die Einbeziehung von Massenverbrechen vor Kriegsbeginn zulässig sei.[79]

Dahinter steht das allgemeinere Problem, auf welcher völkerrechtlichen Grundlage ein solches internationales Strafgericht überhaupt ruhen kann. Die Frage ist alles andere als trivial. Die Verteidigung in Nürnberg blies zu Beginn der Verhandlung gemeinsam zum Frontalangriff auf die Anklage und stellte die Frage nach der Legitimität ihres Vorgehens. Das gipfelte in dem Antrag, Gutachten international anerkannter Völkerrechtsgelehrter zu diesen Fragen einzuholen.[80] Diese gemeinsame Verteidigungsstrategie verlief sich übrigens rasch. Die Interessen der Angeklagten waren zu unterschiedlich. Die Legitimitätsfrage lässt sich von verschiedenen Richtungen her beantworten. Überzeugend ist die Vorstellung, dass nach der totalen Kapitulation die Gerichtsbarkeit auf die vier Besatzungsmächte übergegangen ist. Diese haben im Londoner Abkommen vereinbart, im Fall der Hauptkriegsverbrecher ihre jeweiligen Gerichtsbarkeiten zusammenzulegen und die Verfahren gemeinsam durchzuführen. Ausdruck dessen ist auch die Bezeichnung als Militärstrafgerichtshof. Die Besatzung ist eine militärische und keine zivile. Am Ende gilt hier natürlich auch die *Lotus*-Formel: Erlaubt ist im Völkerrecht alles, was nicht explizit verboten ist. Verboten wäre nur die Einmischung in rein innerstaatliche Angelegenheiten wegen des Absolutheitscharakters der Staatssouveränität. Hier war das Gericht vorsichtig und differenziert.

Ein zweites völkerrechtliches Problem lag in der Reziprozität des Kriegsvölkerrechts. Wie bereits zuvor ausgeführt, ist die Gegenseitigkeit der Einhaltung des Kriegsvölkerrechts für dessen Legitimität von enormer Wichtigkeit. Das humanitäre Recht wird gerade dann von der einen Kriegspartei geachtet, wenn und soweit es von der gegnerischen Partei eingehalten wird. Demnach war vor der strafrechtlichen Durchsetzung vor allem die Repressalie das Mittel der Wahl, um die Gegner zur Einhaltung der Gesetze und Gebräuche des Krieges zu bewegen. Von dieser Wechselseitigkeit ist auch der Inhalt der Regelungen abhängig. Im Fall gegen Karl Dönitz, Großadmiral und Hitlers Nachfolger im Amt des Reichspräsidenten, hatte nun sein Verteidiger, der frühere Kriegsrichter Otto Kranzbühler[81], vorgetragen, dass der U-Boot-Krieg von den Alliierten mit derselben Heftigkeit geführt wurde wie von der Wehrmacht. Ohne Vorwarnung Schiffe zu versenken, war übliche Praxis auch auf US-amerikanischer Seite. Kranzbühler, dem es gestattet war, in Marineuniform vor Gericht zu erscheinen, wurde gerade von den amerikanischen Militäranwälten ernst genommen. Er kannte sich in militärischen Fragen aus. Ihm war es gelungen, US-General Chester W. Nimitz eine entsprechende Stellungnahme abzuringen und in einer eidesstattlichen Versicherung, einem sogenannten Affidavit, in den Prozess einzuführen.[82] Das Gericht folgte dem Vortrag des deutschen Verteidigers, allerdings nur in diesem einen Fall.

Das dritte völkerrechtliche Problem bezog sich auch auf eine Art der Wechselseitigkeit: Das *tu-quoque*-Prinzip.[83] Dessen Argumentation lässt sich sehr allgemein so beschreiben: Die Kriegsverbrechen der Deutschen werden durch die Kriegsverbrechen der Alliierten kompensiert. Die Angriffe auf zivile Städte durch die deutsche Luftwaffe werden aufgehoben durch die Zerstörungen von Dresden, Nürnberg, Würzburg und andere. In dieser Allgemeinheit wurde das Argument nicht vorgetragen. In einem Punkt aber schon: Der Hitler-Stalin-Pakt und sein geheimes Zusatzprotokoll wurde von Alfred Seidl, dem Verteidiger von Rudolf Heß, in den Prozess eingeführt mit dem Argument, die Sowjetunion habe sich ebenso des Verbrechens des Angriffskriegs schuldig gemacht. Sie könne nun ihrerseits nicht Deutschland wegen Verbrechen gegen den Frieden anklagen.[84] Der Versuch scheiterte. Das Gericht ließ den Beweis nicht gelten.

Neben diesen völkerrechtlichen Problemen stellten sich in diesem neuartigen Mischverfahren jede Menge strafrechtlicher Probleme. Hier soll nur auf einige wichtige kurz eingegangen werden, die für die generelle Akzeptanz des Prozesses in der 80-jährigen Rezeptionsgeschichte wesentlich sind. Auch wenn der Nürnberger Gerichtshof im Wesentlichen auf angloamerikanischem Prozessrecht fußte, so wurde das Verfahren doch von sehr unterschiedlichen Akteuren betrieben, mit verschiedenen Vorverständnissen von einem Strafprozess. Beherrscht wurde das Verfahren gewiss von dem englischen Lordrichter Geoffrey Lawrence, dem US-amerikanischen Richter Francis Biddle sowie Justice Robert H. Jackson als US-amerikanischem Chefankläger. Als relevante Player in diesem Verfahren dürfen die deutschen Verteidiger nicht übersehen werden, die von den Machern des Statuts fast vergessen worden wären.[85] Auch wenn Göring meinte, er brauche keinen Verteidiger, sondern lediglich einen Dolmetscher, wurde jedem Angeklagten ein Verteidiger zur Seite gestellt. Nach amerikanischem Strafprozessrecht ist das gar nicht erforderlich. Wer sich selbst verteidigen will, kann das tun. Das wollte man in Nürnberg vermeiden. Auch für den in Abwesenheit angeklagten Martin Bormann wurde in Nürnberg ein Strafverteidiger gesucht und in Friedrich Bergold ein engagierter Anwalt gefunden, der auch in den Nachfolgeprozessen noch aktiv war.[86] Nur nebenbei sei eingeschoben, dass in Nürnberg viel für die sprachliche Verständigung getan wurde. Zum ersten Mal in der Menschheitsgeschichte wurde simultan übersetzt.[87] Was heute Standard ist, wurde in Nürnberg mit einer neuartigen Anlage von IBM erfolgreich getestet. Jeder Simultandolmetscher heute weiß, dass seine Zunft in Nürnberg aus der Taufe gehoben wurde.

Bei der Auswahl der Verteidiger ließ man den Angeklagten freie Wahl, auch um nicht in Verdacht zu geraten, das Verfahren negativ beeinflussen zu wollen. So kam es, dass neben erfahrenen Anwälten aus der Weimarer Zeit auch jüngere, sehr NSDAP-nahe Anwälte zugelassen wurden.[88] Die Anwälte wurden auch finanziell vergleichsweise gut ausgestattet, und es wurde ihnen – nach einigen argumentativen Scharmützeln vor der Richterbank – Zugang zu den Beweisunterlagen gewährt, um sich auf die Verteidigung vorzubereiten.[89] Die Verteidiger waren sämtlich aus Deutschland. Keiner der Angeklagten kam auf die Idee, sich von einem Anwalt aus den USA vertreten zu lassen. Vielleicht wäre es auch schwierig gewesen, einen solchen zu finden. So aber hatte man Rechtsvertreter, die in dem hier vereinbarten Verfahrensrecht unerfahren waren. Die Unerfahrenheit der Anwälte wurde oft gegen die Legitimität des Nürnberger Prozesses angeführt. Und sicher sind Situationen nachweisbar, in denen sich der eine oder andere Verteidiger nicht besonders geschickt angestellt hat. Ein Kreuzverhör hatte ein deutscher Strafverteidiger ja noch nie geübt. Dabei darf aber nicht übersehen werden, dass auch auf Anklägerseite mit Frankreich und der Sowjetunion zwei Staaten beteiligt waren, die ebenfalls nicht der angelsächsischen Verfahrenstradition folgten. Auch das zeigte sich im Prozess. Außerdem war die Lernkurve bei den deutschen Verteidigern enorm. Das trat bei den Nachfolgeprozessen, in denen viele der Verteidiger aus dem Hauptkriegsverbrecherprozess wieder tätig waren, noch stärker zutage.

Eine fähige Verteidigung ist für die Fairness des Verfahrens unerlässlich. Für den adversatorisch geprägten, also als Parteienprozess ausgestalteten Strafprozess in Nürnberg gilt dies ganz besonders. »Reichen wir den Angeklagten einen vergifteten Becher, setzen wir diesen an unsere eigenen Lippen«, schrieb Jackson in seiner Eröffnungsrede. Jackson griff hier auf das Bild des sokratischen Schierlingsbechers zurück, um zu erklären, dass die *Rule of Law*, die Rechtsstaatlichkeit, es gebietet, auf die Fairness des Verfahrens zu achten. Der Vorsitzende Lordrichter machte das auch unmissverständlich klar und wies regelmäßig die Anklage in ihre Schranken, wenn eine Beschneidung von Verteidigerrechten zu befürchten war. Das betonte er auch am Ende des Prozesses noch einmal sehr deutlich:

»Bevor der Gerichtshof dies tut, wünscht er seine Anerkennung auszudrücken für die Art und Weise, in welcher die Vertreter der Anklage und der Verteidigung ihre Pflichten erfüllt haben. Dem Gerichtshof ist mitgeteilt worden, die Verteidiger hätten Briefe von Deutschen erhalten, die ihr Verhalten als Anwälte in ungehöriger Weise kritisieren. Der Gerichtshof wird die Verteidiger soweit als dies erforderlich sein sollte schützen, solange der Gerichtshof tagt, und er zweifelt nicht, dass der Kontrollrat sie später gegen solche Angriffe in Schutz nehmen wird. Der Gerichtshof ist der Ansicht, dass die Verteidiger eine wichtige öffentliche Pflicht in Übereinstimmung mit den hohen Traditionen des Juristenberufs erfüllt haben, und der Gerichtshof dankt ihnen für ihre Unterstützung.«[90]

Schutz brauchten die Verteidiger indes keinen. Viele unter den Verteidigern im Hauptkriegsverbrecherprozess blieben in Nürnberg und übernahmen, wie bereits gesagt, auch Mandate in den Nachfolgeprozessen. Das überrascht natürlich wenig. Sie verfügten nun über eine einzigartige Expertise. Diese stellten Robert Servatius oder Hans Laternser später auch im Eichmann-Prozess in Jerusalem oder im Auschwitzprozess in Frankfurt unter Beweis.[91] Einige erreichten einen hohen Bekanntheitsgrad, wie Alfred Seidl oder – auch wenn er nur als Referendar bei der Verteidigung seines Vaters im Wilhelmstraßenprozess mitgeholfen hat – Richard von Weizsäcker. Etliche engagierten sich im Heidelberger Juristenkreis und betrieben aktiv und erfolgreich Lobbyarbeit für die vorzeitige Freilassung der in Nürnberg verurteilten und in Landsberg am Lech einsitzenden Kriegsverbrecher und – hier zunächst aber weniger erfolgreich – für eine umfassende Amnestierung von Kriegsverbrechern.[92]

Das Völkerstrafrecht folgt der klassischen strafrechtlichen Orientierung auf die individuelle Schuld. Darin liegt auch das Revolutionäre bei der Übertragung dieser strafrechtlichen Grundbedingung auf das Völkerrecht, indem der Schleier der Souveränität durchbrochen und auf das Individuum direkt zugegriffen wird. Gleichwohl wurden die Makroverbrechen, um die es in Nürnberg ging, nicht von einem Einzelnen begangen, sondern bedurften der Mitwirkung Dutzender, wenn nicht Tausender. Wie sollte man nun damit umgehen? In Nürnberg klagte man neben den 24 Personen auch sechs Organisationen des NS-Staates an. Diese sollten als verbrecherische Organisationen abgeurteilt werden. Damit alles seine Ordnung hat, wurde für jede Personengruppe auch ein Verteidiger bestellt. Die Mitglieder dieser Organisationen konnte man dann in späteren Prozessen schon allein wegen der Mitgliedschaft strafrechtlich verantwortlich machen und bestrafen. Im Prinzip funktionierte das auch. Allerdings waren die Richter bei der Verurteilung dieser Organisationen sehr restriktiv. Als verbrecherisch eingestuft wurden lediglich das Führerkorps der NSDAP, die Gestapo, die SS und der SD. Massenorganisationen wie die SA wurden nicht für verbrecherisch erklärt, ebenso wenig das Oberkommando der Wehrmacht. Damit war die intendierte Wirkung natürlich eingeschränkt.

Nullum crimen sine lege lautet ein weltweit anerkanntes strafrechtliches Prinzip: Es gibt kein Verbrechen ohne Gesetz. Eine Straftat muss also vor ihrer Begehung als solche gesetzlich niedergelegt sein, andernfalls liegt ein Verstoß gegen das Rückwirkungsverbot vor. Dem Nürnberger Prozess wurde auch und gerade in der Bundesrepublik Deutschland bis in die 1990er-Jahre hinein vorgeworfen, dieses Prinzip missachtet zu haben. Von der Hand zu weisen ist zunächst einmal nicht, dass es vor Ausbruch des Krieges keine Kodifizierung internationaler Verbrechen gab. Die Verteidigung wies in einer gemeinsamen Stellungnahme darauf hin.[93] Wir haben bereits dargelegt, dass es im Bereich der Kriegsverbrechen aber doch eine ganze Reihe an Vorschriften gab, wie etwa die Haager Landkriegsordnung oder die Genfer Konventionen. Zwar waren darin nicht explizit Strafsanktionen angedroht, aber eindeutige Verbote gab es dort schon. Auch hinsichtlich der Verbrechen gegen die Menschlichkeit konnte man darauf verweisen, dass die Strafbarkeit der Taten als solche nicht wirklich infrage stand. Die Verbrechen gegen die Menschlichkeit beziehen sich auf Handlungen, die in jedem Staat der Welt unter Strafe gestellt werden, wie Mord, Verschleppung, Folter, Freiheitsberaubung, Vergewaltigung. Zu Verbrechen gegen die Menschlichkeit werden diese Taten erst, wenn sie in einem systemischen Zusammenhang mit einem generellen Angriff auf eine Zivilbevölkerung stehen.

Beim Anklagepunkt »Verbrechen des Angriffskriegs« allerdings wird es schwieriger. Hier, wie wir gesehen haben, konnten sich die Ankläger in Nürnberg nur auf den Briand-Kellogg-Pakt von 1928 berufen, der in seiner Formulierung aber so vage blieb, dass sich daraus nicht unmittelbar eine Strafbarkeit ergab. Eine geschriebene

Verbotsnorm fand sich also nicht. Über die Frage, ob man eine solche benötigte, gibt es unterschiedliche Anschauungen im europäischen Rechtskreis, der auf geschriebenem, kodifiziertem Recht basiert, und im angloamerikanischen *common law*, in dem sich das Recht durch Präzedenzfälle entwickelt. Für die US-amerikanischen Juristen ergab sich die Strafbarkeit des Angriffskriegs schlicht daraus, dass der Aggressor die Souveränität eines anderen Staates und damit die Fundamentalnorm der internationalen Beziehungen verletzt hatte. Der Internationale Militärgerichtshof jedenfalls sah im Anklagepunkt »Verbrechen gegen den Frieden« einen Ausdruck bestehenden Völkerrechts und nicht neu geschaffenes Strafrecht.[94]

Schwierig und ambitioniert war der Umgang mit den Beweisen. Gesammelt wurden sie über die United Nations War Crimes Commission. Die Menge an Unterlagen und Befragungen musste zusammengefasst, systematisiert, ausgewertet und den verschiedenen Fällen zugewiesen werden, und das alles ohne EDV. Vielleicht hätte man sich mehr Zeit lassen sollen? Zumal bis zum Ende des Hauptkriegsverbrecherprozesses vierzehn Monate nach der Kapitulation das Bild der Verbrechen der Nazis noch nicht vollständig war. Die Schrecken des Holocausts in einem Vernichtungslager wie Auschwitz fanden eher zufällig ihren Weg in den Prozess. Rudolf Höß, der Kommandant von Auschwitz in den Jahren 1940 bis 1943, war als Zeuge für den Angeklagten Kaltenbrunner nach Nürnberg gebracht worden. Er sorgte mit seiner nüchternen Statistik über den Völkermord für ungläubiges Schweigen. Das Protokoll der Wannseekonferenz, in der die sogenannte Endlösung der Judenfrage beschlossen wurde, wurde erst 1947 aufgefunden.[95] Hätte man also noch warten sollen?

Dann wäre das Momentum verloren gegangen. Im Spätsommer 1945 war der Eindruck noch frisch, der Wille, die Moskauer Deklaration umzusetzen, ungebrochen. Hätte man länger gewartet, hätte sich der starke Antrieb, mit Strafrecht zu reagieren, wahrscheinlich verflüchtigt.

Nach 403 Verhandlungstagen von November 1945 bis Juli 1946 zogen sich die vier Richter und ihre vier Stellvertreter zur Beratung zurück. Am 30. September und am 1. Oktober 1946 wurde das Urteil verkündet und den Angeklagten das Strafmaß eröffnet. Dabei wurden zwölf Angeklagte zum Tod durch den Strang,[96] sieben zu langjährigen Haftstrafen[97] verurteilt und drei Angeklagte freigesprochen.[98] Ein sehr differenziertes Bild. Die sowjetischen Richter formulierten eine abweichende Meinung und plädierten auf Todesstrafe für alle. Sie konnten sich aber nicht durchsetzen. Gerade die drei Freisprüche zeugen davon, dass das Gericht eben nicht grundsätzlich voreingenommen und schon vor Prozessbeginn von der Schuld der Angeklagten überzeugt war.

Zehn Todesurteile wurden am 16. Oktober 1946 vollstreckt. Bormann wurde in Abwesenheit zum Tod verurteilt und war bereits tot, wie sich später herausstellte. Göring gelang es, sich dem Strang zu entziehen. Er richtete sich wenige Stunden vor der Vollstreckung mit Zyankali selbst. Bis heute ist ungeklärt, wie er an das Gift kommen konnte.

Was hat der Prozess gebracht?

Der Nürnberger Prozess hat unmittelbar vor allem die individuelle Schuld von neunzehn hochrangigen Vertretern des NS-Regimes festgestellt und diese hart bestraft. Auch in der deutschen Bevölkerung traf dies auf generelle Zustimmung. Durch das Urteil von Nürnberg sah sich der Rest der Bevölkerung gleichsam von eigener Schuld freigesprochen. Teilweise wurden die Urteile, insbesondere die Freisprüche, als zu mild empfunden. Im Oktober 1946 galten die Urteile als Befreiung und als gerechte Strafe für diejenigen, die nicht nur Europa mit Terror und Tod überzogen, sondern auch Deutschland in Schutt und Asche gelegt hatten. Ein Widerstand gegen die Entnazifizierung Deutschlands einschließlich der strafrechtlichen Verfolgung von NS-Kriegsverbrechern entwickelte sich erst später.[99]

Indem auch einige Organisationen als verbrecherisch »verurteilt« worden waren, stellte das Urteil auch klar, dass eine Mitgliedschaft in der SS und im SD schon per se eine NS-Belastung bedeutete. Auch in dieser Feststellung war das Urteil relativ vorsichtig. Eine NSDAP-Mitgliedschaft als solche ist zwar eine formelle Belastung, aber keine materielle und schon gar keine Straftat.

Der Prozess garantierte eine umfassende Dokumentation der Beweise. Die Geschichte des Nationalsozialismus wäre wahrscheinlich bis heute nicht so gut aufgearbeitet, wären nicht für den Prozess massenhaft Beweise gesammelt und Personen befragt worden. Die Beweise wurden auch nicht einfach gesammelt, sondern in dem

Strafverfahren auf Integrität und Authentizität hin getestet und für die Nachwelt konserviert.

Eine weitere einschneidende Wirkung liegt in der Delegitimation des Nationalsozialismus. Die Leichen der zehn Gehenkten sowie der Leichnam des suizidierten Hermann Göring wurden fotografiert zur Schau gestellt, teilweise noch mit dem Strick um den Hals. Bilder, die man heute aus Gründen des Persönlichkeitsschutzes so nicht mehr zeigen würde, trugen dazu bei, dass das Ende des Hitler-Regimes unumkehrbar war. Die Leichen wurden anschließend im Krematorium in München verbrannt und die Asche in den Wenzbach, ein Seitenfluss der Isar bei Großhesselohe, geschüttet.[100] Damit wurde eine mögliche Pilgerstätte von vornherein verhindert.

Die Legitimität von Strafverfahren hängt auch von einer gleichmäßigen Anwendung ab.[101] Eine willkürliche Bestrafung widerspricht dem Rechtsstaatsprinzip in elementarer Weise. Nach Nürnberg sah sich das Völkerstrafrecht in genau dieser Falle. »Siegerjustiz« wurde von deutscher Seite aus gerufen. Allerdings machte es der Kalte Krieg politisch unmöglich, die Versuche der Vereinten Nationen, einen permanenten Internationalen Strafgerichtshof einzurichten, in die Tat umzusetzen. Bemühungen dieser Art wurden offiziell bereits in den frühen 1950er-Jahren wieder eingestellt.[102]

Bei den zwischenzeitlich gegründeten Vereinten Nationen war die Zufriedenheit mit den Errungenschaften des Nürnberger Prozesses groß. Am 9. Dezember 1946 erkannte die Generalversammlung die wesentlichen Errungenschaften des Prozesses in den sogenannten Nürnberger Prinzipien an. In dieser Deklaration 95 (I) wurde insbesondere hervorgehoben, dass die internationalen

Verbrechen, Verbrechen gegen den Frieden, Kriegsverbrechen und Verbrechen gegen die Menschlichkeit, nicht straflos bleiben dürften. Dass es keine Berufung auf Immunitäten geben dürfe.

Zugleich verabschiedete die Generalversammlung die Völkermorddeklaration 96 (I). Darin wurde anerkannt, was im Nürnberger Prozess nicht möglich war: ein eigenes Verbrechen für den Vernichtungsangriff auf eine nationale, ethnische, rassische oder religiös bestimmte Gruppe. Der Name des Verbrechens: Genozid. Es war eine neue Kategorie von Verbrechen, die vor allem mit einem Namen verbunden ist: Raphael Lemkin.

Der Tatbestand des Völkermordes, der heute politisch als der vielleicht wichtigste Straftatbestand des Völkerrechts gelten muss, war im Jahr 1945 juristisch nicht existent. Erst drei Jahre später, am 8. Dezember 1948, gelang es durch eine Resolution der Generalversammlung der Vereinten Nationen, die Konvention zur Verhütung und Bestrafung von Völkermord zu verabschieden.[103] Dieser Straftatbestand betont dabei im Speziellen die Vernichtung einer besonders abgrenzbaren, national, ethnisch, rassisch oder religiös definierten Gruppe. Die Konvention und damit den Tatbestand des Völkermordes verdanken wir dem unermüdlichen Engagement des polnischen Juristen Raphael Lemkin. Lemkin selbst war im Dritten Reich die Flucht über Skandinavien in die USA gelungen, er verlor aber fast seine ganze Familie im Holocaust.[104] Nach Kriegsende beriet er zeitweise das US-amerikanische Anklägerteam von Robert H. Jackson und versuchte dort, seine Idee des Genozids einzubringen. Genozid, zusammengesetzt aus dem griechischen Begriff *genos* (Geschlecht, Nachkommenschaft) und dem lateinischen Verb *caedere* (töten), war auch begrifflich eine Neuerung. Lemkin konnte sich aber mit dieser Herangehensweise nicht durchsetzen.[105] Hier sahen die Juristen um Jackson einen Verstoß gegen das Rückwirkungsverbot, weil der kollektive Ansatz des Völkermordtatbestands – anders als etwa die vor allem von dem britischen Völkerrechtler Hersch Lauterpacht bestimmten Verbrechen gegen die Menschlichkeit – völlig neuartig war. Heute steht der Völkermord in Art. 6 des Römischen Statuts für den Internationalen Strafgerichtshof an erster Stelle der internationalen Kernverbrechen. So hat der Völkermord historisch zwar seinen Ursprung in den Verbrechen der Nationalsozialisten an der jüdischen und an anderen Minderheiten, ja, er ist geradezu nach diesen Ereignissen modelliert, in der strafrechtlichen Aufarbeitung der unmittelbaren Kriegsfolge allerdings nicht zur Anwendung gelangt.

Die Völkermordkonvention hat außerdem noch eine weitere Komponente: Sie ist auch verbunden mit Verpflichtungen der Staaten. Sie müssen Völkermord nicht nur bestrafen, sondern auch verhindern. Die Konvention enthält darüber hinaus eine Klausel zur Zuständigkeit des Internationalen Gerichtshofs bei Streitigkeiten über ihre Auslegung. Dadurch war es in den letzten Jahren möglich, viele Verfahren vor dem UN-Gericht in Gang zu setzen, von denen später noch die Rede sein wird.

In der Folge von Nürnberg gab es noch weitere Prozesse. Nur noch ein Prozess kann aber als internationaler Prozess gelten: der Prozess in Tokio.

Die durch Japan während des Zweiten Weltkriegs begangenen Kriegsverbrechen wurden in einem eigenen Tribunal, dem Internationalen Militärtribunal für den

Fernen Osten (IMTFO), abgeurteilt.[106] Dieses Gericht hat nie eine vergleichbare Bedeutung erlangt wie sein Nürnberger Vorbild.[107] Strukturell sind beide Institutionen eng verwandt, weisen aber auch erhebliche Unterschiede auf. So lag dem Prozess in Tokio kein völkerrechtlicher Vertrag wie das London Agreement zugrunde, sondern lediglich eine »Special Proclamation« des Oberbefehlshabers der alliierten Streitkräfte, General MacArthur. Auf der Richterbank saßen insgesamt elf Richter, nicht nur aus den vier Siegermächten, sondern auch aus Australien, China, Indien, Kanada, Neuseeland, den Niederlanden und den Philippinen. Angeklagt waren insgesamt 28 Personen, darunter neben führenden Militärs und Politikern auch der japanische Premierminister Tōjō Hideki. Die Prozesse begannen am 3. Mai 1946, die Urteile wurden am 12. November 1948 verkündet. Alle Angeklagten wurden verurteilt.[108] Auch gegen weitere Japaner wurden Prozesse vor nationalen Gerichten oder von den jeweiligen Besatzungsmächten durchgeführt, was wenig bekannt und erforscht ist.

Nachfolgeprozesse

Flankierend zum Prozess gegen die Hauptkriegsverbrecher wurde mit dem Kontrollratsgesetz Nr. 10 vom 20. Dezember 1945 im Sinne einer Arbeitsteilung den Besatzungsmächten eine Rechtsgrundlage für die Strafverfolgung von Kriegsverbrechen vor nationalen Gerichten in ihren Besatzungszonen an die Hand gegeben. Die bekanntesten sind die von den USA nach Ende des Hauptkriegsverbrecherprozesses in Nürnberg abgehaltenen sogenannten Nürnberger Nachfolgeprozesse.[109] Deren Bekanntheit liegt auch an der Anklagestrategie der Vereinigten Staaten, eine einprägsame Konzentration auf verschiedene Berufsgruppen vorzunehmen. Es wurden also gleichsam Stellvertreterprozesse geführt gegen Ärzte,[110] Juristen,[111] Mitglieder von Einsatzgruppen,[112] militärische Befehlshaber,[113] Industrielle[114] und Diplomaten.[115] Damit gelang es, die nationalsozialistischen Verbrechen umfassend zu dokumentieren. Das Ziel, durch diese Prozesse didaktisch auf das deutsche Volk einzuwirken, wurde aber weitgehend verfehlt.[116] Zum Ende der Prozesse war in Deutschland die Meinung vorherrschend, dass die Politik der NSDAP richtig gewesen sei, aber schlecht umgesetzt worden war.[117]

Die juristische Aufarbeitung des Zweiten Weltkriegs fand auch vor nationalen Gerichten in Deutschland,[118] in den betroffenen Staaten Europas und darüber hinaus statt. In den Nachkriegsjahren wurden mehrere Tausend Verfahren vor nationalen Gerichten durchgeführt, deren Dokumentation und Analyse noch lange nicht abgeschlossen ist.[119] Weltweites Aufsehen erregte 1961 der Prozess gegen Adolf Eichmann in Jerusalem, der mit einem Todesurteil endete.[120] Eichmann ist bislang die einzige Person, gegen die der Staat Israel die Todesstrafe auch vollstreckt hat.

Auch in der Bundesrepublik wurden trotz Schlussstrichmentalität und Amnestien Verfahren gegen NS-Täter durchgeführt.[121] Es fiel schwer, sich der Vergangenheit zu stellen, und erst 1958 kam es im Ulmer Einsatzgruppenprozess[122] und 1963 bis 1965 im Frankfurter Auschwitzprozess[123] zu einer gewissen Initialzündung. Die Koordination der Strafverfolgung hatte die 1958 gegründete Zentrale Ermittlungsstelle in Ludwigsburg übernommen, wo Vorermittlungen durchgeführt und etwa 7000 Anklagen vorbereitet wurden.[124] Nachdem am 20. Mai 1969 der Bundesgerichtshof auf eine fatale Gesetzesänderung im Strafgesetzbuch hin fast alle Verfahren wegen nationalsozialistischer Gewaltverbrechen für verjährt erklärt hatte, kam die Verfolgung in Deutschland fast vollständig zum Erliegen. Erst 2008 wurde im Verfahren gegen John Demjanjuk ein Weg gefunden, die Verfolgung wieder aufzunehmen. Circa 24 Strafverfahren wurden seitdem durchgeführt.[125] Zwei Mal hat der Bundesgerichtshof die Fehler der Vergangenheit jedenfalls etwas korrigiert. Das Ende der strafrechtlichen Verfolgung ist aber aufgrund des hohen Alters der Angeklagten abzusehen. Immerhin zeigt die deutsche Rechtsprechung damit deutlich, dass diese Verbrechen nicht verjähren und es keinen sicheren Hafen für Kriegsverbrecher gibt, auch nicht im hohen Alter.

Der Stand des Völkerrechts 1949

Wo stehen wir nun 1949 nach dem Ende der Nürnberger Prozesse? Was genau umfasst das Versprechen von Nürnberg?

Das Völkerrecht erlebte durch Nürnberg einen Paradigmenwechsel. Das zuvor allein auf der Souveränität der Völkerrechtssubjekte fußende, stets Freiwilligkeit verlangende Völkerrecht erfuhr in Nürnberg erstmals die Einführung zwingender Kategorien. Damit wurde die Souveränität der Staaten durchbrochen und ihr Absolutheitsanspruch partiell aufgelöst.

Diese Kategorien wurden, und das war die zweite Neuerung, gegenüber Einzelpersonen mit den Mitteln des Strafrechts durchgesetzt: Einzelpersonen wie die politischen, militärischen und geistigen Führer eines Staates. Keine Immunität schützt sie seitdem mehr. Das Gewaltmonopol des Staates wurde durch die internationale Strafgewalt, sagen wir, ergänzt.

Wenden wir es anders: Nürnberg gemeinsam mit der Völkermordkonvention schuf als zwingendes Völkerrecht *(ius cogens)* einen minimalen Schutz für die internationalen Rechtsgüter wie die friedliche Koexistenz der Staaten, die Würde des Einzelnen im Krieg, aber auch in Friedenszeiten sowie die Respektierung von nationalen, ethnischen, rassischen und religiösen Gruppen.

Es macht das Versprechen von Nürnberg aus, dass dieses zwingende Völkerrecht mit den Mitteln des Strafrechts gegen Individuen durchgesetzt wird.

II GROSSE ERWARTUNGEN: DIE FRIEDENSTIFTENDE KRAFT DES RECHTS

Die Vision von Frieden und Sicherheit

»Die Vereinten Nationen sind die letzte Hoffnung der Menschheit.« Für Franklin D. Roosevelt (US-Präsident 1933–1945) stand gegen Ende des Krieges alles auf dem Spiel. Das Scheitern des Völkerbundes, das sich im Zweiten Weltkrieg so unwiederbringlich kundtat, sollte überwunden werden. Eine neue, verlässlichere Struktur musste her, eine Struktur mit dem zentralen Ziel, nach Frieden und Gerechtigkeit zu streben. Bereits am 14. August 1941 hatte der US-Präsident mit dem britischen Premierminister Winston Churchill in der Atlantik-Charta gemeinsame Vorstellungen von einer neuen Auflage eines Staatenbundes entwickelt. Am 1. Januar 1942 unterzeichneten 26 Staaten, darunter die drei Alliierten, Großbritannien, die Sowjetunion und die USA, in Washington die Deklaration der Vereinten Nationen.[1] Klar war zu diesem Zeitpunkt die generelle Ausrichtung gegen die Achsenmächte Deutschland, Italien und Japan. Vom 21. August bis zum 7. Oktober 1944 trafen Repräsentanten der Vereinigten Staaten und des Vereinigten Königreichs mit Vertretern der UdSSR und Chinas in Dumbarton Oaks zusammen, eine Art Washingtoner Folgetreffen zur Moskauer Konferenz im Herbst 1943. Hier wurde ein erster Entwurf einer »General International Organization« erarbeitet, der dann schließlich auf der Konferenz von San Francisco vom 25. April bis 25. Juni 1945 nun mit insgesamt fünfzig Staaten aufgegriffen und fertiggestellt wurde. Verantwortlich für den Entwurf waren vor allem die USA mit ein wenig Input seitens des Vereinigten Königreichs.[2]

Am 24.10.1945 schließlich trat die Charta der Organisation der Vereinten Nationen in Kraft:

> » Wir, die Völker der Vereinten Nationen –
> fest entschlossen,
> - künftige Geschlechter vor der Geißel des Krieges zu bewahren, die zweimal zu unseren Lebzeiten unsagbares Leid über die Menschheit gebracht hat,
> - unseren Glauben an die Grundrechte des Menschen, an Würde und Wert der menschlichen Persönlichkeit, an die Gleichberechtigung von Mann und Frau sowie von allen Nationen, ob groß oder klein, erneut zu bekräftigen,
> - Bedingungen zu schaffen, unter denen Gerechtigkeit und die Achtung vor den Verpflichtungen aus Verträgen und anderen Quellen des Völkerrechts gewahrt werden können,
> - den sozialen Fortschritt und einen besseren Lebensstandard in größerer Freiheit zu fördern, …«

Diese eindrucksvollen Worte in der Präambel der Charta weisen auf die historische Verantwortung der internationalen Staatengemeinschaft hin. Die 111 Artikel der Charta errichteten eine Organisation, die effektiver als zuvor im Völkerbund den Frieden sichern und die Menschenrechte wahren sollte.

Deutschland war bei der Gründung ein besetztes Land und deshalb kein Gründungsmitglied. Es hatte sich mit seiner verbrecherischen Politik selbst aus dem Kreis der zivilisierten Völker ausgeschlossen. So konnte denn Willy Brandt bei der Aufnahme der Bundesrepublik Deutschland in die Vereinten Nationen 1973 feststellen: »Die jüngste Geschichte meines Volkes ist mit der Entstehungsgeschichte dieser Weltorganisation wahrhaftig eng verknüpft.«[3] (Es war die Zeit der Entspannungspolitik; im selben Jahr wurde auch die DDR Mitglied der Vereinten Nationen.)

Die Gründung der Vereinten Nationen löste große Erwartungen aus. Frieden und Sicherheit sollten mit ihrer Hilfe garantiert werden, zumal die USA anders als beim Völkerbund ihr politisches und militärisches Gewicht einbringen würden.

Schon der erste Generalsekretär der Vereinten Nationen, der Norweger Trygve Lie, allerdings warnte vor unrealistischen Erwartungen: »Die Vereinten Nationen sind nicht die Lösung aller Probleme, aber sie sind der einzige Ort, an dem die Probleme besprochen werden können.« Nach sechzig Jahren Vereinte Nationen drückte John Bolton, der von 2005 bis 2006 Botschafter der USA bei der UNO war und in der ersten Amtszeit Donald Trumps in den Jahren 2018 bis 2019 den einflussreichen Posten des Nationalen Sicherheitsberaters bekleidete, die Desillusion so aus: »In den frühen Tagen der Vereinten Nationen gingen viele Menschen davon aus, dass sich die im Sicherheitsrat sitzenden Länder irgendwie so verhalten würden, als hätten sie einen echten Status platonischer Wächter erreicht; dass sie ihre nationalen Interessen in ihren Berechnungen, wie sie im Sicherheitsrat agieren würden, beiseiteschieben würden und dass sie sich über all die banalen Erwägungen erheben würden, wie die Anweisungen aus ihren Hauptstädten und die Realitäten, mit denen sie konfrontiert sind. Das hat sich offensichtlich nicht bewahrheitet.«[4]

Mit großen Erwartungen 1945 gestartet und bald von der politischen Realität eingeholt, bildeten die Vereinten Nationen gleichwohl stets den wichtigsten Resonanzraum des Völkerrechts. Die Charta war von Anfang an das Referenzdokument für die Bewertung völkerrechtlicher Legitimität. Was diese Charta zu leisten vermag und was nicht, wird im Folgenden untersucht.

Die Allgemeine Erklärung der Menschenrechte

Die Menschenrechte sind die Grundpfeiler der Vereinten Nationen, denn »wo, wenn nicht hier, können wir die Menschenrechte und die Würde des Menschen verteidigen?«, rief Eleanor Roosevelt den Staaten bei der Gründung der Vereinten Nationen zu. Sie kämpfte für eine verbindliche Festschreibung der fundamentalen Menschenrechte, scheiterte damit aber zunächst.

Die UN-Charta beginnt nicht, wie die meisten modernen Verfassungen, mit einem Grundrechtsteil. Das sagt natürlich zum einen, dass die UN-Charta keine Verfassung in diesem Sinne ist, was oft übersehen wird; und es sagt zum anderen, dass die Menschenrechte zum Zeitpunkt der Gründung der Vereinten Nationen als innerstaatliches Phänomen betrachtet wurden und daher in der UN-Charta gar keinen Platz haben konnten.

Gleichwohl finden sich in der UN-Charta die Menschenrechte an prominenter Stelle. Nach der Präambel, die oben zitiert wurde, stehen die Menschenrechte bei den in Art. 1 genannten Zielen der Vereinten Nationen neben der internationalen Sicherheit und dem Grundsatz der Selbstbestimmung der Völker an dritter Stelle. Ziel der Vereinten Nationen ist es demnach, »eine internationale Zusammenarbeit herbeizuführen, um internationale Probleme wirtschaftlicher, sozialer, kultureller und humanitärer Art zu lösen und die Achtung vor den Menschenrechten und Grundfreiheiten für alle ohne Unterschied der Rasse, des Geschlechts, der Sprache oder der Religion zu fördern und zu festigen«.

Die Vereinten Nationen fanden bei ihrer Gründung allerdings keine umfassende Kodifikation der Menschenrechte vor. Zwar kannten einzelne nationale Verfassungen Grundrechte, wie schon die Virginia Declaration of Rights aus dem Jahre 1776 oder die Erklärung der Menschen- und Bürgerrechte aus der Französischen Revolution von 1789. Zwar gab es mit dem Schutz des Einzelnen im Krieg und dem bereits zuvor ausführlich dargestellten humanitären Völkerrecht Vorläufer für die Allgemeinen Menschenrechte; außerdem gab es daneben bereits Vereinbarungen über den Schutz von Minderheiten, etwa in den Pariser Vorortverträgen von 1919. Es benötigte aber den Eindruck der Opfer von Staatsterror im Nationalsozialismus in Deutschland und im besetzten Europa, bis auf internationaler Ebene die Formulierung von Menschenrechten möglich wurde. Bahnbrechend war in dieser Hinsicht die Allgemeine Erklärung der Menschenrechte, die von der Generalversammlung der Vereinten Nationen am 10. Dezember 1948 verabschiedet wurde. Die Witwe des vormaligen US-Präsidenten Franklin D. Roosevelt, Eleanor Roosevelt, war Ende 1947 beauftragt worden, mit achtzehn Experten einen internationalen Codex der Menschenrechte vorzubereiten. In der Präambel zu den prägnanten dreißig Artikeln wird auf die vorausgegangene zivilisatorische Katastrophe Bezug genommen.

> »*Da* die Anerkennung der angeborenen Würde und der gleichen und unveräußerlichen Rechte aller Mitglieder der Gemeinschaft der Menschen die Grundlage von Freiheit, Gerechtigkeit und Frieden in der Welt bildet,
>
> *da* die Nichtanerkennung und Verachtung der Menschenrechte zu Akten der Barbarei geführt haben, die das Gewissen der Menschheit mit Empörung erfüllen,
>
> und *da* verkündet worden ist, dass einer Welt, in der die Menschen Rede- und Glaubensfreiheit und Freiheit von Furcht und Not genießen, das höchste Streben des Menschen gilt,
>
> *da* es notwendig ist, die Menschenrechte durch die Herrschaft des Rechtes zu schützen, damit der Mensch nicht gezwungen wird, als letztes Mittel zum Aufstand gegen Tyrannei und Unterdrückung zu greifen …«

Diese Allgemeine Erklärung der Menschenrechte bleibt der wichtigste Referenztext für die Menschenrechte. Sie selbst ist aber nicht bindend, sondern hat den Status einer unverbindlichen Resolution. Bei der Abstimmung 1948 zeigten sich schon die Lager. Zwar wurde die Resolution mit 48 Ja- und keiner Gegenstimme angenommen, allerdings enthielten sich der gesamte Ostblock ebenso wie Saudi-Arabien und Südafrika der Stimme. Der Konflikt mit dem Ostblock bestand aber gar nicht unbedingt darin, dass dort die Idee der Menschenrechte abgelehnt worden ist. Nein, vielmehr trat man in den sozialistischen Staaten für die Anerkennung von wirtschaftlichen und sozialen Rechten, wie das Recht auf Arbeit, das Recht auf Wohnung und Bildung, ein. Die Menschenrechtserklärung hingegen konzentrierte sich im Wesentlichen auf die politischen und bürgerlichen Rechte, wie das Recht auf Leben, auf Freiheit und Gleichheit, und blieb im Bereich der wirtschaftlichen Rechte deutlich blasser und allgemeiner. Schon bei der Formulierung des Textes war es nicht einfach gewesen, diese Lager miteinander zu versöhnen. Der dann angenommene Text ist Ausdruck von Kompromissen und Verhandlungen. Er stellt aber gleichwohl ein überzeugendes und einprägsames Dokument dar, das den zu schützenden Bestand der Menschenrechte klar umreißt.

Verbindliche Dokumente mussten folgen, so viel war klar. Aufseiten der Vereinten Nationen versuchte man sich zunächst an anderen Dingen, bevor dann 1966 die beiden großen UN-Menschenrechtsabkommen unterzeichnet wurden.

Die Organisation der Vereinten Nationen: ein Spiegel der Machtverhältnisse 1944

Die Struktur der Vereinten Nationen wurde bereits 1944 festgeklopft. Zu diesem Zeitpunkt waren sich Stalin, Roosevelt und Churchill einig, dass sie die führenden Mächte der Welt repräsentieren, die auch zukünftig das Sagen haben und über die Geschicke der Welt entscheiden würden. Das Ergebnis sehen wir heute noch in der Struktur des Sicherheitsrats der UN. Dabei wurde eine entscheidende Abweichung von einer wesentlichen Grundlage des Völkerrechts festgelegt: Die Gleichheit der Staaten wurde zugunsten von fünf Staaten, neben den USA, dem Vereinigten Königreich und der Sowjetunion noch Frankreich und China, ausgesetzt. Diese fünf Staaten sahen für sich einen ständigen Sitz im Sicherheitsrat vor, der zusätzlich noch mit einem Vetorecht ausgestattet war.

Dieser Sicherheitsrat ist das höchste Gremium im Konstrukt der UNO. Es ist das einzige Organ, das mit Exekutivmacht ausgestattet ist. Nach Kapitel VII der UN-Charta kann dieses insgesamt fünfzehn Mitglieder umfassende Gremium Maßnahmen erlassen, die bindende Wirkung für alle Mitgliedstaaten der UNO haben. Dazu gehören politische Sanktionen, Wirtschaftssanktionen, aber auch militärische Maßnahmen zur Herstellung von Sicherheit und Frieden in der Welt.

Daneben ist die Generalversammlung zwar dem Prinzip »ein Staat, eine Stimme« verpflichtet (Art. 18 UN-Charta), hat aber nur die Kompetenz, zu beraten und Empfehlungen an die Mitgliedstaaten oder den Sicherheitsrat auszusprechen (Art. 10 UN-Charta). Für das Abstimmungsverhalten gilt im Übrigen, dass nur die zustimmenden oder ablehnenden Stimmen gezählt werden. Enthaltungen zählen nicht. Die Generalversammlung wählt auch die zehn nicht ständigen Mitglieder des Sicherheitsrats. Jährlich werden jeweils fünf Länder für zwei Jahre gewählt. Dabei ist ein strenger Regionalproporz einzuhalten: drei Staaten aus Afrika, jeweils zwei aus Asien und aus Lateinamerika, ein Staat aus Ost- und zwei aus Westeuropa bzw. westlichen Staaten. Eine unmittelbare Wiederwahl ist ausgeschlossen. Einen Platz am runden Tisch des Sicherheitsrats zu haben, ist sehr begehrt. Entsprechend geht den Wahlen ein regelrechter Wahlkampf voraus, es werden Allianzen gesucht und Deals verabredet.

Der Sicherheitsrat hat gegenüber der Generalversammlung Priorität. Ist also das 15er-Gremium mit einer Angelegenheit beschäftigt, kann die Generalversammlung dafür keine Empfehlungen aussprechen (Art. 12 UN-Charta). Diese Regel ist allerdings schon zu Beginn ins Wanken geraten. Bereits 1950 stellte die Generalversammlung in der Resolution »Uniting for Peace« fest, dass für den Fall einer Funktionsunfähigkeit des Sicherheitsrats die Befugnis der Generalversammlung, Empfehlungen zu erteilen, wieder auflebt.[5] Wendet man das schon auf den Fall an, dass der Sicherheitsrat keinen Beschluss fassen kann, weil ein ständiges Mitglied von seinem Vetorecht Gebrauch macht, so läuft das Vetorecht tatsächlich mehr oder weniger ins Leere.

Der Internationale Gerichtshof hatte 1962 die Gelegenheit, seine Meinung darüber in einem Rechtsgutachten zum Ausdruck zu bringen. Die Generalversammlung hatte die UN-Richter gefragt, ob Maßnahmen, welche sie selbst beschlossen hatte, Aufgaben im Sinne von Art. 17 Abs. 2 der UN-Charta darstellen, die von den Mitgliedstaaten getragen werden. Zugrunde lagen der Frage zwei »Peacekeeping«-Missionen im Kongo (ONUC) und im Nahen Osten (UNEF), die von der Generalversammlung empfohlen worden waren. Am 20. Juli 1962 stellte der Gerichtshof fest, dass nicht nur der Sicherheitsrat für internationalen Frieden und Sicherheit zuständig ist, sondern die Vereinten Nationen insgesamt, also auch die Generalversammlung.[6]

Daneben entscheidet die Generalversammlung über Fragen der Mitgliedschaft, über den Haushalt sowie die eigene Geschäftsordnung, und sie wählt auch die nicht ständigen Mitglieder des Sicherheitsrats.

Die Generalversammlung hat außerdem ein menschenrechtliches Hilfsorgan, den Human Rights Council. Hier beraten 47 Mitglieder, die von der Generalversammlung gewählt werden, über menschenrechtliche Fragen nach Resolution 60/252. Diese Einrichtung besteht erst seit 2006. Zuvor gab es die Menschenrechtskommission, die allerdings an weitgehender Ineffizienz und Wirkungslosigkeit gescheitert war.

Ein weiteres, weitgehend unbekanntes Hauptorgan der UN ist der Wirtschafts- und Sozialrat (ECOSOC: Economic and Social Council). Hier geht es um internationale wirtschaftliche und soziale Zusammenarbeit, wie es in Kapitel IX der Charta niedergelegt ist. Der Rat hat die Aufgabe, den Lebensstandard weltweit zu verbessern, Vollbeschäftigung anzustreben, den kulturellen Austausch zu fördern und in Erziehungsfragen zu kooperieren. Den Respekt vor den Menschenrechten zu erhöhen, ist ebenfalls Teil seiner Aufgaben nach Art. 55 UN-Charta. Auch dieser aus 54 Mitgliedern bestehende Rat hat ebenfalls keine Exekutivbefugnisse. Besondere Erfolge hat der ECOSOC nicht vorzuweisen. Die Menschenrechtskommission als früheres Unterorgan von ECOSOC wurde als Human Rights Council neu gegründet und gleich der Generalversammlung unterstellt.

Der Generalsekretär koordiniert und setzt die beschlossenen Maßnahmen um. Er liefert gleichsam den administrativen Unterbau der Vereinten Nationen. Gewählt wird der Generalsekretär von der Generalversammlung auf Empfehlung des Sicherheitsrates. Fünf Jahre beträgt die Amtszeit, eine einmalige Verlängerung ist möglich. Der Portugiese António Guterres ist der neunte Generalsekretär. Der Generalsekretär wird als das Gesicht der Vereinten Nationen wahrgenommen. Sein Einfluss ist auch nicht als zu gering einzuschätzen, hängt aber auch ab von der Persönlichkeit und den weltpolitischen Umständen. Der Ägypter Boutros Boutros-Ghali hat mit seiner »Agenda for Peace« 1992 und 1995 die Aufgaben der Vereinten Nationen nach dem Ende des Kalten Kriegs neu definiert.[7] Sithu U Thant rief im Sechstagekrieg 1967 hilflos die UN-Einsatztruppen zurück und konnte auch im Vietnamkrieg nicht als Schlichter auftreten. António Guterres versucht bei nachlassendem Respekt vor multilateralen Vereinbarungen, die Vereinten Nationen zusammenzuhalten. Seine Amtszeit endet 2026.

Neben den zentralen Organen gibt es eine Fülle an Sonderorganisationen, die durch zwischenstaatliche Vereinbarungen gegründet worden sind (Art. 57 UN-Charta). Es sind also keine Unterorganisationen, sondern Sonderorganisationen im Tätigkeitsbereich des ECOSOC und diesem daher eng verbunden. Dazu gehören bekannte Einrichtungen wie die Internationale Arbeitsorganisation ILO (International Labour Organization), der Internationale Währungsfonds IMF (International Monetary Fund), die Weltgesundheitsorganisation WHO (World Health Organization), die Organisation für Erziehung, Wissenschaft und Kultur UNESCO (UN Educational, Scientific and Cultural Organization) und etliche weitere. Andere bekannte und einflussreiche Organisationen gehören nicht zur UN-Familie, wie die Welthandelsorganisation WTO (World Trade Organization), sind aber eng mit den Vereinten Nationen verbunden.

Das System der kollektiven Sicherheit

Um die Welt von der »Geißel des Kriegs« zu befreien, stellt die UN-Charta eine leider sehr unvollkommene Sicherheitsarchitektur bereit. Als Grundprinzip dieser Sicherheitsarchitektur nennt Art. 2 Nr. 4 das Gewaltverbot. Die Staaten respektieren wechselseitig die Souveränität und Unabhängigkeit der anderen Staaten. In ihren Beziehungen untereinander, so wird in Art. 2 versprochen, drohen sie nicht mit Gewalt und wenden keine Gewalt an.

Um das abzusichern, sieht die Charta ein System kollektiver Sicherheit vor. Der Sicherheitsrat, als das allein zuständige Gremium, kann hier im Fall einer Bedrohung oder eines Bruchs des Friedens oder einer Angriffshandlung Sanktionen bis hin zur militärischen Intervention verhängen. Hier tut sich bereits die erste Lücke auf, denn nicht jede nach Art. 2 verbotene Androhung von Gewalt ist eine Bedrohung des Friedens. Abgesehen davon ist der Sicherheitsrat eben nur handlungsfähig, wenn die Mehrheit der fünfzehn Mitglieder einer Maßnahme zustimmt und keiner der P5 *(permanent five)* ein Veto einlegt.

Außerhalb dieses Systems kollektiver Sicherheit legitimiert nur Art. 51 der UN-Charta den Griff zur Waffe. Das hier verbürgte Selbstverteidigungsrecht setzt voraus, dass sich ein Staat einem »bewaffneten Angriff« ausgesetzt sieht. Hier ist die Lücke beträchtlich. Angriffe auf die politische Unabhängigkeit oder auch auf die territoriale Souveränität eines Staates, die keinen »bewaffneten Angriff« ausmachen, lassen danach keine Selbstverteidigung zu. Für den Fall eines bewaffneten Angriffs wiederum räumt Art. 51 UN-Charta ein kollektives Selbstverteidigungsrecht ein. Andere Staaten können also dem angegriffenen Staat zu Hilfe eilen, wie etwa geschehen nach der Invasion irakischer Truppen Saddam Husseins in Kuwait im Jahr 1990. Auch der Fall der russischen Invasion in der Ukraine löst das Selbstverteidigungsrecht aus, das als kollektives Selbstverteidigungsrecht ausgeübt werden kann.

Eine strittige, unmittelbar damit verbundene Frage ist jedoch, ob ein Staat bei einer Drohung mit Gewalt auf einen bewaffneten Angriff warten muss, oder ob es auch eine präventive (vorbeugende, verhindernde) Selbstverteidigung gibt. Wenn es die gibt, ist die nächste Frage, wie weit sie geht. Zur Beantwortung der Frage muss das Völkergewohnheitsrecht in den Blick genommen werden. Verwiesen wird hier stets auf einen Vorfall, der sich im Jahr 1837 nahe der Niagarafälle zwischen den USA und Großbritannien ereignete. Britische Soldaten hatten in der Nacht vom 29. auf den 30. 12. 1837 den amerikanischen Dampfer *Caroline* gewaltsam in Besitz genommen, in Brand gesetzt und die Niagarafälle hinuntergeschickt. Vermutlich kamen dabei zwei US-Staatsbürger ums Leben. Die Briten kämpften damals gegen Aufständische im heutigen Kanada, die sich immer wieder auf US-Gebiet auf der anderen Seite des Niagaraflusses zurückzogen und dort unter der Bevölkerung auf große Sympathien stießen. Die offiziell neutrale US-Regierung tat wenig, um die Sicherheit herzustellen. Die *Caroline* war nun dazu benutzt worden, freiwillige (zumeist amerikanische) Kämpfer auf britisches Hoheitsgebiet zu bringen. In der auf die Zerstörung folgenden verbalen Auseinandersetzung zwischen der US-Regierung und der britischen Krone, die sich über vier Jahre hinzog, bildeten sich diese Kriterien heraus: Selbstverteidigung setzt eine unmittelbare, überragende Notwendigkeit voraus, die keine Wahl der Mittel und keine Zeit zu weiterer Überlegung lässt. Außerdem dürfen die ergriffenen Maßnahmen weder abwegig noch exzessiv sein *(anecessity of self-defence, instant, overwhelming, leaving no choice of means, and no moment for deliberation).*[8] Diese Kriterien werden nach dem damaligen US-Außenminister Daniel Webster auch die Webster-Kriterien genannt. Es kam parallel dazu auch zu einem Gerichtsverfahren gegen den Briten Alexander McLeod, der sich in New York damit gerühmt hatte, an dem Vorfall beteiligt gewesen zu sein. Das Verfahren vor dem Supreme Court of New York endete mit einem Freispruch.[9]

Die Webster-Formel entspricht einem sehr zurückhaltenden Recht auf präventive Selbstverteidigung. Zum einen muss die Bedrohungslage »überragend« sein, zum anderen muss der Angriff »unmittelbar bevorstehen«. Die beiden Begriffe sind natürlich auslegungsbedürftig. Was bedeutet »überragend«? Die Bedrohung muss so schwerwiegend sein, dass es keine andere Abwehrmöglichkeit gibt. Auch das lässt natürlich Raum für Interpretation. Was heißt »unmittelbar bevorstehend«? Der Streit darüber ist alt. In jüngerer Zeit kommen die Protagonisten einer Vorverlagerung des Selbstverteidigungsrechts vor allem aus Israel. Die regelmäßigen Attacken der israelischen Armee auf Stellungen der Hisbollah im Libanon wurden regelmäßig als präventive Selbstverteidigung gerechtfertigt.[10]

Noch jünger sind allerdings die Versuche der Administration George W. Bushs, die Doktrin hin zu einem präemptiven (vorsorglichen, vorbeugenden) Selbstverteidigungsrecht umzugestalten.[11] Darunter verstand die US-amerikanische Sicherheitsstrategie nach 2002 die Verteidigung im Vorfeld eines unmittelbar bevorstehenden Angriffs zur Abwehr einer abstrakten Bedrohungslage. Eine Art »Vorwärtsverteidigung«.[12] Gelten sollte das gegen terroristische Bedrohungen oder bei einer Bedrohung mit Massenvernichtungswaffen. Auslöser der Diskussion waren die Terroranschläge des 11. September 2001. Dazu stellte sich die Frage, ob und wie das Selbstverteidigungsrecht gegen eine – im völkerrechtlichen Sinne – private Terrororganisation ausgeübt werden könne.[13]

Für Bush war die präemptive Selbstverteidigung die Rechtfertigung für den Irakkrieg im Jahr 2003 und den Sturz Saddam Husseins. Selbstverteidigung bedeutet in diesem Fall, das Entstehen zukünftiger Gefahren durch das gewaltsame Erzwingen eines Regimewechsels bereits im Ansatz zu unterbinden.[14]

Eine Grundlage im Völkerrecht fand diese Ansicht allerdings nicht, auch wenn amerikanische Wissenschaftler immer wieder behaupteten, es handle sich um Völkergewohnheitsrecht.[15] Diese Diskussion ist ein gutes Beispiel für die häufig durchscheinende Beliebigkeit in der Interpretation des Völkergewohnheitsrechts. Die ohnedies vagen Voraussetzungen, Staatenpraxis und *opinio iuris,* werden dabei kaum ernst genommen. Die Mehrheit in der Völkerrechtswissenschaft jedenfalls bewertet die Invasion in den Irak als völkerrechtswidrig; das Bundesverwaltungsgericht hat sogar festgestellt, dass der Angriff auf den Irak durch die »Koalition der Willigen« eine völkerrechtswidrige Aggression darstellte.[16]

Die Debatte war eigentlich abgeklungen, als am 13. Juni 2025 israelische Kampfjets mit der Bombardierung von militärischen Einrichtungen und Nuklearanlagen im Iran begannen. Am 22. Juni stiegen auch Tarnkappenbomber der USA mit schweren bunkerbrechenden Waffen zur Unterstützung auf, um das iranische Atomprogramm endgültig zu stoppen. Als Begründung wurde die potenzielle nukleare Bedrohung seitens des Irans angeführt. Nach den oben genannten Kriterien des Selbstverteidigungsrechts führt das nicht zu einer Rechtfertigung. Die Maßnahme wäre völkerrechtswidrig. Diese Meinung teilen die meisten Völkerrechtler.[17] Selbstverständlich ist dabei zu berücksichtigen, dass der Iran die Vernichtung des Staates Israel anstrebt, selbstverständlich ist auch zu berücksichtigen, dass der Iran durch die Finanzierung von Hisbollah, Hamas und Huthi Israel von allen Seiten aus bedroht. Solange aber nicht nachgewiesen wird, dass der Iran eine Atomwaffe zum Einsatz gegen Israel tatsächlich bereithält und startklar macht, sind wir noch nicht im Bereich des Art. 51 der UN-Charta.

Der Umstand, dass der Iran die Zusammenarbeit mit der Internationalen Atomenergiebehörde (International Atomic Energy Agency – IAEA) verweigert, zu der er eigentlich völkerrechtlich verpflichtet ist, legitimiert die Zerstörung der Atomanlagen ebenfalls nicht. Es wäre Sache des Sicherheitsrates, die Kooperation des Iran – notfalls mit Waffengewalt – zu erzwingen. Unilateral geht das nicht.

Ein ganz anderes Problem ist das hohe Risiko, das man eingeht, wenn man eine Atomanlage bombardiert. Nach Art. 56 des I. Zusatzprotokolls zu den Genfer Konventionen darf ein Kernkraftwerk nur angegriffen werden, wenn sichergestellt ist, dass keine Strahlungen austreten.

Ein eingeschränktes präventives Selbstverteidigungsrecht wird man anerkennen können und müssen. Bei einer schweren Bedrohungslage kann man von dem bedrohten Staat nicht verlangen, dass dieser wartet, bis der Angriff tatsächlich erfolgt. Ihm muss das Recht zustehen, bereits kurz vorher zuzuschlagen. Diese zeitliche Grenze ist aber, wie gesehen, eng zu interpretieren. Auf präventive Selbstverteidigung kann sich nur derjenige berufen, der nachweisen kann, dass er keine Zeit mehr zum Abwarten hatte. Nachdem auf dem G7-Gipfel in einer gemeinsamen Erklärung die Staats- und Regierungschefs der sieben wichtigsten Industriestaaten Israel unterstützt und keinen Völkerrechtsverstoß moniert haben, kann man sich die Frage stellen, ob sich das völkergewohnheitsrechtliche Selbstverteidigungsrecht hier ändert und die zeitliche Grenze weiter nach vorn verschoben wird.[18] Die Erklärung der G7 wie auch Aussagen deutscher Politiker sind aber als rein politisches Statement zu verstehen. Rechtsüberzeugungen werden darin nicht ausgedrückt. Es bleibt dabei: Eine präemptive Selbstverteidigung gibt es nicht.[19] Vor einer Aufweichung der Webster-Formel ist aber unbedingt zu warnen. Waffen sind nur die allerletzte Möglichkeit, wenn alle diplomatischen Kanäle erschöpft sind.

Das Selbstverteidigungsrecht ist bei der Durchführung am Grundsatz der Verhältnismäßigkeit zu orientieren. Die Verteidigungsmaßnahme darf nur eine entsprechend angemessene Reaktion auf die Bedrohung bzw. den Angriff darstellen und darf auch nur so lange dauern, wie die Bedrohungslage tatsächlich existiert.

Gerichtliche Streitbeilegung

Eine zwingende gerichtliche Streitbeilegung konnte unter dem Dach der Vereinten Nationen leider nicht errichtet werden. Die UNO verfügt mit dem Internationalen Gerichtshof (IGH) zwar über ein Gericht (Art. 92 UN-Charta). Dessen Gerichtsbarkeit ist aber de facto nicht viel mehr als eine Schiedsgerichtsbarkeit. Sie funktioniert demnach immer nur dann, wenn beide Streitparteien sich in einem konkreten Fall der Gerichtsbarkeit des IGH unterwerfen und bereit sind, dessen Entscheidungen anzuerkennen. So haben die UN-Richter einige

Grenzstreitigkeiten oder auch Streitigkeiten um die Zugehörigkeit des Festlandsockels zu einem Hoheitsgebiet beilegen können.[20]

Ein wirklich streitiges Verfahren durchzuführen, gelingt nur in wenigen Fällen. Eine solche Gerichtsbarkeit lässt sich begründen etwa bei der Völkermordkonvention, der Konvention über rassische Diskriminierung und der Folterkonvention. Es sei denn, ein Staat hat sich grundsätzlich der Gerichtsbarkeit des IGH unterworfen, wie die Bundesrepublik Deutschland. Zudem sind die Mechanismen des Gerichts nicht wirklich dazu angetan, streitige Verfahren zu führen. Die fünfzehn Richter des Gerichtshofs werden in einem komplizierten Verfahren unter Berücksichtigung geografischer Proporzanforderungen von der Generalversammlung und dem Sicherheitsrat in einem hochpolitischen Prozess für eine Amtszeit von neun Jahren gewählt. Bei streitigen Verfahren ist es darüber hinaus üblich, dass die beteiligten Staaten noch Ad-hoc-Richter bestellen, sollte ihre Nation nicht bereits auf der Richterbank der Fünfzehn vertreten sein. Dass Richter von den jeweiligen Parteien für ein gewisses Verfahren ad hoc bestimmt werden, überrascht, da man in einem innerstaatlichen Verfahren tendenziell eine Befangenheit der Richterpersönlichkeit vermuten und sie deshalb vom Verfahren ausschließen würde.[21] In der internationalen Schiedsgerichtsbarkeit ist es aber durchaus üblich, dass die Streitparteien jeweils einen Richter bestimmen. Der IGH, einem Schiedsgericht nicht unähnlich, kopiert diese Herangehensweise ein Stück weit.

Die Verfahren dauern oft Jahre. Es können zwar vorläufige Maßnahmen beantragt werden, über die dann auch rasch entschieden werden kann, die jüngsten Verfahren haben aber gezeigt, dass bei streitigen Verfahren die Bereitschaft der unterlegenen Staaten, sich daran zu halten, gegen null tendiert. Das ist nun auch nicht neu. In der Iraner Geiselaffäre, als im November 1979 in Teheran mehrere US-Staatsbürger in der Botschaft der USA festgehalten wurden, um die Auslieferung des früheren Schahs zu erzwingen, verklagte der US-amerikanische Präsident Jimmy Carter Iran vor dem Internationalen Gerichtshof. Noch bevor dieser über die vorläufigen Maßnahmen entschieden hatte, befahl Präsident Carter einen militärischen Befreiungsversuch, der auf tragische Art und Weise scheiterte und mehrere amerikanische Soldaten das Leben kostete, ohne dass es zu Feindkontakt gekommen war. Trotzdem entschied wenige Tage später der Gerichtshof zugunsten der USA.[22] In Teheran reagierte der neue starke Mann Ajatollah Chomeini indes nicht. Erst nach 444 Tagen endete die Geiselnahme, als im Gegenzug eingefrorene iranische Konten freigegeben wurden. Bei der Lösung des Konflikts hat das UN-Gericht keine Rolle gespielt.

Ein anderes Beispiel hierfür ist ein Fall, in dem die Bundesrepublik Deutschland die USA vor dem IGH verklagte. Grund dafür war die Todesstrafe für die zwei deutschen Staatsbürger Walter und Karl-Heinz LaGrand. Sie hatten in Arizona eine Bank überfallen und dabei den Bankdirektor erstochen. Deutschland brachte den Fall wegen Verstoßes gegen das Wiener Übereinkommen über konsularische Beziehungen vor den IGH. Nach Art. 36 dieses Vertrags hätten die LaGrand-Brüder bei ihrer Verhaftung darüber belehrt werden müssen, dass sie ein Recht auf konsularischen Beistand durch die deutsche Regierung haben. Der damalige Außenminister Joschka Fischer wollte natürlich ein grundsätzliches Urteil gegen die Todesstrafe erreichen. Die UN-Richter erließen zunächst eine einstweilige Anordnung im Sinne Deutschlands und verlangten von den USA, die Hinrichtungen aufzuschieben. Die Brüder wurden trotzdem kurz vor Veröffentlichung der einstweiligen Anordnungen am 3. März 1999 hingerichtet. Die Hauptsache wurde im Jahr 2001 entschieden. Der Internationale Gerichtshof stellte fest, dass die USA mit den Hinrichtungen gegen internationales Recht verstoßen haben, und betonte, dass seine einstweiligen Anordnungen bindend seien.[23] Den LaGrand-Brüdern half das nichts mehr.

Der Internationale Gerichtshof hat auch die Kompetenz, Gutachten zu erstellen. Während wir in Deutschland ein solches Verfahren nicht kennen, besteht anderswo in Europa, etwa am Conseil d'État in Frankreich oder auch am Europäischen Gerichtshof für Menschenrechte durchaus die Möglichkeit, Rechtsgutachten einzuholen. Diese Gutachten sind rechtlich nicht bindend, haben jedoch eine hohe moralische und politische Autorität. Sie können als wichtige Referenz für die Entwicklung des Völkerrechts dienen und Einfluss auf die Praxis der Staaten und internationalen Organisationen haben.

Staaten können einen solchen Antrag beim IGH nicht stellen, nur die Generalversammlung und der Sicherheitsrat sowie Sonderorgane wie die WHO oder die UNESCO. Immer wieder wird der Internationale Gerichtshof um die Erstellung eines Rechtsgutachtens ersucht, und einige dieser Verfahren und Ergebnisse haben das Völkerrecht erheblich beeinflusst. Bei dem 1996 erfolgten Verfahren zur Zulässigkeit des Einsatzes von

Atomwaffen beispielsweise ist alles, was im Völkerrecht Rang und Namen hatte, nach Den Haag gepilgert, um an dem Verfahren teilzunehmen. Auch kleine Staaten, wie die Salomon-Inseln, haben die bekanntesten britischen Völkerrechtler für viel Geld beauftragt, damit sie für die Ächtung von Atomwaffen kämpfen. Das ist am Ende nicht gelungen. Der Gerichtshof hat in einer komplexen Entscheidung die Regelungen des humanitären Völkerrechts und des *ius ad bellum,* des Rechts, Krieg zu führen, zueinander in Beziehung gesetzt und letztlich entschieden, dass ein generelles Verbot nicht festgestellt werden könne. Unter besonders extremen Umständen, in denen das Überleben eines Staates auf dem Spiel steht, kann der Einsatz von Atomwaffen nicht ausgeschlossen werden.[24] Für alle Gegner von Nuklearwaffen war das Verfahren im Ergebnis sicherlich eine Enttäuschung. Gleichwohl haben die Richter in dem Gutachten wesentliche Grundregeln des Zusammenspiels von Menschenrechten, humanitärem Völkerrecht und dem *ius ad bellum* festgeschrieben. Außerdem wurden die Anforderungen an den Einsatz einer Atomwaffe so hochgeschraubt, dass eine Legalität des Einsatzes so gut wie unmöglich ist.

Die Bedeutung des IGH hat in den letzten Jahren enorm zugenommen. Staaten suchen die Bühne des Den Haager Friedenspalastes auch, um politisch zu punkten. Das Thema »lawfare« werden wir später noch thematisieren. Wichtig ist festzuhalten, dass der IGH nur für Staatenbeschwerden zuständig ist und kein Strafgericht ist. Will man ein Individuum für ein internationales Verbrechen seiner gerechten Strafe zuführen, muss man den Fall vor den Internationalen Strafgerichtshof bringen, über den wir im Folgenden sprechen.

Die Rolle der Strafgerichtsbarkeit

Nach dem Internationalen Militärgerichtshof, der 1946 in Nürnberg 19 Hauptkriegsverbrecher verurteilt hatte, wurde darum gerungen, auch einen permanenten Internationalen Strafgerichtshof einzurichten. Die Generalversammlung der Vereinten Nationen bestätigte in Resolution 95 (I) zwar die in Nürnberg verfolgten Verbrechenstatbestände und die generelle Grundregel, dass diese Verbrechen nicht unbestraft bleiben dürften, als sogenannte Nürnberger Prinzipien. Und der Rechtsausschuss der Vereinten Nationen (International Law Commission) wurde auch beauftragt, sich mit der Weiterentwicklung des Völkerstrafrechts zu beschäftigen. Die beiden von der ILC eingesetzten Sonderberichterstatter Ricardo J. Alfaro und Emil Sandström erwogen beide die Einsetzung eines Strafgerichtshofs als Anhang zur UN-Charta. Während der schwedische Jurist Sandström befürchtete, dass ein solches Gericht nicht effektiv sein könne, begrüßte der Panamaer Alfaro die Idee:[25] Indem ein Internationaler Strafgerichtshof errichtet wird, signalisiert man, dass die Menschheit das Recht hat, sich gegen internationale Verbrechen zur Wehr zu setzen. Das Gericht könne abschreckend wirken und die Wahrung des internationalen Friedens und der Sicherheit unterstützen.[26]

Die Idee erstarb aber in den 1950er-Jahren im Tumult des Kalten Kriegs zwischen den USA und der Sowjetunion. Dazu kamen zu viele »heiße« Kriege, wie in Korea oder später in Vietnam und Afghanistan. Allein der Gedanke an eine strafrechtliche Verfolgung von Kriegsverbrechen stieß auf völliges Unverständnis. Gerade die militärischen Supermächte USA und Sowjetunion wollten sich beim Einsatz ihrer Truppen nicht beschränken lassen, schon gar nicht durch ein internationales Gericht.

Die Unfähigkeit, über eine internationale Strafgerichtsbarkeit überhaupt nur nachzudenken, nährte natürlich auch den in Deutschland kolportierten Vorwurf der »Siegerjustiz« von 1945/46. Das Völkerstrafrecht, so die Kritik, war eben doch nicht, wie fälschlicherweise proklamiert, als Zeitenwende im Völkerrecht gemeint gewesen. Es wurde allein zur Erniedrigung Deutschlands »erfunden«.[27]

Gleichwohl gab es in der Zivilgesellschaft immer wieder Bestrebungen, die Idee von Nürnberg aufleben zu lassen. Zum Beleg von Kriegsverbrechen, etwa im Vietnamkrieg, wurden in London strafverfahrensähnliche Anhörungen durchgeführt, die nach dem Erfinder, dem Philosophen Bertrand Russell benannten »Russell-Tribunale«.[28] Dieses »Vietnam War Crimes Tribunal« traf sich zu mehreren Sitzungen.

Russell hatte sich mit prominenten Persönlichkeiten wie dem Philosophen und Aktivisten Jean-Paul Sartre, der Schriftstellerin und Feministin Simone de Beauvoir und anderen zusammengetan, um die Verbrechen der USA während des Vietnamkriegs zu untersuchen. Das Tribunal sammelte Zeugenaussagen von Überlebenden, Experten und ehemaligen Soldaten, die die Gräueltaten dokumentierten, wie etwa den Einsatz von Napalm und Chemiewaffen durch die USA. Das Tribunal verurteilte die USA wegen der Durchführung von Kriegsverbrechen und stellte fest, dass der Vietnamkrieg illegitim und unmoralisch war.

Obwohl die Russell-Tribunale keine offiziellen Gerichte waren und ihre Urteile keine rechtlichen Konsequenzen wie die eines internationalen Gerichts haben konnten, hatten sie erheblichen Einfluss auf die öffentliche Meinung und die politische Diskussion der Zeit. Sie prangerten die Rolle der USA im Vietnamkrieg und die damit verbundenen Kriegsverbrechen an und trugen dazu bei, das internationale Bewusstsein für die Grausamkeiten des Krieges zu schärfen. Damit unterstützten sie die Bemühungen, die Idee von Nürnberg aufrechtzuerhalten, und die Forderung, eine internationale Strafjustiz einzurichten. Spätere vergleichbare Anhörungen zu Lateinamerika, zum Irak oder zu Palästina erhielten nicht mehr die politische Aufmerksamkeit.

Zur selben Zeit begann auch der ägyptisch-amerikanische Rechtsprofessor M. Cherif Bassiouni (1937–2017), sich mit der Einrichtung eines ständigen Internationalen Strafgerichtshofs zu beschäftigen. In vielen Veröffentlichungen verlangte er die Einlösung des Versprechens von Nürnberg.[29] Für ihn war das Völkerstrafrecht eng mit dem Schutz der Menschenrechte verbunden. Internationale Strafverfolgung und Gerechtigkeit sind unerlässlich, um die Grundwerte der Menschlichkeit zu sichern und zukünftige Kriegsverbrechen zu verhindern. Bereits im Jahr 1972 gründete er mit der International Association of Penal Law das Siracusa International Institute of Higher Studies in Criminal Sciences (heute: Siracusa International Institute for Criminal Justice and Human Rights) auf Sizilien, um die rechtlichen und philosophischen Grundlagen des Völkerrechts zu erforschen und junge Leute in Kursen zum Internationalen Strafrecht zu schulen.[30]

Die Vereinten Nationen waren alles in allem seit ihrer Gründung bis ins Jahr 1992 unfähig, die Idee von Nürnberg voranzubringen. So blieb der Menschenrechtsschutz ohne strafrechtliche Absicherung; die geopolitischen Interessen der Mitgliedstaaten erwiesen sich als mächtiger. Zu weiteren Zugeständnissen waren die mächtigen Staaten nicht bereit. In ihren militärischen Optionen wollten sie sich nicht einschränken lassen, obwohl gerade das die Botschaft von Nürnberg gewesen sein sollte.

Bestrebungen zur Reform der Vereinten Nationen

Wie schon erwähnt, ist die Struktur der Vereinten Nationen ein Abbild der weltpolitischen Lage von 1944. Dass diese Struktur eine erfolgreiche Arbeit der Vereinten Nationen den gesamten Kalten Krieg hindurch nahezu unmöglich gemacht hat, war für jedermann leicht zu erkennen. Große Reformbestrebungen konnten sich in den letzten achtzig Jahren und können sich auch heute nicht durchsetzen. Dass es Änderungen dringend braucht, ist jedem klar. Aber auch hier verhindert letztlich die durch die Vetomacht im Sicherheitsrat bestimmte Machtverteilung, dass das Notwendige getan wird.

Generalsekretär António Guterres hat zu Beginn seiner Amtszeit mutige Reformen gefordert: »Das Ziel der Reform sind Vereinte Nationen, die sich im 21. Jahrhundert mehr auf Menschen als auf Prozesse, mehr auf das Handeln als auf die Bürokratie fokussieren. Ob es uns gelingt, wird sich an Verbesserungen im Leben derer zeigen, denen wir dienen – und am Vertrauen derer, die unsere Arbeit unterstützen.«[31]

Die Reformansätze betreffen zum einen die Zusammensetzung des Sicherheitsrates selbst, die Stellung des Generalsekretärs und das Friedenssicherungsrecht der UN-Charta.

Keine Reform der Vereinten Nationen wird vollständig sein ohne die Reform des Sicherheitsrates. Die Machtverteilung durch die fünf ständigen Mitglieder nebst ihrem Vetorecht ist das größte Hindernis für die effiziente und effektive Ausübung der dem Sicherheitsrat überantworteten Aufgabe der internationalen Friedenssicherung.[32] Der Sicherheitsrat ist aber nicht nur häufig durch ein Veto eines seiner ständigen Mitglieder handlungsunfähig, er ist strukturell auch zu schwerfällig und langsam. Deutschland verlangt spätestens seit der Herstellung der Einheit einen ständigen Sitz im höchsten UN-Gremium. Seit 1990 war Deutschland immerhin schon viermal nicht ständiges Mitglied und befindet sich aktuell erneut im Wahlkampf, um 2027 und 2028 wieder an den Tisch im Sicherheitsrat zu kommen.[33] Die Argumente für einen ständigen Sitz Deutschlands liegen auf der Hand:[34] zweitgrößter Zahler, Top 5 der größten Volkswirtschaften, im Global-Governance-Index der Robert-Bosch-Stiftung 2023 Platz eins beim internationalen Engagement,[35] bereit, auch militärisch für Frieden und Sicherheit einzustehen,[36] Verfechter des Multilateralismus und einer regelbasierten internationalen Ordnung.

Doch der ständige Sitz im Sicherheitsrat bleibt Wunschdenken. Unter den geopolitischen Realitäten wird es keinen ständigen Sitz Deutschlands geben. Das Ungleichgewicht im Sicherheitsrat zulasten von Afrika,

Lateinamerika und Asien würde durch die Aufnahme Deutschlands nur steigen. Ein gemeinsamer ständiger Sitz der EU erscheint realistischer.[37] Wäre Frankreich dazu bereit, seinen Sitz in einen EU-Sitz umzuwandeln, wäre das wahrscheinlich rasch umzusetzen. Dass Frankreich auf seinen ständigen Sitz zugunsten der EU verzichtet, ist aber ebenso unrealistisch wie die Hoffnung, dass die EU außenpolitisch mit einer Stimme spricht. Auch andere Vorschläge, die UNO demokratischer zu machen, führen nicht weiter.[38]

Einfacher wäre es vielleicht, wie vereinzelt vorgeschlagen wird, das Vetorecht der P5 zu beschränken. Eine weitere Möglichkeit wäre, dass nicht ein Staat allein, sondern mindestens zwei Staaten das Vetorecht gemeinsam ausüben müssten.[39] Aber auch ein solcher minimaler Schritt ist aktuell politisch nicht durchsetzbar.

Mit dem Sicherheitsrat eng verbunden ist die Sicherheitsarchitektur der Vereinten Nationen. Auch hier ist eine Reform überfällig. Die beherrschende Rolle des Sicherheitsrates bei der Sicherung von Frieden und Sicherheit erweist sich in heiklen politischen Situationen, in denen sich die Welt ja meist befindet, als kontraproduktiv. Alternative Wege jenseits des in Einzelfragen umstrittenen Selbstverteidigungsrechts sind nicht ersichtlich. Auch müsste mehr Wert auf Konfliktprävention und die Sicherung des Friedens sowie ein besonderes Augenmerk auf die Themen Entwicklung und Menschenrechte gelegt werden.

Die Entwicklung regionaler Strukturen wäre eine Möglichkeit; ein Weg, den die EU im Kosovo schon beschritten hat, mit noch nicht ganz absehbaren Erfolgsaussichten.

Schließlich ist die Verwaltung der UNO unter der Leitung des Generalsekretärs zu reformieren.

Blickt man auf die Struktur der Vereinten Nationen, verliert man sich in einem Wirrwarr von Under-Secretary Generals, Special Rapporteurs und Sonderorganisationen, deren Zuständigkeiten nicht klar umrissen sind und deren Arbeit ebenso wie die personelle Besetzung der Posten weniger der Sache dient als vielmehr politischen Interessen. Gelungen ist eine Reform der Verwaltung bislang nicht. Die Abläufe sind schwerfällig und überbürokratisiert.

Ost-West-Konflikt I: Menschenrechtspakte und humanitäres Völkerrecht

Deutschland stand bei der Gründung der Vereinten Nationen als besiegtes und besetztes Land im Abseits. Die Folge der Besatzung war bekanntlich auch die Gründung zweier Staaten: die Bundesrepublik Deutschland, die rasch in den Westen integriert wurde, und die Deutsche Demokratische Republik, die maßgeblich unter dem Einfluss der Sowjetunion blieb. An eine Aufnahme der beiden deutschen Staaten in die Vereinten Nationen war lange Zeit nicht zu denken. Im Gegenteil, in Art. 53 und 107 war in der Charta der Vereinten Nationen vorgesehen, dass gegen die Feindstaaten des Zweiten Weltkriegs, Deutschland und Japan, auch Maßnahmen außerhalb des Sicherheitssystems der Vereinten Nationen ergriffen werden dürfen.[40] Erst im Jahr 1972 beantragten die zwei deutschen Staaten den Beitritt zu den Vereinten Nationen, der nach Empfehlung durch den Sicherheitsrat am 18. September 1973 von der Generalversammlung beschlossen wurde. Zuvor hatten die Bundesrepublik und die DDR im Grundlagenvertrag vom 21. Dezember 1972 das Verhältnis untereinander klären müssen.

Auch wenn der damalige Bundesaußenminister Walter Scheel in seiner Beitrittsrede die UNO als »einzige Alternative zum Krieg« bezeichnet hat,[41] konnte diese nach ihrer Gründung Kriege nicht verhindern. Während die unterschiedlichen Interessen zwischen Stalin und den Westmächten schon kurz nach der Potsdamer Konferenz im Sommer 1945 deutlich wurden, dauerte es auch nicht lange, bis wieder zu den Waffen gegriffen wurde. Das geschah allerdings nicht an der Demarkationslinie zwischen Ost und West, die mitten durch Deutschland ging, sondern auf der koreanischen Halbinsel. Der von Churchill in seiner Rede in Fulton im US-Bundesstaat Missouri am 5. März 1946 beschworene »Eiserne Vorhang« war schließlich nicht nur eine territorial begründete Metapher.[42] Sie beschrieb auch die Unversöhnlichkeit der Ideologien und der Staats- und Lebensformen zwischen dem von der Sowjetunion geprägten Ostblock und dem unter dem US-amerikanischen Einfluss stehenden Westen.[43]

Das geteilte Korea wurde zum kriegerischen Schauplatz dieser Auseinandersetzung. Ähnlich wie Deutschland war auch Korea nach der Niederschlagung Japans in zwei Besatzungszonen aufgeteilt. Die Sowjetunion hatte das Gebiet nördlich des 38. Breitengrades besetzt, die USA den Teil südlich davon. In Jalta hatten die Siegermächte beschlossen, dass ein vereinigtes, unabhängiges Korea unter einer gewählten Regierung geschaffen werden sollte. Nun zeigte sich der Kalte Krieg aber auch an dieser Demarkationslinie. Die UNO sollte das Mandat für die Wiedervereinigung erhalten. Schließlich wurden im Süden Wahlen abgehalten, und am 15. August 1948 wurde die Republik Korea ausgerufen, was als Reaktion die Proklamation der Demokratischen Volksrepublik Korea am 9. September 1948 nach sich zog. Schließlich überschritten Truppen der nordkoreanischen Volksarmee am 25. Juni 1950 die Grenze, um die Wiedervereinigung der beiden Teile unter sozialistischer Vorherrschaft zu erzwingen.

In Westdeutschland fürchtete man ein vergleichbares Szenario und einen Angriff der Sowjetarmee, um die Wiedervereinigung Deutschlands unter kommunistischer Vorherrschaft zu erzwingen. Die 1949 gegründete Bundesrepublik verfügte zu diesem Zeitpunkt über keine Verteidigungsmöglichkeiten, denn die »Wiederbewaffnung« erfolgte erst 1956 nach der vollständigen Herstellung der staatlichen Souveränität durch den Deutschlandvertrag ein Jahr zuvor.[44] Diese Furcht im Westen führte zu einer raschen und starken Westbindung der jungen Bundesrepublik. Das Wirtschaftswunder folgte, sodass die westdeutsche Gesellschaft letztlich vom Koreakrieg profitierte.[45]

Bei den Vereinten Nationen herrschten 1950 kuriose Verhältnisse. Die Vertreter der Sowjetunion hatten den Sicherheitsrat verlassen. Grund dafür war die Weigerung, die Volksrepublik China als Vertretung Chinas in den UNO-Gremien zuzulassen und stattdessen auf die Regierung der Republik China in Taiwan zu setzen. Dieser Boykott im Sicherheitsrat führte dazu, dass dieser angesichts der nordkoreanischen Offensive am 25. Juni

1950 einen »Bruch des Friedens« feststellte und sechs Tage später mit Resolution 85 unter Berufung auf Kapitel VII der UN-Charta ein militärisches Eingreifen in Korea durch UN-Truppen autorisierte.[46] Zuvor war mit Resolution 84 die Aufstellung einer UN-Truppe beschlossen worden. Insgesamt 22 Mitgliedstaaten schickten eine halbe Million Soldaten unter Führung der USA in den bis heute einzigen UN-Krieg. Drei Jahre dauerte das Kämpfen, in denen die UN-Truppen die Oberhand errangen, bis eine chinesische Volksfreiwilligenarmee nach Nordkorea eilte und gemeinsam mit sowjetischen Kampfjets den von den USA geführten Truppen stark zusetzte. Am 27. Juli 1953 wurde ein Waffenstillstandsabkommen zwischen Nordkorea und den Vereinten Nationen vereinbart, das als künftige Grenze den 38. Breitengrad festschrieb, an dem drei Jahre zuvor alles begonnen hatte. Mehr als vier Millionen getötete Zivilisten, fast eine Million koreanische und chinesische Soldaten und 40000 UN-Soldaten waren den Kämpfen zum Opfer gefallen. Der Einsatz von Bomben und Napalm hinterließ zerstörte Städte und verwüstete Landstriche vor allem in Nordkorea, das sich hoch verschuldet noch mehr in die Abhängigkeit zu Peking und Moskau begab. Die Strategie der verbrannten Erde, Massaker und andere Kriegsverbrechen auf beiden Seiten wurden nie richtig aufgearbeitet.

Rückblick: Knapp zwei Monate nach dem Ende des Nürnberger Hauptkriegsverbrecherprozesses und der Exekution der Hauptkriegsverbrecher am 16. Oktober 1946 bekräftigte die Generalversammlung der Vereinten Nationen die Errungenschaften dieses Prozesses als

»Nürnberger Prinzipien« am 9. Dezember 1946 in Resolution 95 (I).[47]

Vier Jahre später veröffentlichte der Rechtsausschuss der Vereinten Nationen, die International Law Commission (ILC), die Nürnberger Prinzipien als ausformulierte Rechtsprinzipien im Auftrag der Generalversammlung.[48] Damit handelt es sich bei diesen Grundsätzen um Rechtsprinzipien des Völkerrechts im Sinne von Art. 38 IGH-Statut. Die Nürnberger Prinzipien sind also Völkerrecht im Sinne der Rechtsquellenlehre des Völkerrechts (siehe Seite 22). Darauf hat auch die ILC in ihrem Kommentar hingewiesen.

Nach dem Nürnberger Prinzip Nr. 1 sollten zukünftig internationale Verbrechen nicht mehr ungestraft bleiben. Damit folgt das Völkerrecht den Nürnberger Richtern, die unzweideutig feststellten, dass das Völkerrecht auch Individuen Pflichten auferlegt, nicht nur Staaten.

In der Liste der Nürnberger Verbrechenstatbestände, die sich als Nürnberger Prinzip Nr. 6 wiederfindet, fehlt ein Tatbestand, der in der aktuellen Diskussion um das Völkerstrafrecht einen sehr breiten, wenn nicht den breitesten Raum einnimmt: der Genozid, deutsch: Völkermord. Der Begriff »Genozid« wurde von dem polnischen Juristen Raphael Lemkin geprägt. Wir haben schon gehört, dass er sich bereits als Student Anfang der 1920er-Jahre in Lemberg intensiv mit den Massakern beschäftigt hat, die zwischen 1915 und 1917 von den Türken an den Armeniern im Osmanischen Reich verübt wurden. Angesichts der Vernichtung von Juden und anderen Minderheiten durch die Nationalsozialisten sprach er zum ersten Mal von »Genozid«.[49] Er selbst entkam dem NS-Regime unmittelbar nach Kriegsbeginn 1939 durch seine Flucht über Schweden in die USA, verlor allerdings fast seine gesamte Familie im Holocaust.[50]

Der Einfluss Lemkins auf das Anklageteam in Nürnberg führte zu einer Aufnahme des Begriffs »Genozid« in die Anklageschrift. Im Nürnberger Urteil hingegen fehlt der Begriff. Zusätzlich beschränkten sich die Richter darauf, Verbrechen gegen die Menschlichkeit nur im Zusammenhang mit Kriegsverbrechen abzuurteilen. Das hat Raphael Lemkin zutiefst empört. Seine Idee einer Bestrafung wegen massiver Menschenrechtsverletzungen speziell einer bestimmten Gruppe wurde dadurch konterkariert. Dieser »Makel« im Urteil des Nürnberger Gerichts veranlasste Lemkin dazu, seine Idee eines Völkermordtatbestands vor die Vereinten Nationen zu bringen und eine eigenständige Konvention vorzuschlagen.[51] Bereits kurz nach dem Nürnberger Hauptkriegsverbrecherprozess am 11. Dezember 1946 konnte Lemkin in dieser Hinsicht einen Zwischenerfolg verbuchen, denn unmittelbar nach der Verabschiedung der Nürnberger Prinzipien durch die Generalversammlung der Vereinten Nationen in Resolution 95 (I) wurde in Resolution 96 (I) einstimmig beschlossen, Völkermord als Verbrechen weltweit anzuerkennen und eine entsprechende Konvention vorzubereiten. Damit begann aber erst Lemkins unermüdliche Werbekampagne für die Konvention über die Verhütung und Bestrafung des Völkermordes, die schließlich nach umfangreichen Vorarbeiten in verschiedenen Ausschüssen[52] am 9. Dezember 1948 als Resolution 260 A (III) von der Generalversammlung der Vereinten Nationen einstimmig verabschiedet wurde.[53] Selbst danach musste Lemkin weiterhin Klinken putzen. Delegierte bei den Vereinten Nationen versuchten, ihm aus dem Weg zu gehen, denn nun war er bestrebt, für die Ratifikation der Konvention zu kämpfen, damit diese rasch in Kraft treten konnte. Tatsächlich gelang dies am 12. Januar 1951 trotz erheblichen Widerstands aus Washington und London.[54] Lemkin war offenbar im persönlichen Umgang nicht ganz einfach. Weder in der öffentlichen Verwaltung noch als Hochschullehrer konnte er reüssieren. Er starb als vereinsamter und verarmter Mann in einem Ein-Zimmer-Apartment in New York und hinterließ nicht viel mehr als eine Menge unveröffentlichter Manuskripte. Sein Leben ist ein weiteres Beispiel dafür, dass im Völkerrecht ein Einzelner Großes bewirken kann. Die Völkermordkonvention ist eine der erfolgreichsten internationalen Konventionen überhaupt. Sie wurde rasch vom Internationalen Gerichtshof als *erga omnes*-Verpflichtung anerkannt.[55] Damit gelten die Verpflichtungen aus dieser Konvention gegenüber allen. Völkerrechtlich kann man auch von *ius cogens*, also zwingendem Völkerrecht, sprechen.[56]

Der Erfolg der Konvention, die mittlerweile 152 Mitgliedstaaten hat, ist sicherlich dem einprägsamen Begriff »Genozid« geschuldet. Die Konvention zur Verhütung und Bestrafung von Völkermord enthält auch nicht nur eine Strafnorm, sondern auch darüber hinausgehende Pflichten für Staaten. Nach Art. IX der Konvention unterwerfen sich die Mitgliedstaaten außerdem der Rechtsprechungskompetenz des Internationalen Gerichtshofs. Das wird noch Thema sein, denn in den letzten Jahren wurde von dieser Klagemöglichkeit häufiger Gebrauch gemacht.

Die rechtlichen Implikationen der Verbotsnorm sind indes komplex.

Der Begriff »Genozid« wird indes häufig nicht im rechtlichen Sinne verwendet, sondern um im politischen Meinungskampf Aufmerksamkeit zu erhalten. Diese Entwicklung ist durchaus kritisch zu sehen. Auch ist der Straftatbestand sehr danach formuliert, den Holocaust abzudecken. Spätere Angriffe auf Minderheiten sind aber in anderer Weise erfolgt, und häufig gibt es Schwierigkeiten, die genaue Definition einzuhalten. Während des Kalten Kriegs ist das kaum aufgefallen, da die Konvention nicht zur Anwendung gekommen ist. Jenseits der Schoa wurde der Begriff deshalb auch kaum verwendet. Heute ist das anders. Darauf komme ich noch zurück.

Dekolonialisierung ist kein Phänomen der Nachkriegszeit. Bereits im 19. Jahrhundert erlangten die Staaten Lateinamerikas ihre Unabhängigkeit von Spanien und Brasilien. Nach der Gründung der Vereinten Nationen aber nahm die Befreiung von den Kolonialstaaten auf dem afrikanischen Kontinent und in Asien Fahrt auf. Damit verschoben sich die Machtverhältnisse weltweit erheblich. Die Imperialmacht des Vereinigten Königreichs und Frankreichs brach binnen weniger Jahre zusammen. Gleichwohl blieben Abhängigkeiten in politischer, soziokultureller und wirtschaftlicher Hinsicht häufig bestehen und bestehen bis heute. Das hatte über Jahrzehnte Einfluss auf das Wahlverhalten der ehemaligen Kolonialstaaten, die als »Entwicklungsländer« über Jahrzehnte kleingehalten und von der ehemaligen Kolonialmacht instrumentalisiert wurden. Der Prozess der Abnabelung verlief auch selten ohne Blutvergießen. Charismatische Führerpersönlichkeiten der Unabhängigkeitsbewegungen in den Kolonialstaaten wurden zu Alleinherrschern und Ausbeutern. Der Einfluss der zumeist von der Kolonialmacht gut ausgebildeten militärischen Führer hatte in vielen Fällen die Herrschaft einer einzelnen Ethnie zur Folge. Grenzziehungen gerieten willkürlich, ohne Rücksicht auf Bevölkerungen und Ethnien. Die Probleme der Kolonialzeit, der Ausbeutung, der Bürgerkriege sind auch heute noch präsent bzw. rücken erst heute wirklich ins Bewusstsein und gewinnen politische Aufmerksamkeit.

Im Völkerrecht hat der Prozess der Dekolonialisierung zu einem Wachstum der Vereinten Nationen geführt. Zu den 49 Gründungsstaaten im Jahr 1945 kamen von 1946 bis 1990 105 Staaten als neue Mitglieder hinzu und hissten vor der 1951 neu bezogenen Zentrale am United Nations Plaza in New York ihre Flaggen.

Diese Entwicklung hatte durchaus Einfluss auf die Verhandlungen über Menschenrechte. Nach der Verabschiedung der unverbindlichen Allgemeinen Erklärung der Menschenrechte im Jahr 1948 musste die über den Koreakrieg und den Kalten Krieg in die Defensive geratene wichtige Aufgabe des Menschenrechtsschutzes neu belebt werden. Erst 1966 konnten zwei große Menschenrechtspakte als verbindliche Konventionen von den Vereinten Nationen durchgekämpft werden. Und erst weitere zehn Jahre später konnten die Pakte schließlich in Kraft treten. Sie binden die Mitgliedstaaten, die auch regelmäßig über die Verwirklichung der Rechte in ihren Staaten berichten müssen. Beide Pakte verfügen über Überwachungsinstrumente, die allerdings mit unterschiedlichen Befugnissen ausgestattet sind.

Schon der Umstand, dass zwei Pakte verabschiedet

wurden, ist erklärungsbedürftig. Dahinter verbirgt sich letztlich ein Missverständnis zwischen den westlichen Staaten und den Staaten des Ostblocks. Während in den kapitalistisch geprägten westlichen Staaten den politischen und bürgerlichen Rechten der Vorrang eingeräumt wurde, bestanden die sozialistischen Staaten des Ostblocks auf der Anerkennung von wirtschaftlichen, kulturellen und sozialen Rechten. Dieser ideologisierte Streit hatte bereits die Diskussionen um die Allgemeine Erklärung von 1948 bestimmt. Die Ostblockstaaten unter der Führung der Sowjetunion hatten sich im Dezember 1948 der Stimme enthalten, weil in ihren Augen im Abschlussdokument die wirtschaftlichen und sozialen Rechte nicht prominent genug platziert waren. Diese Auseinandersetzung führte zur Verabschiedung eines A-Paktes für wirtschaftliche, kulturelle und soziale Rechte (ICESCR) und eines B-Paktes für politische und bürgerliche Rechte (ICCPR). Unter dieser Trennung und dem zugrunde liegenden Missverständnis leidet der Schutz der Menschenrechte heute noch.

Der Kalte Krieg bewirkte auch ein Zusammenrücken der westlichen Staaten in militärischer Hinsicht. Am 4. April 1949 wurde in Washington D.C. von insgesamt 12 Staaten die NATO, die North Atlantic Treaty Organization, gegründet – mit dem Ziel, die Stabilität in Europa und Nordamerika zu sichern, die Sowjetunion in Schach zu halten und die demokratischen Werte im Westen zu schützen. Dies geschah in einer Zeit, in der die westlichen Länder befürchteten, dass die sowjetische Expansion nicht am Eisernen Vorhang haltmachen würde. Der Pakt sollte als ein Schutzschild gegen die militärische

Bedrohung durch die Sowjetunion und später des Warschauer Pakts dienen, der 1955 von der Sowjetunion und ihren Satellitenstaaten in Osteuropa gegründet wurde.

Kern des NATO-Vertrags ist die kollektive Beistandspflicht. Ein bewaffneter Angriff auf einen Mitgliedstaat wird als Angriff auf alle Mitglieder betrachtet (Art. 5 des NATO-Vertrags). Aus dem Recht auf kollektive Selbstverteidigung als Recht zur Kriegsführung nach Art. 51 der UN-Charta wird hier die wechselseitige Pflicht zur kollektiven Verteidigung. Nach dem Deutschlandvertrag vom Mai 1955 und der Entscheidung zur Wiederbewaffnung der Bundesrepublik Deutschland trat auch sie der NATO bei. Die DDR wurde selbstredend unter dem sowjetischen Einfluss dem Warschauer Pakt einverleibt. Die beiden Militärbündnisse standen sich also an der innerdeutschen Grenze, der Nahtstelle zwischen Ost und West, sprichwörtlich Auge in Auge gegenüber.

Menschenrechte werden aber nicht nur auf der Ebene der Vereinten Nationen geschützt. Im Gegenteil: Regionale Menschenrechtssysteme sind effektiver, denn sie sind passgenauer. Unter dem Eindruck der vom NS-Staat verübten Gräueltaten reagierte Europa zuerst, um staatliche Macht durch bindende Menschenrechtsgarantien zu beschränken. Der Europarat ist eine internationale Organisation, die am 5. Mai 1949 in Straßburg gegründet wurde.[57] Dieser Gründungsakt stellt einen der ersten Schritte hin zur Errichtung eines gemeinsamen Europäischen Hauses dar, um durch eine starke europäische Vernetzung in Organisationen, aber auch im Bekenntnis zu gemeinsamen Grundwerten eine Wiederholung der Zerstörungen durch die beiden Weltkriege zu verhindern.

Bereits Ende der 1940er-Jahre verbreitete sich auch die Ansicht, Westeuropa als Gegenblock zum sowjetischen Machtbereich zusammenzuführen.[58] Am 4. November 1950 wurde in Rom die Europäische Menschenrechtskonvention (EMRK) verabschiedet. Sie trat am 3. September 1953 in Kraft. Bei der EMRK handelt es sich um das bedeutendste völkerrechtliche Abkommen, das im Rahmen des Europarates abgeschlossen wurde.[59] Die Einsicht, dass das nationale Recht nicht ausreicht, um die fundamentalen Grundwerte des menschlichen Miteinanders zu wahren, beförderte die Anstrengungen, in einem verbindlichen Dokument supranational Mindeststandards in Sachen Menschenrechte festzulegen.

Die EMRK stellt die erste rechtsverbindliche internationale Menschenrechtskodifikation dar. Sie wird durch vierzehn Zusatzprotokolle ergänzt, die teils materiellrechtliche, teils verfahrensrechtliche Regelungen enthalten.

Die Einhaltung der Verpflichtungen aus der EMRK durch die Vertragsstaaten wird durch eine Individualbzw. Staatenbeschwerde (Art. 34 bzw. 33 EMRK) kontrolliert. Diese Beschwerden können vor dem Europäischen Gerichtshof für Menschenrechte (EGMR) in Straßburg erhoben werden, dessen Entscheidung dann für die betreffenden Staaten rechtsverbindlich ist (Art. 46 Abs. 1 EMRK).[60]

Der Auftakt zum »goldenen Jahrzehnt« des Völkerrechts

Am 9. November 1989 fiel die Berliner Mauer, und mehr oder weniger gleichzeitig endete die kommunistische Vorherrschaft in Osteuropa. Der Vorsitzende des Zentralkomitees der KPdSU Michail Gorbatschow hatte in den frühen 1980er-Jahren begonnen, das diktatorische sozialistische System durch Offenheit *(Glasnost)* und Umstrukturierung *(Perestroika)* aufzuweichen und menschenwürdigere gesellschaftliche Verhältnisse herzustellen. Am 11. und 12. Oktober 1986 trafen sich Michail Gorbatschow und US-Präsident Ronald Reagan in der isländischen Hauptstadt Reykjavik, um über Abrüstung und Frieden zwischen ihren beiden Staaten zu verhandeln. Vorausgegangen war eine Zuspitzung des Wettrüstens. Die Sowjetunion hatte seit den 1970er-Jahren durch atomare SS-20-Mittelstreckenraketen Westeuropa bedroht. Die NATO hatte mit dem sogenannten Doppelbeschluss reagiert und ihrerseits angekündigt, die atomare Abschreckung in Europa durch die Stationierung von Mittelstreckenraketen und Marschflugkörpern zu erhöhen. In der Bundesrepublik und anderen westeuropäischen Staaten hatte dieser NATO-Doppelbeschluss zu erheblichen politischen Streitigkeiten geführt und unter anderem das Ende der sozialliberalen Koalition unter Kanzler Helmut Schmidt beschleunigt und Helmut Kohl die Kanzlerschaft eingetragen.

Die Gespräche in Reykjavik scheiterten. Das amerikanische Weltraum-Forschungsprogramm SDI, das einen Abwehrschirm gegen sowjetische Atomraketen gewährleisten sollte, war der Stein des Anstoßes für Gorbatschow. Die Sowjetunion stand finanziell vor dem Ruin, die Rüstungsausgaben mussten gedrosselt werden. Auch wenn die Delegationen das weiße Holzhaus am Rande Reykjaviks, in dem die Verhandlungen stattgefunden hatten, ohne Abschlusserklärung verließen, verkündete Gorbatschow vor dem Rückflug nach Moskau den überraschten Journalisten, dass ein gewaltiger Durchbruch in den Verhandlungen gelungen sei. Ronald Reagan blieb nichts anderes übrig, als ebenfalls zu verkünden, dass die guten Gespräche weitergehen werden. Am 8. Dezember 1987 wurde schließlich ein Abrüstungsvertrag in Washington unterzeichnet, der dem Wettrüsten im Bereich der Kurz- und Mittelstreckenraketen ein Ende setzte. Weitere Gipfeltreffen folgten in Moskau im Mai und in New York im Dezember 1988.

Schon seit den frühen 1980er-Jahren hatte der polnische Gewerkschaftsbund Solidarność mit Streiks gegen das kommunistische Regime aufbegehrt. Nicht zuletzt über die Verbindung mit dem polnischen Papst Johannes Paul II., der seit 1978 das Oberhaupt der katholischen Kirche war, bekam die Bewegung internationale Aufmerksamkeit. Gleichwohl musste die Bewegung nach der Ausrufung des Kriegsrechts 1981 aus dem Untergrund heraus operieren und konnte erst im Frühjahr 1989 im Gefolge von Glasnost und Perestroika amtliche Anerkennung gewinnen.

Auch in der DDR begann sich im Frühjahr und Sommer 1989 nachhaltiger Widerstand zu regen. Bürgerrechtsgruppen, die sich bereits seit den frühen 1980er-Jahren regelmäßig montags in der Leipziger Nicolaikirche zu Friedensgebeten getroffen hatten, erhielten mehr und mehr Zuspruch, bis am 4. September 1989 erstmals 1000 Menschen nach dem Gebet lautstark, aber friedlich das Ende des Überwachungsregimes der Stasi und »Reisefreiheit statt Massenflucht« forderten. Wenige Wochen später riefen über 250 000 Menschen: »Wir sind das Volk!« Generalsekretär Erich Honecker wurde kurz nach den Feierlichkeiten zum 40. Jahrestag der Gründung der DDR zum Rücktritt gezwungen. Egon Krenz übernahm und kündigte Reformen an.

Bereits im Sommer 1989 hatte eine Fluchtbewegung von DDR-Bürgerinnen und -Bürgern eingesetzt. Sie hatten die Möglichkeit genutzt, in benachbarte sozialistische Staaten zu reisen und in den Botschaften der Bundesrepublik Deutschland in Warschau, Prag und Budapest ihre Ausreise nach Westdeutschland durchzusetzen. Die Bundesrepublik verhandelte gegen Geldzahlungen ihre Ausreise oder die Rückkehr in die DDR gegen Straffreiheit sowie offizielle Ausreiseverfahren. Im Spätsommer 1989 kam es zu krisenhaften Zuständen in den Botschaftsgebäuden. Im Palais Lobkowicz in Prag kampierten zeitweise über 4000 Menschen auf dem Botschaftsgelände. Am Rande der UN-Vollversammlung in New York sprach Außenminister Genscher mit seinem DDR-Amtskollegen Oskar Fischer und dem sowjetischen Chefdiplomaten Eduard Schewardnadse, um eine gesichtswahrende Lösung der Krise auszuhandeln. Schließlich knickte die DDR-Führung ein, und Genscher konnte am 30. September 1989 den vor der Botschaft Kampierenden die Ausreise aus Prag mit Sonderzügen ohne Halt in der DDR verkünden. Damit war der Damm gebrochen und Honeckers Schicksal besiegelt. Die neue DDR-Führung unter Egon Krenz erarbeitete neue Reiseregelungen.

Die Verkündung dieser neuen Bestimmungen durch das Politbüro-Mitglied Günter Schabowski am 9. November 1989 um 18 Uhr in einer Pressekonferenz in der Mohrenstraße in Berlin führte zur Öffnung der Mauer noch in derselben Nacht. Die überforderten Grenzsoldaten waren letztlich machtlos gegen den Menschenstrom und öffneten kurz vor Mitternacht die Schranken am Grenzübergang Bornholmer Straße und wenig später alle weiteren Grenzübergänge. Das SED-Regime war vor dem Freiheitsdrang der ostdeutschen Bürgerinnen und Bürger in die Knie gegangen. Der Hunger nach Grundrechten, Freiheit und Demokratie hatte gesiegt.

In der Folge kollabierten auch die sozialistischen Systeme in anderen Staaten Osteuropas. Selbst das Sowjetreich zerfiel wenig später. Die Landkarte Europas wurde neu gezeichnet, Verfassungen auf der Grundlage demokratischer Werteordnungen wurden in Kraft gesetzt, unterdrückte Völker atmeten Freiheit.

Jetzt schlug die Stunde des Völkerrechts und das auf mehreren Ebenen. Einen Friedensvertrag zwischen Deutschland und den Alliierten hatte es nach dem Zweiten Weltkrieg nie gegeben. Nun konnten die Alliierten von 1945 und die beiden deutschen Staaten an einem Tisch zusammenkommen und über die deutsche Einheit verhandeln. Das Ergebnis war der »Vertrag über die abschließende Regelung in Bezug auf Deutschland«, besser bekannt unter dem Namen »Zwei-plus-Vier-Vertrag«. Mit der Unterzeichnung des Vertragswerks am 12. September 1990 in Moskau endete die Nachkriegszeit. Dass der Vertrag zustande kam und die deutsche Einheit verwirklicht werden konnte, war keine Selbstverständlichkeit. Nicht nur die britische Ministerpräsidentin Margaret Thatcher brachte ihre Sorge vor einem »vierten Reich« zum Ausdruck. Auch der französische Staatspräsident François Mitterrand verlangte Zugeständnisse, insbesondere den unwiderrufbaren Verzicht Deutschlands auf die ehemaligen Ostgebiete. Michail Gorbatschow, Staatschef der sich bereits in Auflösung befindlichen Sowjetunion, wiederum wollte das vereinigte Deutschland nicht in der NATO sehen. Es gelang in einem diplomatischen Parforceritt, diese Fragen zu lösen. Schließlich willigten die Staatschefs alle ein. Der sowjetische Außenminister Schewardnadse brachte es auf den Punkt: »Wir sind außerstande, Deutschlands Vereinigung zu stoppen, es sei denn mit Gewalt.«[61] Das gesamte Deutschland erhielt die vollständige Souveränität, musste allerdings im Gegenzug die Oder-Neiße-Grenze als endgültig akzeptieren, auf ABC-Waffen verzichten und die Bundeswehrstärke auf 370 000 Mann begrenzen, aus heutiger Sicht freilich eine immer noch große Armee. Der Abzug ihrer Truppen aus dem Gebiet der ehemaligen DDR wurde der Sowjetunion mit milliardenschweren D-Mark-Krediten schmackhaft gemacht.

Der Zwei-plus-Vier-Vertrag ist völkerrechtlich ein Status-Vertrag. Er regelt die Verhältnisse des seit dem 3. Oktober 1990 durch den Beitritt der ostdeutschen Bundesländer zum Grundgesetz vereinten Deutschlands gegenüber allen Staaten, auch wenn diese keine Vertragsstaaten sind. Das klingt belanglos, ist es aber nicht. Dass »nur« die vier alliierten Siegermächte Vertragspartner waren, erklärt sich aus dem Besatzungsrecht nach 1945. Andere Staaten, die unter deutscher Besatzung gelitten hatten, laufen allerdings seither mit ihren Reparationsforderungen gegen Deutschland ins Leere, auch wenn bei den Verhandlungen selbst die Reparationsfrage explizit offengelassen wurde. Aber der Zwei-plus-Vier-Vertrag sollte die Verhältnisse endgültig und abschließend regeln. »Friedensvertrag« wurde das Vertragswerk dennoch nicht genannt, auch wenn seine Wirkung vergleichbar ist. Begrifflich sollte eine Annäherung an Versailles nach dem Ersten Weltkrieg vermieden werden. Auch eine Beteiligung weiterer Staaten war schon wegen der immensen Verzögerung, die damit verbunden gewesen wäre, nicht opportun. Schließlich schwiegen seit 1945 in Europa die Waffen, es herrschte also de facto Frieden, und ein Frieden braucht auch de jure keinen »Friedensvertrag«. Am 15. März 1991 übergab die Sowjetunion als letzter Vertragspartner die Ratifikationsurkunde, der Zwei-plus-Vier-Vertrag trat in Kraft.

Während Deutschland sich vereinte, zerfielen andernorts in Europa die Blöcke und Vielvölkerstaaten. Mit Diplomatie und Völkerrecht gelang in den meisten Fällen ein friedlicher Übergang. Zwischen März 1990 und Dezember 1991 erklärten sich insgesamt vierzehn ehemalige Sowjetrepubliken für unabhängig. Entscheidend war der Mut der »singenden Revolution« in den baltischen Republiken Estland, Litauen und Lettland seit Sommer 1988. Die baltischen Staaten beseitigten mit ihrer Unabhängigkeit auch die Konsequenzen des Zusatzprotokolls zum Hitler-Stalin-Pakt von 1939. Der Westen hatte sich bei diesem Desintegrationsprozess weitgehend herausgehalten. George Bush senior, der damalige US-Präsident, anerkannte die Entstehung des »freien, unabhängigen und demokratischen Russlands« kurz vor Weihnachten 1991 und machte damit auch den Weg frei für die Übernahme des ständigen Sitzes der UdSSR im UN-Sicherheitsrat durch die Russische Föderation und seines demokratisch gewählten Präsidenten Boris Jelzin.[62]

Sicherheitspolitische Sorgen bereitete allerdings das Atomwaffenarsenal der ehemaligen Sowjetunion, das sich nicht nur in Russland, sondern auch in Belarus, in Kasachstan und der Ukraine befand. Zwar verfügte lediglich der russische Präsident über die Startcodes, man fürchtete aber sowohl im Westen wie auch in Russland, dass nukleares Material »verschwinden« und in den Händen von Terroristengruppen wieder auftauchen könnte oder es durch schlampige Wartung zu einem Unfall à la Tschernobyl kommen könnte. Der US-Außenminister James Baker sollte vermitteln, dass die Atomwaffen allein in Russland stationiert sein durften. Schließlich übergab auch Leonid Krawtschuk, der damalige ukrainische Präsident, der weltweit über das drittgrößte nukleare Arsenal verfügte, die Sprengköpfe. Im Gegenzug hatten die USA und Russland im Budapester Memorandum am 5. Dezember 1994 erklärt, die territoriale Integrität und Souveränität der Ukraine zu achten, und dem Land wirtschaftliche Unterstützung zugesagt. Die Ukraine, deren Schicksal im Westen auf nicht allzu großes Interesse stieß, entäußerte sich damit des wahrscheinlich wertvollsten Garanten für Aufmerksamkeit. 175 Millionen US-Dollar wirtschaftliche Hilfe für Abrüstung waren dem US-Präsidenten Bush die Atomwaffen wert, damit der Abrüstungsvertrag START weiterlaufen konnte.[63] Sein Nachfolger Bill Clinton bereut heute, die Abgabe der Waffen vermittelt zu haben.[64] Auf die Sicherheitsgarantien in dem Memorandum wird seit der Annexion der Krim durch Russland 2014 und dem Überfall auf die Ukraine 2022 immer wieder hingewiesen. Ein

Memorandum ist allerdings völkerrechtlich kein Vertrag. Es ist Ausdruck des Willens einer Regierung. Wird es nicht ratifiziert, bleibt es unverbindlich.

Handlungsfähige Vereinte Nationen

In vielen der alten und neuen Staaten des früheren Ostblocks setzte nach der Überwindung der sowjetischen Hegemonie eine beispiellose Demokratisierungswelle ein. In Polen, den baltischen Republiken, Ungarn, Rumänien, den getrennten Staaten Tschechien und Slowakei, selbst in Russland: Überall wurden Verfassungen verabschiedet, Grundrechte formuliert, die Gewaltenteilung eingeführt, freie Wahlen abgehalten. Bald erfolgten Beitritte zum Europarat und der Europäischen Menschenrechtskonvention. Auch die Bereitschaft, sich der Rechtsprechung des Europäischen Gerichtshofs für Menschenrechte zu unterwerfen, wurde einhellig bekundet. Schließlich öffnete sich auch die Europäische Union für die neuen Demokratien.

Die Vereinten Nationen erlebten zunächst einen erheblichen Zuwachs an Mitgliedern. Zwischen 1991 und 2006 kamen noch einmal 26 Staaten hinzu. Aktuell sind in der Generalversammlung der Vereinten Nationen 193 Staaten vertreten.

Anfang der 1990er-Jahre schien auch die Stunde der Menschenrechte zu schlagen. Vom 14. bis 25. Juni 1993 beriefen die Vereinten Nationen ihre erst zweite Weltkonferenz über Menschenrechte ein. 171 Staaten versammelten sich in Wien und verständigten sich auf ein Aktionsprogramm. Einmütig bekannten sich die Staaten zu ihren menschenrechtlichen Verpflichtungen. Sie erklärten die Verwirklichung der Menschenrechte zum obersten Ziel der Vereinten Nationen und betonten unmittelbar nach der Präambel, dass die universelle Geltung dieser Rechte und Freiheiten außer Frage steht.[65] Jeglichen Versuchen, Menschenrechte zu relativieren, wird damit der Boden entzogen.

Eine der wichtigsten Folgen dieser Weltkonferenz war die Einrichtung des Amts des Hohen Kommissars für Menschenrechte am 20. Dezember 1993 durch die Generalversammlung der Vereinten Nationen mit Resolution 48/141. Im Rang eines Untergeneralsekretärs der Vereinten Nationen soll dieser die Beachtung und Durchsetzung der Menschenrechte weltweit fördern, Verletzungen benennen, vorbeugende Maßnahmen koordinieren und nationale Menschenrechtsstrukturen unterstützen. Seit der Einrichtung dieser Institution haben bedeutende Persönlichkeiten diese Position eingenommen und dem Menschenrechtsschutz ein Gesicht gegeben. Die Irin Mary Robinson (1997–2002), die Kanadierin Louise Arbour (2004–2008), die Südafrikanerin Navanethem Pillay (2008–2014), der Jordanier Seid al-Hussein (2014–2018) und aktuell der österreichische Jurist Volker Türk sind einige unter den Hohen Kommissaren, die die Menschenrechtsarbeit weltweit geprägt und die Staaten häufig herausgefordert haben.

Auch in diesen wichtigen Jahren für das Völkerrecht ist es nicht gelungen, die Vereinten Nationen und insbesondere den Sicherheitsrat grundlegend zu reformieren. Dazu waren die überkommenen Machtstrukturen und geopolitischen Interessen letztlich ein zu großer Bremsklotz.[66] In den Jahren nach 1990 schien die Reform auch nicht so dringlich, denn die Handlungsfähigkeit des Sicherheitsrates war ja plötzlich hergestellt.

Die Betonung von Demokratie und Menschenrechten führte spürbar zu einer Normativierung des Völkerrechts. Nicht mehr die absolute Souveränität galt als unangefochtene Handlungsmaxime des Völkerrechts. Werte, Prinzipien und Regeln sollten das völkerrechtliche Handeln bestimmen. Die Menschenrechte zu achten, ist eines dieser Paradigmen. Das hatte Auswirkungen auf die gesamte Sicherheitsarchitektur der Vereinten Nationen. Gemeinsames Handeln bei schweren Völkerrechtsverstößen war auf einmal möglich.

Einen ersten Testfall brachte gleich das Jahr 1990: Am 2. August 1990 überschritt die 100000 Mann starke Streitmacht des irakischen Diktators Saddam Hussein die Grenzen zum Nachbarstaat Kuwait, besetzte den Wüstenstaat und annektierte ihn schließlich am 28. August 1990. Irak war durch den vorangegangenen jahrelangen Krieg mit dem Iran zu diesem Zeitpunkt hoch verschuldet. Denn es war Saddam Hussein zuvor nicht gelungen, die OPEC-Staaten zu einer Drosselung der Ölförderung zu überreden, was den Ölpreis in die Höhe getrieben hätte. Die irakischen Schulden in Kuwait waren so auf rund 80 Milliarden US-Dollar angewachsen. Grenzstreitigkeiten und die Verletzung der Ölförderquoten führte der Irak als Begründung für die Annexion an. Militärisch hatte das kleine Kuwait gegen den mit westlichen Waffen ausgestatteten Irak nicht den Hauch einer Chance. Völkerrechtlich war das Vorgehen des Irak ein klarer Fall eines Verstoßes gegen Art. 2 Nr. 4 der UN-Charta, der das Selbstverteidigungsrecht nach Art. 51 der Charta auslöste.

Der Sicherheitsrat der Vereinten Nationen reagierte sofort. Am 2. August, also bereits wenige Stunden nach der Invasion, verurteilte er in Resolution 660 einstimmig die Invasion und verlangte den sofortigen Rückzug der irakischen Truppen.[67] Der Sicherheitsrat handelte auf der Grundlage von Kapitel VII. Die Resolution hatte also zwingenden Charakter. Am 6. August 1990 folgten in Resolution 661 Wirtschaftssanktionen, die das Rohölgeschäft des Irak zum Erliegen brachten. Außerdem bekräftigte das höchste UN-Gremium hier explizit das individuelle und kollektive Selbstverteidigungsrecht nach Art. 51 der Charta.[68] Auf dieser Grundlage entfaltete sich die »Operation Desert Storm« als Antwort der Anti-Irak-Koalition. Die dezidierte Legitimation findet sich in der UN-Resolution 678 vom 29. November 1990. Darin hatte der Sicherheitsrat, handelnd nach Kapitel VII der Charta, Saddam Hussein ein Ultimatum bis zum 15. Januar 1991 gesetzt. Nach diesem Tag wurden alle Mitgliedstaaten, die mit der Regierung Kuwaits kooperierten, ermächtigt, »alle erforderlichen Mittel einzusetzen«, um den Weltfrieden und die internationale Sicherheit wiederherzustellen. Am 17. Januar 1991 startete die Befreiung Kuwaits, an der sich 34 Länder unter der Führung der USA beteiligten. Ende Februar war die Militäroperation abgeschlossen, Kuwait war befreit. China hatte sich im Sicherheitsrat, wie in dieser Zeit häufig, enthalten. Die nicht ständigen Mitglieder Kuba und Jemen hatten dagegengestimmt, was aber keinerlei Konsequenzen hatte.

Der militärischen Operation vorausgegangen war ein diplomatischer Hürdenlauf. Saddam Hussein hatte ausländische Staatsangehörige als Schutzschilde gegen mögliche Angriffe in Bagdad festgesetzt und drohte immer wieder mit einem Raketenangriff auf Israel. Der UN-Sicherheitsrat erinnerte den Irak in Resolution 666 vom 13. September 1990 an die Verpflichtungen aus der 4. Genfer Konvention zum Schutz von Zivilpersonen[69] und verlangte wenige Tage später, am 16. September, die sofortige Freilassung von Ausländern und Diplomaten.[70]

Die wiedervereinigte Bundesrepublik war an den Kriegshandlungen nicht unmittelbar beteiligt, auch wenn das im Ausland immer wieder gefordert worden war. Der Zwei-plus-Vier-Vertrag war noch nicht in Kraft, weshalb eine Teilnahme an Kampfhandlungen völkerrechtlich problematisch gewesen wäre. Allerdings unterstützte die Bundeswehr den Schutz des NATO-Mitglieds Türkei für den Fall der Fälle und entsandte eine Staffel Kampfflugzeuge, einige Rettungshubschrauber und ABC-Spürpanzer ins türkische Erhaç. In Deutschland selbst war der Sanitätsdienst der Bundeswehr zur Versorgung verwundeter Soldaten, die aus dem Kriegsgebiet nach Deutschland geflogen wurden, im Einsatz. Schließlich unterstützte die Bundesrepublik die Allianz wie so häufig finanziell. 18 Milliarden DM wurden als Beihilfe für die Militäroperation insgesamt ausgegeben.[71] Völkerrechtlich kam die Regierung Kohl den Verpflichtungen aus der UN-Charta und dem NATO-Vertrag nach. Proteste auf der Straße gab es trotzdem. »Kein Blut für Öl« war auf den Plakaten zu lesen. In den Medien wurde der Krieg als technische Revolution dargestellt. Laufend wurden Bilder von »smart-bombs« gezeigt, die präzise Luftschläge dokumentierten und den Eindruck einer »sauberen Kriegsführung« vermitteln sollten. Die Berichterstattung war abhängig von der US-Armee. Keine

Information gelangte an die Öffentlichkeit, die nicht vorher durch die Streitkräfte genehmigt worden war.

Völkerrechtlich zeigte dieser Vorfall eine völlig veränderte Dynamik. Der Sicherheitsrat der Vereinten Nationen lieferte die Legitimationen für Wirtschaftssanktionen und ein militärisches Eingreifen. Die USA als stärkste, handlungsfähige Supermacht organisierten die Durchführung. Kein UN-Krieg, aber einer mit UN-Autorisierung. Im Sicherheitsrat selbst spielte die mit sich selbst beschäftigte Sowjetunion keine Rolle. Die aktuelle wirtschaftliche Abhängigkeit von den USA führte zu konstantem Kopfnicken bei allen westlichen Resolutionsvorschlägen.[72] China konnte immer wieder davon überzeugt werden, dass die Angelegenheiten die Interessen Chinas nicht tangierten. Meist enthielt sich die Volksrepublik. Die militärischen Möglichkeiten der US-geführten Allianz wurden allerdings sehr genau wahrgenommen und analysiert.

Auch hinsichtlich der irakischen Nachkriegsordnung dominierte der Sicherheitsrat. Aus Respekt vor der Souveränität des Staates Irak waren die Truppen an der Grenze stehen geblieben, ein Regimewechsel wurde nicht herbeigeführt. Diese Entscheidung von George Bush senior wurde gut zehn Jahre später von seinem Sohn George W. Bush allerdings missachtet. Völkerrechtlich wäre aber 1991 etwas anderes kaum vorstellbar gewesen. Man hielt den Druck auf Saddam Hussein trotzdem aufrecht: Die Wirtschaftssanktionen wurden fortgeführt und erst 1996 gelockert. Auch Waffeninspektionen wurden seitens der UNO durchgeführt. Es kam zu einem weiteren völkerrechtlich wichtigen Schritt: Im Landesinneren wurden Aufstände durch Schiiten und Kurden von Husseins Truppen brutal niedergeschlagen. Nun entschloss sich der Sicherheitsrat zur Einmischung, auch wenn es sich genau genommen um eine rein innerstaatliche Angelegenheit handelte. Also kein Fall für das Völkerrecht? Der Sicherheitsrat verwies in Resolution 688 auch auf die Souveränität und politische Unabhängigkeit des Irak in diesem Fall.[73] Aber er führte die Unterdrückung der Zivilbevölkerung an, die zu einem massiven Flüchtlingsstrom auch über Staatsgrenzen hinweg geführt hatte. Dies stellte eine Bedrohung des internationalen Friedens und der Sicherheit in der Region dar, was ein Eingreifen des Sicherheitsrates legitimierte. Die humanitäre Katastrophe als solche wurde also (noch) nicht als ausreichend erachtet, wohl aber die Flüchtlingsströme nach Syrien und in die Türkei. In der Folge wurde das humanitäre Hilfsprojekt Provide Comfort gestartet, zu dessen Schutz die Anti-Hussein-Allianz südlich des 33. Breitengrades und nördlich des 36. Breitengrades Flugverbotszonen einrichtete. Eine eindeutige UN-Legitimation gab es hierfür nicht.[74] Die Combined Task Force berief sich auf die Resolution 678 und die Erweiterung, die diese durch Resolution 688 erhalten hatte. Nach klassischer völkerrechtlicher Interpretation eine kaum haltbare Auffassung.[75] Resolution 688 sorgte sich um die Situation der Kurden im Irak, die Flüchtlingsströme und die humanitäre Lage. Mit keinem Wort wurde die Anwendung militärischer Gewalt zur Durchsetzung der Resolution erwähnt. Die Legitimation zu unilateralen militärischen Maßnahmen zum Schutz der Ziele der Resolution 688 aus Resolution 678 abzuleiten, lässt sich nur mit einer sehr »dynamischen« Interpretation verwirklichen, die stark auf die Effektivität des Völkerrechts abstellt. Eine solche Interpretation kennt man aus dem Europarecht und der Rechtsprechung des Europäischen Gerichtshofs. Im klassischen Völkerrecht ist ein *effet utile*-Ansatz, der eine Norm so auslegt, dass das angestrebte Ziel am besten und einfachsten erreicht wird, nicht allseits anerkannt.

Die Sicherheitsarchitektur der UN-Charta hat sich durch diesen Irakkrieg verändert. Tatsächlich funktionierte sie zum ersten Mal seit dem Koreakrieg so, wie sie sollte: Der Sicherheitsrat hat die Verantwortung für weltweiten Frieden und Sicherheit. Er hat diese Verantwortung nach dem Überfall Saddam Husseins auf Kuwait wahrgenommen und zunächst wirtschaftliche und dann militärische Sanktionen beschlossen. Allerdings setzte der Sicherheitsrat diese Maßnahmen nicht selbst durch eigene Truppen unter UN-Kommando durch, sondern autorisierte Mitgliedstaaten, dies zu tun.

Die Frage, was internationaler Frieden und Sicherheit ist, wurde dabei etwas weiter gefasst als zuvor. Zwar war nicht die humanitäre Katastrophe als solche Auslöser für das Tätigwerden des Sicherheitsrates; sie hat das Einschreiten des Sicherheitsrates aber legitimiert, weil die humanitäre Katastrophe in Form der Flüchtlingsströme eine grenzüberschreitende Wirkung hatte.

Zuletzt schien es am Ende des Ersten Irakkriegs, als dürften die Beschlüsse des Sicherheitsrats in einem solchen Fall auch ohne weitere konkrete Legitimation unilateral durchgesetzt werden. Die Einrichtung und Überwachung der Flugverbotszone weisen in diese Richtung.[76] Das ist nicht unproblematisch, wie sich noch zeigen wird.

Somalia, Ex-Jugoslawien, Ruanda

Der nächste Schritt hin zu einer erweiterten Zuständigkeit des Sicherheitsrates erfolgte, als es in Somalia im Herbst 1991 im Rahmen blutiger Machtkämpfe in der Hauptstadt Mogadischu zu einer massiven Hungersnot in der Zivilbevölkerung kam. Am 23. Januar 1992 verhängte der UN-Sicherheitsrat ein Waffenembargo über Somalia angesichts von Bürgerkrieg und Hungersnot. Resolution 733 stellte ab auf die sich verschlimmernde Situation in Somalia und die vielen Menschenleben, die ihr zum Opfer fielen.[77] Das allein wurde als Bedrohung der internationalen Sicherheit angesehen; konkrete Konsequenzen die Nachbarländer betreffend, wurden für das Handeln unter Kapitel VII offenbar nicht mehr als erforderlich angesehen. Am 24. April 1992 wurde dann nach Unterzeichnung eines Waffenstillstands die Blauhelmmission UNSOM I mit Resolution 751 autorisiert. Die Wirkung dieser Mission war leider unbefriedigend, sodass am 3. Dezember 1992 die Mission UNITAF (Unified Task Force) unter US-Führung mit einem stärkeren Mandat in Somalia installiert wurde. Resolution 794 sprach erneut davon, dass alle erforderlichen Mittel autorisiert werden, die schnellstmöglich Sicherheit für die humanitäre Hilfsoperation herstellen.[78] Eine 30 000 Mann starke Friedenstruppe landete am 9. Dezember 1992 in Somalia, um die Milizen und Banden zu entwaffnen. Im März 1993 wurde diese Mission von UNOSOM II abgelöst, die neben Friedenssicherung und Entwaffnung auch den Aufbau von Sicherheitsstrukturen gewährleisten sollte. 1995 endete die Mission offiziell. Zwar war es gelungen, die humanitäre Situation zu verbessern. Stabilität und Sicherheit fehlen in Somalia aber bis heute. Für die US-Streitkräfte war Mogadischu eine Katastrophe. Der Spielfilm *Black Hawk Down* hat die Ereignisse um die »Schlacht von Mogadischu« einer breiten Öffentlichkeit bekannt gemacht.

Völkerrechtlich hat sich der Sicherheitsrat in Somalia weiter vom Dogma der Nichteinmischung in innere Angelegenheiten gemäß Art. 2 Nr. 7 UN-Charta gelöst – zugunsten einer humanitären Interpretation der Begriffe Frieden und Sicherheit in Art. 39 UN-Charta.

Gleichzeitig zur Situation in Somalia brach sich auch in Europa ein beispielloses Blutvergießen Bahn. Schauplatz: der zerfallende Vielvölkerstaat Jugoslawien. Während die Unabhängigkeitserklärung Sloweniens noch vergleichsweise friedlich aufgenommen wurde, stemmte sich Serbien gegen einen unabhängigen kroatischen Staat. Die deutsche Bundesregierung erkannte bereits am 23. Dezember 1991 die Unabhängigkeit Sloweniens und Kroatiens an. Sie berief sich dabei auf das Selbstbestimmungsrecht der Völker. So weitgehend wurde das Selbstbestimmungsrecht der Völker zwar kaum verstanden, zumal in Kroatien die Sorge um die serbische Minderheit durchaus berechtigt war. Unter UN-Vermittlung verständigten sich Belgrad und Zagreb auf einen Friedensplan. Abgesichert wurde dieser Plan durch die Blauhelmmission UNPROFOR – United Nations Protection Force. Schon am 25. September 1991 hatte der Sicherheitsrat in Resolution 713 die Situation in Jugoslawien als eine Bedrohung der internationalen Sicherheit und des Friedens angesehen. Die Anwesenheit der UN-Blauhelme jedoch konnte die Brutalität der bewaffneten

Auseinandersetzung vor allem in Bosnien nicht verhindern.

Alarmiert durch die Berichte über massive Verstöße gegen das humanitäre Völkerrecht, insbesondere Massenexekutionen und »ethnische Säuberungen«,[79] richteten die Vereinten Nationen eine Kommission ein, die – nicht unähnlich der UNWCC während des Zweiten Weltkriegs – auf dem Territorium des früheren Jugoslawiens Beweise für Kriegsverbrechen sammeln und dafür verantwortliche Personen identifizieren sollte.[80] In ihrem Zwischenbericht empfahl die Kommission die Einrichtung eines Strafgerichtshofs nach dem Vorbild Nürnbergs.[81] Ohne den Abschlussbericht abzuwarten, beschloss der Sicherheitsrat am 22. Februar 1993 die Errichtung des Internationalen Strafgerichtshofs für das ehemalige Jugoslawien (IStGHJ)[82] und verabschiedete auf der Grundlage eines Berichts des Generalsekretariats am 25. Mai 1993 ein eilig von der Rechtsabteilung des Generalsekretärs zusammengeschriebenes Statut für dessen Tätigkeit.[83] Formal war dieser Internationale Strafgerichtshof ein Nebenorgan des Sicherheitsrates gemäß Art. 29 UN-Charta, errichtet auf der Rechtsgrundlage von Kapitel VII, insbesondere Art. 41 UN-Charta.

Der Schritt zur Errichtung dieses Internationalen Strafgerichtshofs war politisch ebenso kühn wie rechtlich umstritten. Bis zur entscheidenden Resolution 808 war es nicht bekannt, dass der Sicherheitsrat zur Aufrechterhaltung bzw. Wiederherstellung des internationalen Friedens und der Sicherheit neben Wirtschaftssanktionen und militärischen Maßnahmen auch mit juristischen Mitteln intervenieren kann und darf.

Die Glaubwürdigkeit dieser Intervention mit strafrechtlichen Mitteln hatte von vornherein damit zu kämpfen, dass der Konflikt in Jugoslawien zum Interventionszeitpunkt noch nicht beendet war. Im Gegenteil: Die größten Verbrechen, die Belagerung Sarajevos und das Massaker von Srebrenica, geschahen erst danach. Die Hoffnung, durch die Errichtung eines *Ad-hoc*-Gerichtshofs eine Abschreckungswirkung zu erreichen, blieb unerfüllt. Hässliche Szenen, wie insbesondere ein Treffen niederländischer Peacekeeping-Soldaten mit den bosnisch-serbischen Anführern Karadžić und Mladić gingen um die Welt und schadeten dem Ansehen der Vereinten Nationen massiv. Die pure Existenz eines Strafgerichtshofs blieb ohne entsprechenden politischen Druck wirkungslos.[84]

Kurz nach der Schaffung des IStGHJ schaute die internationale Gemeinschaft tatenlos zu, wie fast eine Million Menschen in Ruanda in einem vermeintlich ethnischen Konflikt zwischen den Volksgruppen der Hutu und Tutsi umkamen.[85] Der Schock der missglückten Intervention in Somalia saß gerade in den USA noch tief. Die Errichtung eines vergleichbaren *Ad-hoc*-Tribunals für Ruanda ist einer ähnlichen Hilflosigkeit geschuldet wie im Fall Jugoslawiens. Der Konflikt war hier bereits beendet, als der Sicherheitsrat mit Resolution 955 am 8. November 1994 die Einrichtung des Ruandastrafgerichtshofs beschloss. Es ging hier demnach vor allem um die Aufarbeitung des geschehenen Unrechts, das Ziel, weitere Straftaten zu verhindern, stand nicht im Zentrum der Bemühungen. Das Gericht wurde weitgehend als »Anhängsel« des Jugoslawienstrafgerichtshofs konzipiert. Aus Sicherheitsgründen residierte das Gericht allerdings nicht in Ruanda selbst, sondern in Arusha im benachbarten Tansania.

Der Internationale Strafgerichtshof

Bei der Neuartigkeit des Vorgehens des Sicherheitsrates in den Fällen Jugoslawien und Ruanda mittels einer »juristischen Intervention«[86] war nicht zu erwarten, dass damit eine Abschreckung verbunden sein würde. Auch hier gilt, dass Recht nur dann wirksam ist, wenn eine tatsächliche Durchsetzung droht. Der Präzedenzfall Nürnberg war 1993 nicht stark genug, dass ernsthaft eine flächendeckende Durchsetzung erwartet wurde. Allerdings war die Idee von Nürnberg nun wieder auf der Agenda. Völkerstrafrecht war wieder real und existent. Die Überzeugung wuchs, und dies insbesondere in der Zivilgesellschaft, dass diese Idee sich nur durch einen ständigen Strafgerichtshof verwirklichen ließ. Im Februar 1995 etablierte sich – ein bislang einzigartiger Vorgang in der Geschichte des Völkerrechts – die Coalition for the International Criminal Court, ein Zusammenschluss von über 2500 Nichtregierungsorganisationen, die sich für einen Internationalen Strafgerichtshof stark machten. Diese Koalition erwies sich als wirkmächtig. Die Vereinten Nationen konnten sich diesen Forderungen nicht verweigern.

Die Rechtsgrundlage wurde auf der Diplomatischen Bevollmächtigtenkonferenz, die vom 15.6. bis 17.7.1998 in Rom tagte und an der 160 Staaten, 17 zwischenstaatliche Organisationen und 250 Nichtregierungsorganisationen teilnahmen, verabschiedet. Besonderes moralisches Gewicht erhielt die Konferenz durch die Anwesenheit noch lebender ehemaliger Nürnberger Ankläger wie Whitney Harris und Benjamin Ferencz. Die Konferenz konnte auf Vorarbeiten der International Law Commission aufbauen, die 1994 den Entwurf eines Statuts für einen Internationalen Strafgerichtshof vorgelegt hatte.[87]

Eine deutliche Mehrheit von 120 Staaten stimmte im Ergebnis für den nach zähen Verhandlungen erreichten Kompromiss, 21 Staaten enthielten sich der Stimme und sieben stimmten mit Nein.[88] Unter den Nein-Stimmen sind wichtige Staaten, die in Rom zwar kräftig mit verhandelten, den Vertrag aber schließlich nicht unterzeichneten, darunter wie zu erwarten China und Russland, außerdem Israel und die Vereinigten Staaten von Amerika. In den USA stand man der Idee von Nürnberg nicht ablehnend gegenüber. Man wollte allerdings verhindern, selbst Gefahr zu laufen, sich vor einem internationalen Gericht verantworten zu müssen. Als »Führer der freien Welt« müsse man sich manchmal die Hände schmutzig machen, so die Begründung. Jedenfalls gehe man zum Wohl der gesamten Welt hierfür hohe Risiken ein. Außerdem solle sich kein US-Bürger vor einem auswärtigen Gericht verantworten müssen. Schließlich sähe die Verfassung der Vereinigten Staaten auch nicht vor, dass der Präsident sich überhaupt irgendwo rechtfertigen müsse, außer im Rahmen eines Impeachment-Verfahrens vor dem US-Kongress. Mag man solche verfassungsrechtlichen Argumente auch für akzeptabel halten, so muss man doch zur Kenntnis nehmen, dass der Internationale Strafgerichtshof eigens so konzipiert wurde, dass diese Argumente leicht aus dem Weg zu räumen sein würden. Das Gericht folgt nämlich dem Grundsatz der Komplementarität. Es soll also die nationalen Gerichte ergänzen. Mit anderen Worten: Die nationalen Gerichte haben stets Vorrang. Der Internationale Strafgerichtshof kann überhaupt nur dann Gerichtsbarkeit ausüben, wenn der Nationalstaat nicht fähig oder nicht willens ist, internationale Verbrechen zu verfolgen.[89]

Der Internationale Strafgerichtshof orientiert sich stark am Erbe Nürnbergs. Er ist, wie Ankläger Karim Khan unlängst sagte, ein Kind Nürnbergs. Seine Gerichtsbarkeit ist beschränkt auf die mit Nürnberg verbundenen Tatbestände, Kriegsverbrechen, Verbrechen gegen die Menschlichkeit, Völkermord und das Verbrechen der Aggression. In Rom konnte man sich zwar nicht auf eine Definition des Straftatbestandes der Aggression verständigen und behielt sich vor, auf einer Überprüfungskonferenz sieben Jahre später erneut darüber zu verhandeln. Gleichwohl wurde auch die Aggression als Verbrechen in den Kanon der in Art. 5 des Statuts genannten Kernverbrechen aufgenommen. Abgelehnt wurde aber im Gegenzug die Idee, den Katalog der Straftaten auszuweiten und etwa Terrorismus, Drogenhandel oder Umweltdelikte ebenfalls der Gerichtsbarkeit des neuen Gerichtshofs zu unterstellen.

Politisch nicht durchsetzbar war auch eine globale Zuständigkeit. Das wäre zwar denkbar gewesen, denn nach dem sogenannten Universalitätsprinzip, das auch Weltrechtspflegedelikt genannt wird, kann jeder Einzelstaat die internationalen Kernverbrechen verfolgen. Diese Kompetenz können Einzelstaaten auch in einer internationalen Organisation bündeln. Man blieb aber bei der klassisch völkerrechtlichen Herangehensweise: Nur solche Staaten sollten der internationalen Strafgerichtsbarkeit unterliegen, die dem neuen Gericht auch zustimmen, indem sie dem Statut als Mitgliedstaaten beitreten. Die Betonung der Zielgröße »Staat« ist insofern nicht ganz stimmig, da sich die neue Gerichtsbarkeit gar nicht an Staaten wendet, sondern an Individuen. Weil diese Individuen aber eben auch im Auftrag von Regierungen gehandelt haben können oder gar Regierungsmitglieder sind, beharrten die Staaten in Rom auf diesem Vorgehen.

Angst hatte man auch davor, mit dem Ankläger an einem Internationalen Strafgerichtshof einen »Master of the Universe« zu schaffen. Im nationalen Kontext sind wir es gewohnt, dass die Staatsanwaltschaft von sich aus unabhängige Ermittlungen aufnimmt, sobald der Verdacht einer Straftat vorliegt. Das ist eine sehr kontinentaleuropäische Sicht. Sie setzt auch eine weitgehend korruptionsfrei funktionierende Justiz voraus, was weltweit eher selten ist. Für den Impuls, eine Anklagebehörde in Den Haag nicht vollständig frei von der Leine zu lassen, kann man also Verständnis aufbringen. Den Strafgerichtshof aber politisch abhängig zu machen vom Sicherheitsrat der Vereinten Nationen, wie es vorgeschlagen wurde, war angesichts der Dysfunktionalität dieses Gremiums sicherlich keine Idee, die zu einer Effizienzsteigerung des Gerichts geführt hätte. Damit konnte dieser Vorschlag abgewendet werden. Der Ankläger kann vom Sicherheitsrat beauftragt werden, eine Situation zu untersuchen – nicht eine Einzelperson. Er kann auch von einem Mitgliedstaat ersucht werden, sich einer Situation anzunehmen, und er kann schließlich auch aus eigener Kompetenz heraus Ermittlungen beginnen, muss dafür aber die Erlaubnis einer Vorverfahrenskammer erhalten. Der Sicherheitsrat hat ansonsten nur noch die Möglichkeit, Ermittlungen und Strafverfolgung für ein Jahr aufzuschieben. Eine solche Resolution, die den Voraussetzungen von Kapitel VII UN-Charta unterliegt, kann auch erneuert werden.

Die Chance, ein Strafgericht zu schaffen, das für die internationalen Kernverbrechen tatsächlich weltweit zuständig ist und damit effektiv gegen internationale Verbrecher global vorgehen kann, wurde in Rom vertan. Geschaffen wurde ein Strafgerichtshof, der völkerrechtlichen Gepflogenheiten folgend nur für Mitgliedstaaten Relevanz entwickeln kann.

Der Gerichtshof ist ein Symbol für die Hoffnung der Menschheit, dass Macht effektiv beschränkt werden kann, dass Regierungen und Rebellen gleichermaßen die Grundregeln der Menschlichkeit respektieren müssen und Opfern internationaler Verbrechen Gerechtigkeit widerfahren kann. Das Gericht, das geschaffen wurde, kann diese Erwartungen nur sehr bedingt erfüllen. Es bleibt immerhin ein Symbol und ein Stachel im Gewissen der Menschheit und immerhin eine theoretische Gefahr für die Mächtigen.

Das Römische Statut konnte nach Eingang der 60. Ratifizierungsurkunde bereits am 1. Juli 2002 in Kraft treten. Als Sitz des neuen internationalen Gerichts verständigte man sich auf Den Haag. Deutschland hatte darauf verzichtet, Nürnberg als Standort dieses Gerichts vorzuschlagen. Für diesen Standort hätte es gewiss gute Gründe gegeben. Die Bundesregierung war hier zurückhaltend, weil man 1996 bereits den Sitz des Internationalen Seegerichtshofs in Hamburg bekommen hatte und daher einer weiteren internationalen Gerichtsbarkeit in Deutschland keine Chance einräumte. Wahrscheinlich eine etwas vorschnelle Annahme. In einem angemieteten Bürogebäude inmitten Den Haags bezogen im März

2003 die ersten Mitarbeiterinnen und Mitarbeiter ihre Büros, unter ihnen Hans-Peter Kaul, Vertreter des Auswärtigen Amts in Rom und erster deutscher Richter am Internationalen Strafgerichtshof. Seit April 2016 residiert der Gerichtshof im Stadtteil Scheveningen in einem eigens dafür errichteten Neubau.

Das vereinigte Deutschland und die neue Verantwortung

Nach dem Zweiten Weltkrieg gingen die zwei Teile Deutschlands für mehr als vierzig Jahre sehr unterschiedliche Wege. In der DDR wurde das nationalsozialistische Erbe mit den sogenannten Waldheimer Prozessen im Wesentlichen abgewickelt. 1950 waren in der sächsischen Stadt Waldheim 3442 von der Sowjetunion überstellte Personen wegen nationalsozialistischer Verbrechen zum Tode oder zu langen Freiheitsstrafen verurteilt worden.[90] Die weitere Verantwortung für den Nationalsozialismus wurde dem Klassenfeind im Westen aufgebürdet.[91] Die Bundesrepublik Deutschland wird seither in immer wiederkehrenden Phasen an die nationalsozialistische Vergangenheit erinnert. Teil der Erinnerungspolitik war auch der Umgang mit den Nürnberger Prozessen. Als »Siegerjustiz« verpönt, fühlte man sich als Opfer alliierter Justizfantasien und sammelte etwa im Bundesjustizministerium akribisch Verfehlungen alliierter Besatzungsmächte gegen internationales Recht. Unmenschliche Behandlungen und Foltervorwürfe wurden dokumentiert, um sie politisch einzusetzen. Ein Schlussstrich und eine weitgehende Amnestie wurden flächendeckend propagiert. Besonders der »Heidelberger Juristenkreis« tat sich hier hervor. Er bestand, auf Einladung des Heidelberger Professors Eduard Wahl (vormals Verteidiger im IG-Farben-Prozess), mehrheitlich aus ehemaligen Verteidigern in den Nürnberger Prozessen. Rudolf Aschenauer (Verteidiger von Otto Ohlendorf), Hellmut Becker (Ernst von Weizsäcker), Otto Kranzbühler (Karl Dönitz), Hans Laternser (Ritter von Leeb) und Hans Gawlik (seit 1950 Leiter der Zentralen Rechtsschutzstelle) waren die bekanntesten Mitglieder mit Nürnberg-Erfahrung. Dazu kamen Hodo von Hodenberg und Bruno Heusinger, OLG-Präsidenten aus Celle und Braunschweig. Alfons Wahl nahm als Vertreter des Bundesjustizministeriums neben Vertretern der Kirchen an den alle paar Monate stattfindenden Treffen teil. Nicht zuletzt auch wegen der Lobbyarbeit aus Heidelberg wurden Amnestiegesetze verabschiedet, und es gelang der frühen Bundesrepublik, die in den Nürnberger Nachfolgeprozessen Verurteilten aus dem Kriegsverbrechergefängnis in Landsberg am Lech freizubekommen. Bis 1957 waren alle wieder auf freiem Fuß.

Kritisiert wurden die Nürnberger Verfahren auch wegen eines Verstoßes gegen das Rückwirkungsprinzip. Nach dem bekannten Grundsatz *nullum crimen, nulla poena sine lege* muss ein Straftatbestand existieren, bevor die Tat begangen wird. In Art. 103 Abs. 2 des Grundgesetzes wird dieses rechtsstaatliche Prinzip prominent als Justizgrundrecht formuliert und hier so verstanden, dass es sich um ein geschriebenes Gesetz handeln muss, aus dem die Strafbarkeit und die Strafe hervorgeht.

Die Nürnberger Tatbestände wurden denn auch – wie

vom Heidelberger Kreis gefordert – aus dem deutschen Recht eliminiert. Der Bundesgerichtshof hatte sich ohnehin geweigert, die Verfahren wegen Verbrechen gegen die Menschlichkeit weiterzuführen.[92]

Die Europäische Menschenrechtskonvention, Art. 7 Abs. 2 EMRK, enthält eine (letztlich überflüssige) Ausnahme vom Rückwirkungsverbot nach Abs. 1, die zur nachträglichen (deklaratorischen) Rechtfertigung der Nürnberger Prozesse in die Konvention aufgenommen wurde (»Nürnberg-Klausel«).[93] Danach sind Taten, die gegen die allgemeinen Rechtsgrundsätze der zivilisierten Staaten verstoßen, auch dann strafbar, wenn sie nach nationalem Recht nicht gegen Strafnormen verstoßen. Die junge Bundesrepublik Deutschland war vorsichtig genug, bei der Ratifizierung im Jahr 1952 in einem Vorbehalt zu erklären, dass man diesen Absatz nur akzeptiere, soweit er mit dem Grundgesetz übereinstimmt.

Das Kriegsverbrecherproblem war in den späten 1950er-Jahren allerdings noch nicht erledigt, auch wenn man darauf gehofft hatte. Mit dem Ulmer Einsatzgruppen-Prozess 1958 wurde klar, dass immer noch zahlreiche NS-Mörder unbehelligt in Deutschland lebten. Die Gründung der Ludwigsburger Zentralstelle zur Ermittlung nationalsozialistischer Gewaltverbrechen hatte in der Folge mit erheblichen Widerständen aus der Justiz und der Justizverwaltung zu kämpfen. Nicht zuletzt die Zentrale Rechtsschutzstelle beim Auswärtigen Amt konterkarierte die Bemühungen um die Strafverfolgung ehemaliger Nazis mit einigem Erfolg. Der Eichmann-Prozess in Jerusalem und der Auschwitz-Prozess in Frankfurt waren Meilensteine in der Konfrontierung der deutschen Bevölkerung mit den Verbrechen der Nazis. Aber schon

1965 drohte die Verjährung. Mord verjährte damals nach zwanzig Jahren. Der Bundestag verständigte sich auf einen vierjährigen Aufschub. 1968 aber bewirkte eine kleine Gesetzesänderung im Strafgesetzbuch, dass die als Gehilfen Hitlers angeklagten Befehlsempfänger nur mit einem gemilderten Strafrahmen bedroht wurden. Aufgrund dieser Änderung sah der Bundesgerichtshof, besetzt mit ehemaligen Nazi-Richtern, die Verbrechen der Schreibtischtäter und Mitläufer, bei denen kein Rassenhass als Triebfeder festgestellt werden konnte, bereits seit 1960 als verjährt an. Das Kriegsverbrecherproblem war in diesem Moment tatsächlich erledigt. Internationale Kritik zumal aus Israel und den USA wurde achselzuckend beiseitegewischt.

Die bundesrepublikanische Politik und Justiz (!) hatten sich also bestens arrangiert. Zwar wurden in Ludwigsburg noch immer Beweise für Kriegsverbrechen der Nazis gesammelt, Verfahren wurden aber so gut wie keine mehr geführt. Außer Simon Wiesenthal forderte das auch kaum mehr jemand.

Doch dann fiel die Mauer, und die bundesrepublikanische Justiz war unter der Geltung des Grundgesetzes plötzlich mit der Frage konfrontiert, wie die Mauerschützen und diejenigen, die den Schießbefehl an der Mauer gegeben hatten, bestraft werden könnten.[94] In einem wegweisenden Urteil stellte wiederum der 5., der Berliner Strafsenat des Bundesgerichtshofs am 3. November 1992 die Kriterien klar, nach denen die Mauerschützen strafrechtlich verantwortlich waren.[95] Die Fragen des Rückwirkungsverbotes ebenso wie eine mögliche Rechtfertigung etwa wegen Handelns auf Befehl wurden von den Bundesrichtern mit Verweis auf die

»Radbruch'sche Formel« gelöst.[96] Nach einem von dem Heidelberger Rechtsphilosophen und früheren Reichsjustizminister Gustav Radbruch (1878–1949) aufgestellten Maßstab hat das positive Recht als unrichtiges Recht der Gerechtigkeit zu weichen, wenn durch die Anwendung ein unerträglicher Widerspruch zum Gebot der Gerechtigkeit entsteht.[97] Dieser naturrechtliche Ansatz, der von Gustav Radbruch 1946 angesichts des NS-Terrors entwickelt worden war, wurde bei den NS-Tätern nie angewandt, aber nun aus dem Hut gezaubert.[98]

Zur Verantwortung der Machthaber im Fall der Mauerschützen hieß es nun: »Danach waren die Angekl. verpflichtet, ihre Machtposition als Mitglieder des Politbüros in der Weise zu nutzen, dass sie auf eine Änderung des praktizierten Grenzregimes der DDR im Sinne eines Schutzes des Lebens und der körperlichen Unversehrtheit von Flüchtlingen hinwirkten.«[99]

Aber ließen sich die angesichts der Verfolgung von NS-Verbrechen mit viel Verve erhobenen Vorwürfe der »Siegerjustiz« und des Verstoßes gegen das Rückwirkungsverbot nicht auch in diesem Fall gegen die westdeutsche Justiz erheben? Die Vorbehalte gegen die Strafverfahren in Nürnberg begannen zu wackeln.

Schließlich kamen die Fälle vor den Europäischen Gerichtshof für Menschenrechte. Wie aber würde dort der Vorbehalt gegen Art. 7 Abs. 2 der Menschenrechtskonvention zum Tragen kommen? In den Berliner Ministerien hielt man die Luft an. Würde man nun die Rechnung für die Vergangenheitspolitik der 1950er-Jahre präsentiert bekommen? Ein Scheitern vor dem Straßburger Gericht wäre politisch eine Katastrophe gewesen. Die Urteile gegen die Mauerschützen und die politisch

Verantwortlichen um Egon Krenz und Co. hielten der Prüfung stand.

Die europäischen Richter sahen keine Verletzung von Art. 7 der Menschenrechtskonvention, da die Taten bereits nach nationalem DDR-Recht strafbar waren.[100] Zudem verstoße die Tötung von »Grenzverletzern« auch gegen den von der ehemaligen DDR ratifizierten Art. 6 Abs. 1 des Internationalen Paktes über bürgerliche und politische Rechte. Letztlich sei es absehbar gewesen, dass die Tötungen im Widerspruch zu garantierten Grundfreiheiten standen. Man ließ noch eine Schamfrist von einigen Monaten nach dem Urteil aus Straßburg vergehen und nahm am 5. Oktober 2001 die Vorbehaltserklärung zu Art. 7 der Menschenrechtskonvention offiziell zurück.[101]

Noch eine weitere Geschichte zwang die Bundesrepublik Deutschland zum Umdenken. 1994 erkannte in München ein Opfer aus einem serbischen Konzentrationslager im Bosnienkrieg einen der Täter auf der Straße und erstattete Strafanzeige. Der Generalbundesanwalt (GBA) als zuständige Staatsanwaltschaft des Bundes (§§ 142a, 120 GVG) musste handeln. Duško Tadić wurde 1994 in München verhaftet, und vor dem Bayerischen Obersten Landesgericht wurde Anklage gegen ihn erhoben. Bevor die Anklage indes zugelassen und ein Termin für die Hauptverhandlung bestimmt werden konnte, verlangte der damalige Jugoslawienstrafgerichtshof die Überstellung Tadićs nach Den Haag. Zu diesem Zeitpunkt mangelte es diesem Strafgericht an Angeklagten, und Tadić war gewiss nicht der »große Fisch« den man dort an die Angel zu bekommen hoffte. Das Ersuchen aus Den Haag führte indes zu hektischen Überlegungen. Würde man jetzt kooperieren, wozu man völkerrechtlich verpflichtet war, würde man dann nicht implizit auch die Legitimität von Nürnberg anerkennen? Rasch schuf man schließlich eine gesetzliche Grundlage für die Zusammenarbeit mit Den Haag.[102] Mit dieser »Lex Tadić« wurden die bis dahin immer wieder geäußerten politischen Vorbehalte gegen das Urteil von Nürnberg zwangsläufig beerdigt.[103] Tadić wurde sodann zum Testfall für den Jugoslawienstrafgerichtshof und wirkt bis heute als Vorreiter für nicht wenige Rechtsfragen. 1995 klang dann auch die Pressemitteilung der damaligen Bundesjustizministerin Sabine Leutheusser-Schnarrenberger zum 50. Jahrestag des Beginns des Nürnberger Prozesses sehr viel positiver und sprach von unverbrüchlichen Regeln des Völkerrechts, die 1945 in Nürnberg begründet und heute in Den Haag fortgeführt werden.

So zeigt sich die Förderung des Völkerstrafrechts durch die Bundesrepublik Deutschland seit den frühen 1990er-Jahren als eine politisch neue Herangehensweise des geeinten Deutschlands. Diese Förderung wird als Teil der gesamtdeutschen Verantwortung wahrgenommen. Sie entspringt einer zweifachen Erkenntnis: Ohne die heutige Völkerstrafrechtspraxis verlieren auch die Nürnberger Prozesse ihre Legitimität. Ohne die heutige Völkerstrafrechtspraxis werden auch die wegen des SED-Unrechts geführten Prozesse fraglich. Deutschland tritt demnach für die in Nürnberg von der internationalen Gemeinschaft eingeführten Werte ein, um der eigenen Geschichte gerecht zu werden: der Delegitimierung des NS-Regimes und der Bestrafung des SED-Unrechts.

Internationale Verantwortung zu übernehmen, heißt

aber auch, sich militärisch zu engagieren. So wurde jedenfalls schon kurz nach der deutschen Einheit im In- und Ausland argumentiert. Überließ man die Deutschen im Ersten Golfkrieg noch der Beschäftigung mit sich selbst und forderte NATO-Verpflichtungen nur ganz am Rande ein, so war man weder in New York noch in Brüssel bereit, Deutschlands Selbstbeschränkung auf eine finanzielle Unterstützung internationaler militärischer Maßnahmen noch lange durchgehen zu lassen. Die dahinterstehende Logik ist völkerrechtlich schnell erklärt. Deutschland ist verpflichtet, sowohl bei Friedenssicherungsmissionen des Sicherheitsrats der Vereinten Nationen zu kooperieren als auch den NATO-Verpflichtungen nachzukommen. Schon seit 1959 unterstützte die Bundeswehr humanitäre Einsätze mit dem Transport von Medikamenten und Hilfsgütern in Erdbebengebiete oder bei Hungersnöten. Nach der Wiedervereinigung aber wurden die internationalen Forderungen nach mehr Verantwortung Deutschlands in der Welt zunehmend mit einem militärischen Engagement in Verbindung gebracht, was hierzulande auf nicht unerhebliche Skepsis stieß. Zwar gab es bei uns deutlich vernehmbare »Wir sind wieder wer«-Rufe, es gab aber auch Skepsis vor dem Hintergrund der militaristischen Vergangenheit in Deutschland. Dieser Einsicht folgend hatte Helmut Kohl die Doktrin aufgestellt, dass in Ländern, die während des Nationalsozialismus von der Wehrmacht besetzt waren, nie mehr deutsche Soldaten präsent sein dürften.[104] Der Mut, dieser Skepsis nachzugeben und für Deutschland tatsächlich eine sehr zurückhaltende und ausschließlich zur Verteidigung taugliche Bewaffnung zu fordern, war politisch aber nicht vorhanden. Zu laut waren auch die Rufe der NATO-Partner, Deutschland dürfe sicherheitspolitisch kein »Trittbrettfahrer« sein. Allein das Grundgesetz musste beachtet werden, das auf dem Stand der Wiederbewaffnung von 1956 tatsächlich ausschließlich ein Verteidigungsheer im Blick hatte. Auslandseinsätze waren nicht vorgesehen und schon gar nicht Einsätze außerhalb des NATO-Bündnisgebietes (*out of area*-Einsätze).

Die ersten Auslandseinsätze der Bundeswehr zur Friedenssicherung oder Friedenserhaltung erfolgten auf dem Balkan und damit natürlich in Regionen, die zwischen 1940 und 1944 von Wehrmachtssoldaten besetzt gewesen waren. AWACS-Aufklärung, Sicherung der Adria bis hin zu Einsätzen an Land im Rahmen von IFOR und SFOR dienten zunächst der Sicherung humanitärer Hilfe in Kroatien, Bosnien und der Herzegowina während des dortigen Krieges und später zur Absicherung des Daytoner Friedens. Natürlich wurde die Legitimität der Entsendung von Bundeswehrsoldaten vor dem Bundesverfassungsgericht ausgefochten. Am 12. Juli 1994 verkündeten die Karlsruher Richterinnen und Richter des Zweiten Senats ihr Urteil und legten Kriterien für die Teilnahme an NATO- und UN-Missionen nach Art. 24 Abs. 2 des Grundgesetzes fest.[105] Das Grundgesetz gestattet in Art. 24, dass sich der Bund zur Wahrung des Friedens einem System gegenseitiger und kollektiver Sicherheit anschließt. Allerdings stellte das Gericht auch fest, dass die Bundeswehr ein Parlamentsheer ist und deshalb immer der Bundestag über einen Auslandseinsatz zu entscheiden habe. In der Folge hat sich die Bundeswehr an vielen Einsätzen beteiligt. Neben dem Balkan waren schon in den 1990er-Jahren mehrere Einsätze in Afrika und Asien erforderlich. Häufig standen dabei die medizinische Versorgung oder die Bereitstellung von Transportkapazitäten im Vordergrund. Kampfverbände, die für einen Auslandseinsatz befähigt sind, musste die Wehrpflichtarmee Bundeswehr erst aufstellen. Mit dem Beschluss vom Sommer 1994, das »Kommando Spezialkräfte« aufzustellen, war das Ende des »Trittbrettfahrens« gekommen, wie der damalige Bundespräsident Roman Herzog verkündete. »Deutschland gehört zum Konzert der großen Demokratien, ob es will oder nicht, und wenn eine dieser Demokratien beiseitesteht, schadet sie unweigerlich nicht nur den anderen – sondern letztlich auch sich selbst.«[106]

Als Begründung, warum ein solches Spezialkommando (KSK) notwendig sei, wurde immer wieder angeführt, dass Deutschland bei einer terroristischen Bedrohung in der Lage sein sollte, zu reagieren und insbesondere eigene Staatsangehörige im Ausland zu schützen bzw. zu evakuieren. Warum es allein dazu einer mehr als 1000 Mann starken Truppe bedurfte, zumal die GSG 9 sich in der Vergangenheit schon als geeignet erwiesen hatte, derartige Aufgaben zu übernehmen, wurde öffentlich kaum diskutiert. Kurz nach der Herstellung der vollen Einsatzbereitschaft des KSK im April 1997 kam es dann auch zu Einsätzen verschiedenster Art. Der erste bekannte Auftrag galt der Verhaftung mehrerer vom Jugoslawienstrafgerichtshof gesuchter Kriegsverbrecher auf dem Balkan. So schließt sich zumindest hier der Kreis, wonach internationale Verantwortung für die Bundesrepublik Deutschland vor allem auch die Durchsetzung des Völkerstrafrechts bedeutet.

Die Europäische Union als Friedensstifterin

Nach dem Zweiten Weltkrieg startete in Europa noch ein weiterer Versuch, den Frieden in Europa zu stabilisieren und auszubauen. Auch dieser Versuch hat seinen Ursprung im Völkerrecht. Die Idee war so simpel wie überzeugend: Mehrere Staaten schließen sich zusammen und schaffen eine neue Organisation. Dabei sind die Staaten in Europa für eine gelingende Integration sogar bereit, Hoheitsrechte an diese internationale Organisation abzutreten.

Mittlerweile ist die EU eine weltweit einzigartige Organisation. Ein erster wichtiger Schritt war die Gründung der Europäischen Gemeinschaft für Kohle und Stahl (EGKS) im Jahr 1951 durch sechs Länder: Deutschland, Frankreich, Italien, Belgien, die Niederlande und Luxemburg. Ziel war es, die Kohle- und Stahlproduktion gemeinsam zu verwalten, um künftige Kriege zu verhindern. 1957 vertieften diese Länder ihre Zusammenarbeit mit den Römischen Verträgen, die die Europäische Wirtschaftsgemeinschaft (EWG) und die Europäische Atomgemeinschaft (EURATOM) ins Leben riefen. Dies legte den Grundstein für eine wirtschaftliche Integration, die später zur Europäischen Union führte. Seit den 1970er-Jahren erweiterte sich die Zahl der Mitgliedstaaten erheblich. Mit den Verträgen von Maastricht (1992) und Amsterdam (1997) folgte eine Zusammenführung der Europäischen Gemeinschaften unter das gemeinsame Dach der Europäischen Union und die Begründung einer politischen Gemeinschaft mit einer gemeinsamen Außen- und Sicherheitspolitik (GASP). Ein hoher Vertreter, eine Art Außenminister, sollte die Union nach außen vertreten. Der Spanier Javier Solana übernahm dieses Amt 1999 und brachte es tatsächlich zu einem gewissen Bekanntheitsgrad. Das lag aber vor allem daran, dass er zuvor vier Jahre lang Generalsekretär der NATO war und in diesem Amt einige schwere Entscheidungen zu vertreten hatte.

2004 folgte dann ein historischer Schritt mit der Aufnahme der baltischen Staaten, Polens, Tschechiens, Sloweniens, Ungarns, der Slowakei sowie Maltas und Zyperns. Damit gewann die Union eine völlig neue Dynamik, um den Ost-West-Konflikt zu überwinden und Demokratie, Rechtsstaatlichkeit und Sicherheit auszubauen. Der Lissaboner Vertrag von 2007, der zwei Jahre später in Kraft treten konnte, stellt in dieser Hinsicht den momentanen Schlusspunkt dar mit dem klar definierten Ziel, die EU zu einem Raum der Freiheit, der Sicherheit und des Rechts auszubauen. Die rein wirtschaftliche Ausrichtung der Anfänge ist längst überwunden. Die EU ist ein starker politischer Player auf der Weltbühne oder bemüht sich jedenfalls darum. Die Binnenstruktur mit dem zwingenden Einstimmigkeitserfordernis bei wichtigen Entscheidungen vermittelt eine Schwerfälligkeit, die bei ausscherenden Regierungen, wie aktuell vor allem Ungarn, zur Entscheidungsunfähigkeit führt. Von einer gemeinsamen Außenpolitik war trotz der prominenten Position eines EU-Außenkommissars wenig bis nichts zu sehen. Nach dem Brexit, dem Austritt des Vereinigten Königreichs, hat die EU politisch an Gewicht verloren. Die neuen sicherheitspolitischen Entwicklungen seit 2022 lassen wieder ein Zusammenrücken mit den Briten erkennen, ohne dass ein neuerlicher Beitritt wahrscheinlich ist. Immerhin ist das Gesicht der seit dem 1. Dezember 2024 amtierenden EU-Außenbeauftragten, der ehemaligen estnischen Premierministerin Kaja Kallas, deutlich präsenter als das ihrer Vorgänger.

Die Europäische Union erhielt 2012 den Friedensnobelpreis für ihre entscheidende Rolle bei der Förderung von Frieden, Versöhnung und Demokratie in Europa nach dem Zweiten Weltkrieg. Durch die Schaffung eines gemeinsamen Marktes und die Integration der Mitgliedstaaten hat die EU dazu beigetragen, zum Teil jahrhundertelange Konflikte zu überwinden und stabile Beziehungen zwischen ehemaligen Feinden zu etablieren. Der Preis würdigt auch die Bemühungen der EU, Menschenrechte und Rechtsstaatlichkeit zu fördern, sowohl innerhalb als auch außerhalb ihrer Grenzen. Insgesamt wird die EU als ein einzigartiges Beispiel für erfolgreiche Zusammenarbeit und friedliche Koexistenz in einer Region angesehen, die in ihrer langen Geschichte von zahllosen Kriegen und Konflikten geprägt war. Diese Erfolge der EU werden viel zu wenig gewürdigt.

Zerplatzte Illusionen

Am 24. März 1999 starteten NATO-Kampfjets unter anderem von italienischen Stützpunkten und von drei US-Flugzeugträgern im Mittelmeer gegen Belgrad. Auch Tornados der Bundeswehr hoben im italienischen Piacenza ab, um die Geschwader der »Operation Allied Force« mit spezieller Luftaufklärung zu unterstützen und Luftabwehrsysteme in Serbien und Montenegro auszuschalten. Die Operation dauerte 78 Tage bis zum 10. Juni 1999, nachdem einen Tag zuvor der Serbenführer Slobodan Milošević den Friedensplan der NATO und Russlands akzeptiert hatte. Dieser NATO-Eingriff in Serbien stellt einen Wendepunkt in den Ost-West-Beziehungen dar und markiert das Ende des goldenen Jahrzehnts des Völkerrechts.

Waren die NATO-Bomben auf Belgrad der Sündenfall des Bündnisses? Nach dem Abkommen von Dayton 1995 zwischen den Kriegsparteien Serbien, Kroatien und Bosnien verschob sich die kriegerische Auseinandersetzung auf das Gebiet von Rest-Jugoslawien. Die albanische Terrororganisation UÇK kämpfte gegen die Zentralregierung in Belgrad, um die Unabhängigkeit des Kosovo zu erreichen. In dem entzückenden französischen Schlösschen Rambouillet nahe Paris trafen sich Vertreter der Bundesrepublik Jugoslawien mit der politischen Führung der Kosovo-Albaner im Frühjahr 1999. Die Verhandlungen wurden von der Balkan-Kontaktgruppe bestehend aus Vertretern Deutschlands, Frankreichs, Großbritanniens, Italiens, Russlands und der USA geführt. Ziel war es, Jugoslawien zunächst wenigstens eine Teilselbstständigkeit des Kosovo abzuringen und durch die Stationierung von NATO-Truppen abzusichern. Auch wenn Robin Cook, der britische Außenminister, und sein französischer Kollege Hubert Védrine den Vorsitz innehatten und Joschka Fischer aus Deutschland sowie Madeleine Albright aus den USA zeitweise an den Gesprächen teilnahmen und damit massiven politischen Druck ausübten, kam außer einer beeindruckenden Rechnung für Rotwein kaum etwas Messbares bei den Verhandlungen heraus. Auch die Drohung mit Luftschlägen konnte die jugoslawische Führung nicht dazu bringen, den Vorschlag zu akzeptieren.

Möglicherweise war man sich in Belgrad sicher, dass Russland im Sicherheitsrat der Vereinten Nationen eine Autorisierung von militärischen Mitteln durch ein Veto verhindern würde. Daraufhin entschloss sich US-Präsident Clinton, an den Vereinten Nationen vorbei eine NATO-Intervention zu organisieren.[107] Erst nach vollbrachter Tat schaltete Clinton die Vereinten Nationen wieder ein. Der UN-Sicherheitsrat verabschiedete die Resolution 1244, die eine Übergangsverwaltung der Vereinten Nationen im Kosovo etablierte (UNMIK), die durch eine internationale Friedenstruppe (KFOR) abgesichert werden sollte. Die Resolution, die bei einer Enthaltung einstimmig angenommen worden war, brachte keine endgültige Statusklarheit für den Kosovo. Die Maßnahme sollte Zeit schaffen, um diese Klarheit herzustellen. Am 12. Juni 1999 rückten die ersten KFOR-Truppen in den Kosovo ein, und auch Russland entsandte überraschend eigene Truppen nach Pristina.

Der Kosovo wurde von den Vereinten Nationen für mehrere Jahre verwaltet, bis 2007 der frühere finnische Präsident Martti Ahtisaari einen Plan vorlegte, der die Schaffung eines unabhängigen Staates Kosovo vorsah. Serbien und Russland stimmten dem Plan aber nicht zu, sodass die Anerkennung des Kosovo wieder außerhalb der Vereinten Nationen gesucht werden musste.

Erst am 17. Februar 2008 erklärte sich der Kosovo für unabhängig. Diese Unabhängigkeitserklärung wurde auf Antrag der Generalversammlung der Vereinten Nationen vom Internationalen Gerichtshof überprüft, der in einem Rechtsgutachten am 22. Juli 2010 feststellte, dass die einseitige Unabhängigkeitserklärung des Kosovo mit dem Völkerrecht vereinbar sei.[108] Der Kosovo ist heute von 115 Staaten als unabhängiger Staat anerkannt. Russland und China haben im Sicherheitsrat eine Aufnahme des Kosovo in die UNO verhindert.

Die völkerrechtliche Lage ist heute, mehr als 25 Jahre nach den NATO-Bombardements, weiterhin unklar. Was hat die militärische Intervention also gebracht? Der Krieg führte zum Rückzug serbischer Truppen aus dem Kosovo. Zu beklagen sind aber auch viele zivile Opfer und schwere Zerstörungen in Serbien und Montenegro. Die Bombardements zielten schließlich auch auf die zivile Infrastruktur ab, da allein mit der Zerstörung der militärischen Kapazitäten aus der Luft der gewünschte Effekt nicht erreicht werden konnte.

Als Anlass für die militärische Intervention wurde eine drohende humanitäre Katastrophe angeführt.[109] Massaker an der albanischen Zivilbevölkerung, Pläne von ethnischen Säuberungen und zur Vertreibung des albanischen Teils der Bevölkerung aus dem Gebiet des Kosovo wurden in diesem Zusammenhang genannt, konnten aber letztlich nie bewiesen werden.

Angesichts des militärischen Eingreifens der NATO kochten die Emotionen hoch. Im Westen, zumal in Deutschland, war die Skepsis gegenüber dem jugoslawischen Präsidenten Slobodan Milošević seit dem Bosnienkrieg ohnedies groß, sodass man geneigt war, den Bildern von Massakern und in Stadien zusammengepferchten ethnischen Minderheiten Glauben zu schenken. Die rot-grüne Regierung unter dem Führungsduo Schröder-Fischer setzte sich für eine Teilnahme deutscher Soldaten an dem weder durch die Vereinten Nationen noch durch die NATO-Charta gerechtfertigten Einsatz ein. Außenminister Joschka Fischer bemühte drastische Argumente, als er auf dem Kosovo-Sonderparteitag der Grünen am 13. Mai 1999 rief: »Aber ich stehe auf zwei Grundsätzen, nie wieder Krieg, nie wieder Auschwitz, nie wieder Völkermord, nie wieder Faschismus.«[110] Die Zerreißprobe für die traditionell pazifistischen Grünen wurde durch den hohen Einsatz gemeistert. Die tiefe Zerrissenheit der Partei zu überwinden, brauchte allerdings noch einige Zeit voller Debatten und Kompromisse. Der Weg des politischen Pragmatismus, bei dem die pazifistischen Wurzeln der Partei dann auch mal hintangestellt werden, wurde von der Partei 2022 erneut eingeschlagen. Seit 2021 wieder in der Regierungsverantwortung, musste auf die Invasion der russischen Föderation in die Ukraine und die daraufhin vom Regierungschef Olaf Scholz ausgerufene »Zeitenwende« reagiert werden, wie noch zu sehen sein wird.

Welche Entwicklung nahm das Völkerrecht angesichts dieser Entscheidungen? Zu Beginn der 1990er-Jahre funktionierten die Gremien der Vereinten Nationen. Vor allem der Sicherheitsrat war mehr und mehr bereit, der Verwirklichung von Menschenrechten einen hohen Stellenwert einzuräumen und sich aus rein humanitären Gründen in innerstaatliche Angelegenheiten einzumischen. Der Respekt vor der staatlichen Souveränität bekam dadurch eine normative Komponente. Vom Staat wurde verlangt, im Inneren, gegenüber der eigenen Bevölkerung, grundlegende Menschenrechte zu gewährleisten und Minderheiten zu schützen. Bei schweren Verfehlungen in dieser Hinsicht sah der Sicherheitsrat allein deshalb eine Bedrohung der internationalen Sicherheit und des Friedens, was Maßnahmen nach Kapitel VII der UN-Charta auslösen kann und die Möglichkeit einer Intervention eröffnet. Der Schutz der Menschenrechte war somit nicht mehr nur eine innerstaatliche Angelegenheit. Die Bewertung des Schutzes selbst wurde eine Angelegenheit des Völkerrechts. Hieraus entwickelte sich zunächst das Konzept der humanitären Intervention. Es baut auf die moralische Verpflichtung der internationalen Gemeinschaft, Zivilisten zu schützen, wenn der eigentlich zuständige Staat versagt. Diese moralische Pflicht soll neben Kapitel VII und Art. 51 der UN-Charta eine Ausnahme vom Gewaltverbot nach Art. 2 Nr. 4 der Charta begründen. Die NATO-Intervention im Kosovo wurde als humanitäre Intervention begründet. Eine breite völkerrechtliche Anerkennung blieb diesem Konzept allerdings verwehrt. Zu vage war die rechtliche Argumentation, zu hoch die Missbrauchsanfälligkeit.[111]

Einen Schritt weiter geht das darauf aufbauende Konzept der *Responsibility to Protect (R2P)*.[112] Es soll den moralischen Ansatz der humanitären Intervention verrechtlichen und dadurch auch Missbrauch unterbinden. Unter R2P versteht man eine völkerrechtliche Schutzverantwortung, die sich aus völkerrechtlichen Pflichten ableiten lässt. Eine solche Pflicht kann sich aus verschiedenen Gründen ergeben. Da damit eine Handlungspflicht verknüpft ist, muss diese völkerrechtliche Pflicht entsprechend stark sein. Diskutiert wird eine solche Pflicht zum Eingreifen insbesondere unter Hinweis auf die Völkermordkonvention und auf die (anderen) Kernverbrechen des Römischen Statuts für den Internationalen Strafgerichtshof: Verbrechen gegen die Menschlichkeit und Kriegsverbrechen. Die *Responsibility to Protect* entstand Anfang der 2000er-Jahre. 2001 entwickelte die von Kanada initiierte International Commission on Intervention and State Sovereignty (ICISS) das Konzept, um eine klare völkerrechtliche Grundlage für den Schutz von Zivilbevölkerungen zu schaffen.[113] Anders als die humanitäre Intervention bezieht sich die R2P auf ein umfassendes Konzept, das schon bei der Früherkennung und Prävention beginnt, den Kapazitätsaufbau und die nachhaltige Entwicklung ebenso wie eine Strafverfolgung umfasst und erst in letzter Konsequenz auch militärische Mittel vorsieht.

Auf dem UN-Weltgipfel 2005 wurde R2P von allen UN-Mitgliedstaaten offiziell anerkannt und 2006 durch die UN-Sicherheitsratsresolution 1674 einstimmig bekräftigt.[114] Die Resolution definiert die Schutzverantwortung von Staaten und die Rolle der internationalen Gemeinschaft, falls Regierungen ihre Bevölkerung nicht vor Völkermord, Kriegsverbrechen oder Verbrechen gegen die Menschlichkeit schützen können oder wollen. Sie bekräftigt das Prinzip der *Responsibility to Protect* und unterstreicht die Verantwortung der internationalen Gemeinschaft, Zivilisten in bewaffneten Konflikten zu schützen.[115] Sie fordert alle Konfliktparteien auf, das humanitäre Völkerrecht einzuhalten, erleichtert den Zugang für humanitäre Hilfe und verurteilt Verbrechen wie Völkermord und Kriegsverbrechen. Die Resolution war ein Meilenstein für den Schutz von Zivilisten und diente als Grundlage für spätere Interventionen. Sie wurde gepriesen als die innovativste und vielversprechendste Entwicklung des Völkerrechts seit dem Westfälischen Frieden:[116] hohe Erwartungen, die in der Folge enttäuscht wurden.

Teil der R2P ist auch die Strafverfolgung von internationalen Verbrechen. Am Ende des Jugoslawienkonfliktes galt es dann auch, die Arbeit und die Effektivität des Jugoslawienstrafgerichtshofs zu bewerten. Seit seiner Gründung 1993 wurden über 160 Personen angeklagt, darunter politische und militärische Führer wie Slobodan Milošević, Radovan Karadžić und Ratko Mladić. Während Karadžić und Mladić wegen Völkermordes verurteilt wurden, verstarb Milošević vor dem Urteil. Er hatte, indem er sich selbst verteidigte, die Geduld des Gerichtshofs bis aufs Äußerste strapaziert. Der Tod des Serbenführers belastet die Bilanz des Bosnienstrafgerichtshofs bis heute. Denn es gelang am Ende nicht, die großserbischen Fantasien Miloševićs zu delegitimieren. Der Gerichtshof sammelte gleichwohl umfangreiche Beweise und Zeugenaussagen, die für zukünftige historische und juristische Forschungen von unschätzbarem Wert sind, und entwickelte das Völkerstrafrecht in vielen Bereichen erheblich fort.

Kritiker – insbesondere in Serbien – warfen dem Jugoslawienstrafgerichtshof eine unausgewogene Strafverfolgung vor, da serbische Täter häufiger und strenger verurteilt wurden als Kroaten oder Bosnier. Eine Einbeziehung des Kosovokonflikts in die Gerichtsbarkeit lehnte der Gerichtshof allerdings ab. Später wurde von der EU eine Sonderstruktur geschaffen, mit deren Hilfe die Strafverfolgung kosovarischer Kriegsverbrecher gelingen sollte.

Die Kritik am Jugoslawienstrafgerichtshof durch das ständige Mitglied im Sicherheitsrat Russland nahm in den 2000er-Jahren massiv zu. Schließlich sah sich der Sicherheitsrat gezwungen, den Strafgerichtshof abzuwickeln. Mit Resolution 1966 wurde am 22. Dezember 2010 schließlich für die Strafgerichtshöfe für das ehemalige Jugoslawien und für Ruanda der »Internationale Residualmechanismus für die Ad-hoc-Strafgerichtshöfe«, kurz IRMCT, geschaffen. Diese Nachfolgeorganisation soll die Arbeit der Gerichtshöfe zum Abschluss bringen. Besonders wichtig war es den russischen Diplomaten, dass der Begriff »Strafgerichtshof« bzw. »Tribunal« verschwand. In der Sache führt die Institution, die nun unter dem nichtssagenden Begriff »Mechanismus« firmiert, die Arbeit fort und kann auch wie ein Gerichtshof die Strafverfahren weiterführen bzw. zu Ende bringen.[117] Dieses neue Nebenorgan des Sicherheitsrates führt die Überwachung der Strafvollstreckung fort, beaufsichtigt die Aktivitäten zum Schutz von Opfern und Zeugen und verwaltet die Archive.

Der Erfolg der Strafverfolgung insbesondere mit Blick auf Bosnien kann noch nicht abschließend bewertet werden. Die Interessen der fünf ständigen Mitglieder des Sicherheitsrates variieren erheblich, Serbien hat mit der Russischen Föderation einen mächtigen Verbündeten, viele Beobachter konstatieren, dass Bosnien und Herzegowina vor allem wegen der international nicht anerkannten Republica Srpska einem Pulverfass gleichkommt und der Frieden trotz massiver Bemühungen seitens UN und EU zum Aufbau von rechtsstaatlichen Strukturen brüchig ist.

Das Ende der Geschichte?

Francis Fukuyama, ein US-amerikanischer Politikwissenschaftler, seit 2010 an der Universität Stanford, rief 1992 das »Ende der Geschichte« aus.[118] Er begründete dies damit, dass die liberale Demokratie nach dem Kalten Krieg als endgültige politische und ideologische Ordnung gesiegt habe. Inspiriert von Hegels Geschichtsphilosophie, sah Fukuyama den Fall der Sowjetunion und den globalen Vormarsch demokratischer Systeme als Beweis dafür, dass es keine fundamentalen ideologischen Alternativen mehr zum westlichen Modell von Demokratie und Marktwirtschaft gebe. Der globale Trend zur Demokratisierung nach dem Fall der Berliner Mauer wird bei Fukuyama als eine Art Endpunkt der ideologischen Entwicklung beschrieben. War die Geschichte geprägt von Konflikten zwischen konkurrierenden Ideologien, wie die zwischen Monarchie und Demokratie oder Kapitalismus und Kommunismus, ist für ihn mit dem Sieg der westlichen Demokratien dieser ideologische Kampf im Wesentlichen beendet.

Das Völkerrecht erlebte nach dem Ende des Kommunismus eine Hochkonjunktur, ein goldenes Jahrzehnt. Menschenrechte, liberale Demokratien und Multilateralismus trafen auf glückliche Art und Weise zusammen und gaben Anlass zu der Hoffnung, dass die Vereinten Nationen und neue internationale Gerichte die Zukunft in eine regelbasierte Völkerrechtsordnung wiesen. Nicht mehr Machtpolitik, sondern Gerichtsverfahren sollten diese Ordnung bestimmen und Rüstung und Kriege überflüssig machen. Waffen sollten allenfalls zur Durchsetzung der Rechtsordnung gegen Dissidenten der internationalen Friedensordnung erforderlich sein. Das Völkerstrafrecht sollte wirkmächtig gegen Massenverbrechen eingesetzt werden. Dies wäre tatsächlich einem »Ende der Geschichte« im Völkerrecht gleichgekommen, da die bisherige Vorstellung von der absoluten Souveränität der Staaten begraben worden wäre. Eine neue Geschichte hätte anknüpfend an das Nürnberger Versprechen von 1945 beginnen können. Der Kosovokonflikt hat indes gezeigt, dass die Interessen der mächtigen Staaten doch nicht so übereinstimmen wie erhofft. Die nach der Jahrtausendwende auftretenden neuen Gefahren für die internationale Sicherheit konnten nur noch bedingt gemeinsam angegangen werden. Fünfzehn Jahre später wurde für alle sichtbar, dass die Geschichte gewiss nicht zu Ende ist, sondern die alten Konzepte sehr lebendig sind und eine regelbasierte Völkerrechtsordnung in weite Ferne gerückt ist.[119]

Insofern bleibt um die Jahrtausendwende der Satz von Dag Hammarskjöld, dem zweiten UN-Generalsekretär, gültig: »Die UN sollen nicht das goldene Zeitalter bringen, sondern ein Abgleiten in die Hölle verhindern.«

III
ENTTÄUSCHTE HOFFNUNGEN: DIE RÜCKKEHR DER MACHTPOLITIK

9/11 – Der Krieg gegen den Terror

Der Republikaner George W. Bush hatte im Januar 2001 den Demokraten Bill Clinton im Oval Office abgelöst, als keine neun Monate später, am 11. September 2001, vier Flugzeuge von islamistischen Terroristen entführt und zum Absturz gebracht wurden. Zwei Maschinen wurden spektakulär kurz nacheinander in die beiden Türme des World Trade Centers in Manhattan geflogen, die kurze Zeit später einstürzten. Ein weiteres Flugzeug wurde in das Pentagon, das amerikanische Verteidigungsministerium, gesteuert, ein viertes konnte von Passagieren auf freiem Feld bei Shanksville in Pennsylvania zum Absturz gebracht und so weiterer schwerer Schaden verhindert werden.

Diese akribisch vorbereiteten und von Osama bin Laden, dem Führer der Terrororganisation Al-Qaida, beauftragten und finanzierten Anschläge auf amerikanischem Boden, denen rund 3000 Menschen zum Opfer fielen, haben die Welt für immer verändert. Der Schock darüber, auf eigenem Staatsgebiet verletzbar zu sein, und die Erinnerung an die dramatischen Bilder haben die US-Politik fast zwanzig Jahre lang beherrscht. Präsident

Bush rief in der Folge einen »Krieg gegen den Terror« aus, der geltende völkerrechtliche Maßstäbe auf den Kopf stellte und bis heute stellt.

Die rechtlichen Reaktionen folgten bereits am 12. September. Der NATO-Rat rief zum ersten und bislang einzigen Mal in seiner Geschichte den Bündnisfall nach Art. 5 des Nordatlantikvertrags aus, was wenige Wochen später von den Mitgliedstaaten einstimmig beschlossen wurde.

Der UN-Sicherheitsrat verurteilte in Resolution 1368 die Anschläge als Bedrohung des internationalen Weltfriedens und hob das individuelle ebenso wie das kollektive Selbstverteidigungsrecht nach Art. 51 der UN-Charta hervor.[1] Das war nun völkerrechtlich aber gar nicht so eindeutig. Schließlich ging diese Bedrohung des Weltfriedens gar nicht unmittelbar von einem Staat aus, sondern von Al-Qaida, einer im völkerrechtlichen Sinne privaten Organisation. Da sich der Terroristenführer bin Laden vermeintlich in dem von den radikalislamischen Taliban beherrschten Afghanistan aufhielt, richtete sich die Aufmerksamkeit auf dieses bis 1989 sowjetisch besetzte Land. Die Taliban wurden aufgefordert, bin Laden auszuliefern. Da auch nach politischem Druck die Taliban-Regierung dieser Forderung nicht nachkam, begann im Oktober 2001 mit der Operation Enduring Freedom ein zwanzig Jahre langer Krieg in Afghanistan. Nachdem Kabul und andere große Städte im Dezember 2001 durch die Nordallianz eingenommen worden waren, mandatierte der UN-Sicherheitsrat die Friedenstruppe ISAF, International Security Assistance Force, die letztlich von der NATO angeführt wurde, aber streng von Enduring Freedom unterschieden werden muss.[2]

Der UN-Sicherheitsrat nahm hier einen weiteren Entwicklungsschritt vor. Während in Somalia, Bosnien und Ruanda teils innenpolitische Sachverhalte als Bedrohung der internationalen Sicherheit und des Friedens angesehen wurden, wenn massive Menschenrechtsverletzungen zu beobachten waren, stellte sich nunmehr das Problem, dass die Anschläge keinem Staat unmittelbar zugerechnet werden konnten. Mit Resolution 1368 wurden alle notwendigen Maßnahmen, um auf die Anschläge vom 11. September zu reagieren, mit Verweis auf das Selbstverteidigungsrecht gerechtfertigt. Aber woher kam der Angriff auf das World Trade Center, und was konnte eine verhältnismäßige Antwort darauf sein? Die Resolutionen des Sicherheitsrates schweigen dazu. Der Sicherheitsrat ließ die NATO und die Nordallianz in Afghanistan einen Regimewechsel herbeiführen und ergriff erst wieder das Ruder, nachdem eine neue Regierung in Kabul eingesetzt worden war.

Die Bundeswehr war im Übrigen in Afghanistan beteiligt und das schon bei der Operation Enduring Freedom und nicht erst im Rahmen der UN-Mission ISAF. Auch Kampfverbände des KSK waren im Einsatz, ohne dass in der Öffentlichkeit viel darüber zu hören und zu lesen war. Offiziell lag der Hauptzuständigkeitsbereich der deutschen Streitkräfte im vergleichsweise ruhigen Norden um Kundus und Mazar-e Scharif.

Das war der bislang größte Einsatz der Bundeswehr und hat 59 Soldatinnen und Soldaten das Leben gekostet. Es waren die ersten deutschen Soldaten, die seit Ende des Zweiten Weltkriegs Opfer von Kriegshandlungen wurden. Die Bundeswehr wurde am Hindukusch erwachsen, urteilt der Militärhistoriker Sönke Neitzel.[3]

Mit den Kampfeinsätzen trat noch eine völkerrechtliche Konsequenz auf den Plan, mit der man so nicht gerechnet hatte. Am 4. September 2009 hatte der damalige Oberst der Bundeswehr Georg Klein einen Luftangriff auf zwei mit Treibstoff gefüllte Tanklastzüge befohlen, die von den Taliban erobert worden waren und in einem Flussbett feststeckten. Mindestens 91 Zivilpersonen, die dabei waren, sich am Inhalt der Tanklaster schadlos zu halten, kamen bei der ohne Vorwarnung erfolgten Bombardierung ums Leben. In einer modernen Armee sind selbstverständlich Juristen im Befehlsstand anwesend und beraten den Befehlshaber. So auch bei der Bundeswehr, so auch Anfang September 2009 in Kabul. Der Jurist berät allerdings nur, die Befehlsgewalt bleibt beim militärischen Befehlshaber, in diesem Fall bei Oberst Klein. Die Höhe der Opfer und die vergleichsweise geringe akute Gefahrenlage warfen Fragen auf. Lagen hier Kriegsverbrechen vor? Das 2002 vom Bundestag verabschiedete Völkerstrafgesetzbuch transferiert die internationalen Kernverbrechen Völkermord, Verbrechen gegen die Menschlichkeit und eben auch Kriegsverbrechen in das deutsche Recht, das dann selbstverständlich auch für Bundeswehrangehörige im Auslandseinsatz gilt. Zuständig für Ermittlungen in diesen Fällen ist der Generalbundesanwalt in Karlsruhe. Um es vorwegzunehmen: Es kam zu keinem Strafverfahren gegen Oberst Klein. Aber es wurde sehr ernsthaft und durch alle möglichen Instanzen hindurch geprüft, ob Oberst Klein angeklagt werden muss. Letztlich geht es dabei um die Vorschrift des § 11 Völkerstrafgesetzbuch. Danach sind Angriffe auf zivile Objekte ausgeschlossen. Aber auch Angriffe auf militärische Objekte haben zu unterbleiben, wenn die zu erwartenden Schäden unter der Zivilbevölkerung in keinem angemessenen Verhältnis zum militärischen Nutzen stehen. Ist diese Verhältnismäßigkeit gewahrt, sind die zivilen Kollateralschäden hinzunehmen. Bei dieser Abwägung ist immer wieder in Erinnerung zu rufen, dass es nicht um eine allgemeine Verhältnismäßigkeitsabwägung geht, sondern immer um den zu erwartenden militärischen Vorteil. Oberst Klein hat auch gehandelt, um einen mit den Tanklastern geplanten Angriff auf deutsche Soldaten abzuwenden.[4] Der Generalbundesanwalt stellte das Verfahren nach § 170 Abs. 2 der Strafprozessordnung ein.[5] Auch ein Klageerzwingungsverfahren vor dem Oberlandesgericht Düsseldorf blieb ohne Erfolg.[6] Das Bundesverfassungsgericht nahm eine Verfassungsbeschwerde hiergegen nicht zur Entscheidung an. Die Verfassungsrichter begründeten aber ausführlich, was sie nicht hätten tun müssen, dass die Entscheidung des Generalbundesanwalts aus verfassungsrechtlicher Sicht nicht zu kritisieren sei.[7]

Auch vor den Zivilgerichten wurde der Vorfall verhandelt. Angehörige von Opfern machten Schmerzensgeldansprüche gegen die Bundesrepublik Deutschland geltend, die vom Landgericht Köln abgewiesen wurden. Auch der Bundesgerichtshof bestätigte letztlich, dass kein Völkerrechtsverstoß vorlag, was aber Voraussetzung für einen Amtshaftungsanspruch sein müsste.[8]

Dieses Verfahren sowie die Strafanzeigen gegen den ehemaligen US-Verteidigungsminister Donald Rumsfeld lösten bei der Bundesanwaltschaft zunächst eine gewisse Skepsis gegenüber dem noch jungen Völkerstrafgesetzbuch aus.[9] Diese Auffassung änderte sich erst unter Generalbundesanwalt Peter Frank, der angesichts der

Flüchtlingsströme nach 2015 vor allem verhindern wollte, dass Deutschland als »sicherer Hafen« für Kriegsverbrecher gelten kann.[10]

Die Ermittlungen gegen Oberst Klein zeigt aber auch, dass in Deutschland eine hohe zivilgesellschaftliche Aufmerksamkeit vorhanden ist.[11] Insbesondere der Berliner Rechtsanwalt Wolfgang Kaleck und das von ihm gegründete European Center for Constitutional and Human Rights (ECCHR) sorgen dafür, dass Strafanzeigen eingereicht und mögliche Klägerinnen und Kläger unterstützt werden. Wurden derartige Aktivitäten von der Strafverfolgung zunächst als lästig empfunden, ist man in Karlsruhe heute häufig dankbar für die Informationsbeschaffung durch zivilgesellschaftliche Akteure. Das ist ein weiteres Beispiel für die Bedeutung von NGOs und auch einzelnen Aktivistinnen und Aktivisten im Völkerstrafrecht.

Der große Einsatz der internationalen Gemeinschaft, in Afghanistan nicht nur für ein Ende der Kämpfe zu sorgen und Terrorzellen aufzuspüren, sondern auch eine liberale Demokratie zu errichten und eine Gesellschaft zu schaffen, die die Menschenrechte respektiert, zahlte sich letztlich nicht aus. 2021 übernahmen die Taliban wieder die Regierung. Es war nicht gelungen, die Sicherheitsstrukturen so zu verfestigen, dass sie ohne ausländische Absicherung hätten bestehen können. Der dann panische Abzug der US-Streitkräfte unter Präsident Trump in seiner ersten Amtszeit ließ eine hilflose afghanische Gesellschaft zurück, die sich jedenfalls zu großen Teilen Hoffnung auf ein selbstbestimmtes und freiheitliches Leben gemacht hatte. Die Taliban-Regierung drehte die Uhren rasch zurück, was vor allem das Ende für die Rechte der Frauen bedeutete.

In der Pennsylvania Avenue 1600 in Washington D.C. hatte anfangs aber gar nicht Afghanistan im Vordergrund gestanden. Vielmehr suchte man zu Beginn der 2000er-Jahre im Weißen Haus nach einem Vorwand, Saddam Hussein im Irak aus dem Amt zu treiben. Zehn Jahre zuvor hatte der Vater von George W. Bush als Präsident während des Zweiten Golfkriegs den »Job« nicht zu Ende gebracht. Das wollten »die Falken« im Weißen Haus um Vizepräsident Richard Cheney und Verteidigungsminister Donald Rumsfeld nun ändern. Rasch wurde eine Begründung für ein Eingreifen zusammengezimmert, wonach Hussein Massenvernichtungswaffen vorhalte und bereit sei, diese vor allem gegen Israel einzusetzen. Ein präemptiver Krieg sollte derartige Anschläge verhindern. Außenminister Colin Powell, der im Zweiten Golfkrieg als Chairman of the Joint Chiefs of Staff im Weißen Haus und in der Öffentlichkeit hohes Ansehen erreicht hatte, trat am 5. Februar 2003 persönlich im Sicherheitsrat der Vereinten Nationen auf, um überzeugende Beweise vorzulegen. Diese erwiesen sich später als gefälscht, was Colin Powell im Nachhinein als »Schandfleck« seiner Karriere bezeichnete, machten aber an der UN Plaza großen Eindruck. Am 8. November 2002 hatte der Sicherheitsrat in Resolution 1441 das Thema Massenvernichtungswaffen im Irak bereits thematisiert und auch daran erinnert, dass in Resolution 678 die Anwendung »aller erforderlichen Mittel« gegen den Irak autorisiert und der Irak in Resolution 687 außerdem zur Abrüstung verpflichtet worden war.

Die USA versammelten gemeinsam mit dem Vereinigten Königreich eine »Koalition der Willigen« um sich, um in den Irak einzumarschieren, diesmal mit dem Ziel,

Hussein und die Regierung seiner Baath-Partei zu stürzen. Zur Legitimierung beriefen sich die USA auf Resolution 1441. Diese war zwar eine Kapitel-VII-Resolution, eine Ermächtigung zum Waffengang enthielt sie aber offensichtlich nicht. Das erklärten auch die drei anderen ständigen Mitglieder des Sicherheitsrats übereinstimmend.[12] Am 20. März 2003 begann der Krieg gleichwohl. Eine Verurteilung durch den Sicherheitsrat scheiterte am Veto der USA und des Vereinigten Königreichs. Am 1. Mai 2003 war die irakische Armee unterworfen und Bagdad erobert. Seitdem ist es nicht gelungen, dem Land eine stabile Regierung zu geben. Über Jahre war der Alltag geprägt von Gewalt, Terror und Bürgerkrieg. Das durch die Invasion geschaffene Machtvakuum ist im Grunde bis heute nicht gefüllt.

Allen Begründungsversuchen zum Trotz: Bei der Invasion in den Irak 2003 handelt es sich um einen völkerrechtswidrigen Angriffskrieg. Das führte nicht nur der damalige Bundeskanzler Gerhard Schröder als Begründung an, der Koalition der Willigen nicht beizutreten. Das wurde auch vom Bundesverwaltungsgericht festgestellt, nachdem ein Bundeswehrmajor einen Befehl verweigert hatte, die US Army im Rahmen seiner Dienstausübung zu unterstützen. Die Befehlsverweigerung wurde von den Bundesrichtern in Leipzig als disziplinarrechtlich irrelevant eingestuft, eben weil es sich um einen völkerrechtswidrigen Angriffskrieg handelte. An einem solchen teilzunehmen, könne ein Soldat nicht gezwungen werden.[13] Auch international wurde die Invasion verurteilt. Der damalige Generalsekretär der Vereinten Nationen, Kofi Annan, erklärte den Krieg als völkerrechtswidrig. Im völkerrechtlichen Schrifttum ist die Rechtswidrigkeit des Kriegs allgemeine Meinung. Beweise für Massenvernichtungswaffen und Angriffspläne konnten nie gefunden werden.

Der Sturz Saddam Husseins hatte noch eine weitere, wenig erfreuliche Konsequenz. Ähnlich wie nach dem Zweiten Weltkrieg in Deutschland sollte eine »Entbaathifizierung« durchgeführt werden. Zu ihr gehörten auch Strafverfahren. Das eigens dafür gegründete Saddam-Hussein-Tribunal war ein hybrides Tribunal: Es sollte ein irakisches Gericht sein mit starker internationaler, in diesem Fall amerikanischer Beteiligung.[14] Saddam Hussein wurde schließlich wegen eines isolierten Einzelfalls angeklagt, zum Tode verurteilt und hingerichtet. Das war unter mehreren Gesichtspunkten ein Fehler. Ein wirklich internationales Gericht hätte selbstverständlich keine Todesstrafe verhängen können. Europäischen Staaten ist es zum Beispiel nicht möglich, ein Gericht zu unterstützen, das die Todesstrafe als Sanktionsform vorsieht. Das verbietet das Grundgesetz, aber auch die Europäische Menschenrechtskonvention und der Europäische Gerichtshof für Menschenrechte. Des Weiteren blieb durch die überhastete Exekution die Aufarbeitung des Hussein-Regimes unvollständig. Das ist bis heute ein Problem für die von Hussein verfolgten und misshandelten Minderheiten.

Nach Afghanistan und Irak wandelte sich der »War on Terror« zum Drohnenkrieg. Isolierte Tötungen von vermeintlichen Terroristen aus der Luft entwickelten sich als gängige Praxis, die auch vom demokratischen Nachfolger George W. Bushs, Barack Obama, weitergeführt bzw. sogar ausgeweitet wurde. Um dieses Vorgehen zu begründen, wurde das humanitäre Völkerrecht ziemlich schamlos umdefiniert. Zu einem »unlawful enemy combattant«, einem illegalen feindlichen Kombattanten, wurde schlicht jeder erklärt, der des Terrorismus verdächtig war. Auf dem weltweiten Schlachtfeld des »War on Terror« war dieser letztlich rechtlos und konnte überall bekämpft werden. Die für das humanitäre Völkerrecht fundamentale Unterscheidung zwischen Kombattanten und Zivilpersonen wurde damit weitgehend aufgegeben.

Der amerikanische Hauptfeind Nummer eins blieb indes der für den 11. September offensichtlich verantwortliche Osama bin Laden. Zehn Jahre nach den tödlichen Anschlägen von New York, Washington und Shanksville wurde er schließlich in Pakistan aufgespürt. Ein Spezialkommando brach in sein Versteck ein und brachte ihn um. »Justice has been served«, war der Kommentar des demokratischen US-Präsidenten Barack Obama, der die Kommandoaktion im Situation-Room des Weißen Hauses verfolgt hatte.[15] Die Bilder davon gingen um die Welt.

In diesem Fall zeigt sich ein fundamentales Missverständnis zwischen Rache und Gerechtigkeit. Richtig wäre gewesen, bin Laden festzunehmen und vor ein Gericht, möglicherweise sogar ein internationales Gericht zu stellen. Für diese Tötung gab es rechtlich keinerlei Rechtfertigung. Es war eine Hinrichtung. Dass das Völkerrecht auch insofern gebrochen wurde, als das Seals-Team ohne Autorisierung in pakistanisches Hoheitsgebiet eindrang, fällt demgegenüber kaum ins Gewicht.

Seit dem 11. September geriet die amerikanische Nation, die immer mit Stolz auf die Virginia Declaration of Rights von 1776, das älteste Menschenrechtsdokument der modernen Welt, verweisen konnte, in einen Strudel der Gewalt und den damit verbundenen schrittweisen Abbau von Menschenrechten. Der Krieg gegen den Terror wurde nach der Maßgabe geführt, der Zweck heilige die Mittel. Weltweit wurden Foltergefängnisse eingerichtet, in denen Terrorverdächtige ohne Strafverfahren festgehalten und »intensiv« befragt wurden. Bekannt geworden ist das Foltergefängnis Abu Ghraib im Irak. Gab es hier rechtliche Konsequenzen? Tatsächlich, es gab Anklagen …

Ein offener Rechtsbruch wurde mit der Einrichtung von Guantánamo auf Kuba begangen. Guantánamo diente und dient immer noch der Inhaftierung islamistischer Terrorverdächtiger, die unter unmenschlichen Bedingungen völlig rechtlos in der amerikanischen Enklave ohne Strafverfahren festgehalten werden. Natürlich ist das ein Bruch von Art. 9 des Internationalen Paktes über bürgerliche und politische Rechte. Danach darf jemand nur festgehalten werden, wenn er in einem ordentlichen Strafverfahren von einem unabhängigen Gericht verurteilt worden ist oder wenn er eine akute Gefahr darstellt. Ersteres wurde auf Kuba nie angestrebt. Letzteres ist eine absurde Vorstellung, Monate und Jahre nachdem Al-Qaida in der Bedeutungslosigkeit verschwand.

Auf US-amerikanischem Staatsgebiet wäre eine derartige Beschneidung von individuellen Menschenrechten ein offener Verfassungsbruch gewesen. Auf Kuba war das anders. Hier gilt die US-Verfassung nicht. Natürlich wurden von Anwälten Klagen gegen die US-Regierung angestrengt. Erfolgreich waren sie nicht.

Auch in Guantánamo wird Völkerrecht gebrochen. Die Menschenrechte sind auch extraterritorial zu beachten. Wie weit diese Verantwortung geht, wird zwar im Detail unterschiedlich gesehen. Wenn ein Staat aber tatsächliche Kontrolle über eine Situation ausübt, dann haben seine Vertreter auch die Menschenrechte zu achten, sagt jedenfalls der Europäische Gerichtshof für Menschenrechte. So wurde etwa die Türkei verantwortlich gemacht für Menschenrechtsverletzungen in Nordzypern, und zwar wegen unrechtmäßiger Enteignungen, da die Türkei tatsächliche Kontrolle über die Regierung in Nordzypern ausübt.

Rechtliche Anerkennung fanden diese fatalen Fehlinterpretationen des Völkerrechts nicht. Europa schwieg und spielte weitgehend mit. Zu gerichtlichen Verfahren kam es nur vereinzelt. Allerdings verurteilte der Europäische Gerichtshof für Menschenrechte Mazedonien, Polen, Italien, Litauen und Rumänien, an den geheimen Folter- und Verhörprogrammen der USA mitgewirkt zu haben.[16] Der 11. September selbst wurde strafrechtlich in Deutschland verhandelt. Die Vorbereitung der Anschläge erfolgte weitgehend über die »Hamburger Zelle« von Al-Qaida. Einer der Piloten, Mounir al-Motassadeq, hatte die Gelder verwaltet und ein normales Studentenleben in Hamburg simuliert. Er wurde wegen Beihilfe zum Mord in 246 Fällen zu fünfzehn Jahren Haft verurteilt.[17] Völkerrecht kam hier nicht zur Anwendung. Auch wenn man den Anschlag durchaus als Verbrechen gegen die Menschlichkeit bezeichnen kann, war eine solche Anklage zu diesem Zeitpunkt ausgeschlossen, da das Völkerstrafgesetzbuch erst 2002 in Kraft trat. Der in Deutschland geborene und aufgewachsene türkische Staatsbürger Murat Kurnaz verbrachte fünf Jahre im Gefangenenlager Guantánamo.[18] Seine Bestrebungen, vor Gericht gegen seine Inhaftierung und Behandlung vorzugehen, hatten in Deutschland keinen Erfolg. Auch ein parlamentarischer Untersuchungsausschuss konnte Misshandlungen zumal durch deutsche Soldaten in Afghanistan nicht feststellen. Ein US-Bundesgericht stellte allerdings fest, dass keine Beweise für eine Verbindung zu Terrorzellen vorgelegen hätten und Kurnaz keine Bedrohung für die USA gewesen sei. Ein Strafverfahren in Deutschland wurde eingestellt.

Ebenfalls eingestellt wurden Ermittlungsverfahren wegen der US-amerikanischen Drohnenangriffe. Der Fall betraf einen deutschen Staatsbürger, der in Pakistan einem Drohnenangriff zum Opfer gefallen war. Der Generalbundesanwalt sah den Angriff als im Rahmen eines bewaffneten Konflikts gerechtfertigt.[19] Der Umstand, dass die USA ihre Drohnen auch über die in Deutschland liegende Air Base Ramstein steuerten, löst nach Ansicht des Bundesverwaltungsgerichts zwar eine Schutzpflicht der Bundesrepublik aus; die Bundesregierung wird dieser allerdings durch diplomatische Konsultationen mit den USA gerecht.[20]

Der 11. September 2001 markiert einen Wendepunkt im Völkerrecht. Menschenrechte werden seitdem der Sicherheit untergeordnet und teilweise offen gebrochen. Die USA als die zentrale und einzig verbliebene Supermacht, als selbst ernannter Anführer des Westens und Verteidiger der demokratischen Werte bekannte sich nicht mehr uneingeschränkt zur Einhaltung der Menschenrechte. Terroristen haben keine Menschenrechte. Der Kampf gegen den Terror legitimiert Regierungen, denjenigen die Menschenrechte abzusprechen, die sie selbst nicht achten. Was man in Nürnberg nach Ende des Zweiten Weltkriegs als zivilisatorische Errungenschaft feierte, nämlich rechtsstaatliche Mittel gegen Menschheitsverbrecher anzuwenden, um gerade dadurch seine moralische Überlegenheit unter Beweis zu stellen, hat im weltweiten Antiterroreinsatz keine Bedeutung. Es ist ein fatales Abgleiten in die Rechtlosigkeit, das die USA und die gesamte westliche Welt erfasst hat und die Frage nach der Glaubwürdigkeit ihrer Politik und ihrer Werte aufwirft.

Ungelöste Probleme

Das Völkerrecht kämpft seit Jahren mit ungelösten Problemen, die auf der weltpolitischen Bühne immer wieder auftauchen. Die Spaltung Zyperns in einen unabhängigen Südteil, der sogar EU-Mitglied ist, und einen türkischen Nordteil, hält seit Langem an, die Grenze wird von den Vereinten Nationen überwacht und gesichert. Bewegung gibt es keine.

Unweit von Zypern gibt es auf dem Festland ein deutlich größeres Problem, das sich über vier sehr unterschiedliche Staaten erstreckt: Kurdistan. Die mehrheitlich sunnitisch-muslimischen Kurden leben in einem Gebiet, das zu einem großen Teil im Süden der Türkei liegt, sich aber auch in den Norden des Iran, des Irak und Syriens ausbreitet. In der Türkei hält sich seit Jahrzehnten ein gewaltsamer Widerstand gegen die Zentralregierung. Unter dem Kürzel PKK zeichnet die kurdische Arbeiterpartei verantwortlich für etliche Terroranschläge in der Türkei und andernorts. Die PKK wird in der EU und den USA als terroristische Vereinigung gehandelt, und ihre Mitglieder werden strafrechtlich verfolgt.[21] Die Vereinten Nationen sehen in der kurdischen Arbeiterpartei jedoch keine terroristische Vereinigung. Die Hartnäckigkeit gegen die PKK glaubt man in den USA und in Europa der befreundeten türkischen Regierung zu schulden. Nun hat sich die PKK aufgelöst.[22] Die Strafverfahren sollten dann jetzt auch eingestellt werden.

Im Irak hatte die kurdische Minderheit unter Saddam Hussein schlimme Massaker zu erleiden. Heute gelingt es im Irak nicht recht, die verschiedenen Volksgruppen in Parlament und Regierung zur Zusammenarbeit zu bewegen. Die Kurden genießen mit einer Regionalregierung in Erbil eine gewisse Autonomie, fürchten aber stets politische Verfolgung und Diskriminierung. Das Militär des kurdischen Autonomiegebiets, die Peschmerga, erwies sich im Kampf gegen den IS als wichtig und wurde deshalb vor allem von der EU und den USA mit Waffen ausgestattet.

Auch Syrien hielt die Kurden systematisch klein. Dort hatte sich die kurdische Minderheit aber stets zurückgehalten. Selbst im arabischen Frühling beteiligten sich die Kurden nicht an den Kämpfen gegen das Assad-Regime.

Ein einheitlicher Staat, Kurdistan, wie von den Kurden immer wieder gefordert, ist politisch unrealistisch. Ihn völkerrechtlich als Ausdruck des Selbstbestimmungsrechts der Völker zu fordern, ist möglich, aber nicht zwingend. Zu unterschiedlich sind die Interessen der jeweiligen kurdischen Gruppierungen. Die Diplomatie kommt in diesem Konflikt seit Jahrzehnten nicht weiter. Hier wäre dringender Handlungsbedarf anzumelden, insbesondere nachdem sich die Kurden bis heute als ungeheuer hilfreich und loyal im Kampf gegen den IS erweisen. Immer noch befinden sich auf kurdischem Gebiet Lager mit IS-Gefangenen, die unter kurdischer Verwaltung stehen. Diese werden mit Geldern auch aus Deutschland unterhalten, das IS-Kämpfer-Problem wird damit aber nicht gelöst. Vorschläge, einen internationalen Strafgerichtshof speziell für den IS zu schaffen, waren bislang nicht erfolgreich.[23]

Wenden wir den Blick in den Nahen Osten: Dort, in Palästina, liegt der »Urkonflikt« der Menschheit:

Zwei indigene Völker kämpfen um einen sehr schmalen Landstreifen zwischen Jordan und Mittelmeer. Dazu reklamieren drei Weltreligionen eine besondere Bedeutung für diesen Landstrich und dessen wichtigste Stadt: Jerusalem. Es sollte daher eigentlich ein Ort des Friedens und der Versöhnung sein, worauf ein UN-Bericht von 1980 mit einiger Nachdenklichkeit hinweist.[24] Doch das Gegenteil ist der Fall. Die wenigen Tausend Quadratkilometer zwischen Libanon, Jordanien und Ägypten sind umkämpft wie kein anderer Landstrich auf diesem Planeten, und jegliche Versuche, mit den Mitteln des Völkerrechts hier Abhilfe zu schaffen, sind bislang gescheitert.

Das nach der Zerstörung des Jerusalemer Tempels durch die Römer im Jahr 70 nach Christus zerstreute jüdische Volk hat den Anspruch auf das nach ihrer Lesart von Gott verheißene Land nie aufgegeben. Die Kreuzzüge mit ihren heftigen Kämpfen bestimmten das Mittelalter im Heiligen Land. Christliche Armeen errichteten Kreuzfahrerstaaten auf palästinensischem Gebiet, bis schließlich im 16. Jahrhundert der Landstrich in das Osmanische Reich eingegliedert wurde. Die christlichen und jüdischen Gemeinden erhielten weitgehende Autonomie. Ende des 19. Jahrhunderts forderte die zionistische Bewegung, einen Judenstaat in Palästina zu errichten. »Palästina ist unsere unvergessliche historische Heimat«,[25] lautete der zionistische Ruf, der wenig Rücksicht nahm auf die Interessen der arabischen Bevölkerung in der Region. Das Osmanische Reich gehörte zu den Verlierern des Ersten Weltkriegs. Bereits 1916 hatten Frankreich und Großbritannien im Sykes-Picot-Abkommen die Region um das Mittelmeer eigennützig unter sich aufgeteilt. Als Vorwand wurde angeführt, dass die militärisch unterlegenen Gebiete einer ordentlichen Verwaltung bedürften. Der Völkerbund legitimierte das Vorgehen nachträglich und erteilte Großbritannien 1920 ein Mandat zur Verwaltung des Palästinensergebietes. Die britische Verwaltung fand sich schließlich zerrissen zwischen dem Versprechen, das der vormalige Außenminister Arthur James Balfour 1917 gegeben hatte, nämlich eine Wohnstätte für das jüdische Volk zu schaffen und gleichzeitig die bürgerlichen und religiösen Rechte der nicht jüdischen Gemeinschaften zu schützen. Arabische Aufstände waren ebenso an der Tagesordnung wie Anschläge jüdischer Untergrundorganisationen auf die britische Verwaltung.

Im Zweiten Weltkrieg änderte sich die Situation insofern, als die Verfolgung der Juden in Deutschland die Dringlichkeit der Errichtung eines jüdischen Staates unterstrich. Die Briten wollten das Problem loswerden und der neu gegründeten UNO überlassen. Damit begann eine nun schon achtzig Jahre währende Suche nach einer völkerrechtlichen Lösung dieses Konfliktes, die nur als eine endlose Kette des Scheiterns beschrieben werden kann. Mangelndes Engagement kann man den Vereinten Nationen freilich nicht vorwerfen. Im Mai 1947 wurde ein Sonderausschuss gegründet: UNSCOP (United Nations Special Committee on Palestine). Unter Leitung des schwedischen Diplomaten Emil Sandström wurde letztlich ein Teilungsplan entwickelt, mit dem Ziel, zwei unabhängige Staaten zu schaffen, die in einer Wirtschaftsunion vereint sein sollten. Jerusalem sollte unter internationale Kontrolle gestellt werden. Am 29. November 1947 nahm die Generalversammlung der Vereinten Nationen den Teilungsplan an. Die arabische Bevölkerung, die sich bei den Verhandlungen übergangen fühlte, lehnte ihn indes ab. Weitere Kämpfe zwischen zionistischen Einwanderern und Arabern waren die Folge. Trotzdem erfolgte die Umsetzung des Plans, der am 15. Mai 1948 in Kraft treten sollte. Am Tag zuvor verließ der letzte britische Soldat das Gebiet. David Ben-Gurion, der Vorsitzende des Jüdischen Exekutivrats in Palästina, proklamierte daraufhin im Stadtmuseum von Tel Aviv die Gründung des Staates Israel. Die USA wie die Sowjetunion erkannten den Staat Israel diplomatisch an.

Das ließen die arabischen Staaten nicht gelten. Noch in der Nacht zum 15. Mai 1948, unmittelbar nach der Unabhängigkeitserklärung durch Ben-Gurion, erklärten Ägypten, Jordanien, Syrien, der Libanon, Saudi-Arabien und der Irak dem neu gegründeten Staat Israel den Krieg. Die historische Chance, auf dem kleinen Landstrich unter der Vermittlung der Vereinten Nationen zwei Staaten zu gründen, war vertan. In New York musste man zusehen, wie wieder die Waffen sprachen und wie das Ergebnis des Waffengangs eine spätere Lösung unmöglich machte. Der neue Staat Israel vermochte sich zur Wehr zu setzen. Er eroberte letztlich ein Gebiet, das um einiges größer war als das im UN-Teilungsplan vorgesehene. Die unterlegenen arabischen Nachbarstaaten taten nun aber nicht viel für die durch den Krieg vertriebenen Palästinenser, während die Vereinten Nationen die Rückkehr der Flüchtlinge forderten.[26] Israel weigerte sich und besiedelte die besetzten Gebiete selbst. Die geflüchteten Palästinenser gerieten zum Spielball der politischen Interessen und wurden in Flüchtlingslagern untergebracht, in denen sie teilweise noch heute leben. 1949 schlossen Israel und seine Nachbarstaaten unter Vermittlung der Vereinten Nationen bilaterale Waffenstillstandsabkommen, die das militärische Ergebnis im Prinzip bestätigten. Ein Friedensschluss erfolgte nicht. Die arabischen Staaten lehnten direkte Verhandlungen mit Israel ab.

Im Dezember 1949 wurde Israel in die Staatengemeinschaft der Vereinten Nationen aufgenommen; dabei wurden die militärisch geschaffenen Grenzen de facto akzeptiert. Gleichzeitig hob die Generalversammlung UNRWA (United Nations Relief and Works Agency for Palestine Refugees in the Near East) aus der Taufe, das Hilfswerk der Vereinten Nationen für die palästinensischen Flüchtlinge, das zuletzt schwer in die Kritik geraten ist. Der Auftrag war zunächst stark humanitär geprägt. Die Versorgung mit Nahrung, die Schaffung von Unterkunft sowie die medizinische Versorgung standen im Vordergrund. Nach und nach kamen auch die Themen Unterricht und Ausbildung der jungen Palästinenser hinzu, da der Flüchtlingsstatus zum Dauerzustand wurde. Gedacht war eine temporäre Hilfsorganisation für zunächst drei

Jahre. Seitdem wird das Mandat alle drei Jahre verlängert.

Und eine Krise, ein bewaffneter Konflikt reiht sich an den nächsten: Suezkrise 1956, Sechstagekrieg 1967, Oktoberkrieg 1973, die erste Intifada 1987–1993. In den frühen 1990er-Jahren schien ein Durchbruch möglich. Das hatte auch mit dem Ende des Kalten Kriegs zu tun. Die Unterstützung der Palästinensischen Befreiungsorganisation (PLO) durch die Sowjetunion brach ab, und der US-amerikanische Druck auf Israel nahm zu. Die Welt war voller Hoffnung, als am 13. September 1993 in Washington die Osloer Prinzipienerklärung vom israelischen Ministerpräsidenten Jitzchak Rabin und dem Palästinenserführer Jassir Arafat unterzeichnet wurde. Der Friedensnobelpreis für Rabin, Arafat und den israelischen Außenminister Schimon Peres war Ausdruck dieser Hoffnung, die allerdings nicht lange hielt. Am 4. November 1995 fiel Premierminister Jitzchak Rabin einem Mordanschlag durch einen jüdisch-religiösen, rechten Fundamentalisten zum Opfer. Allen Bemühungen Bill Clintons zum Trotz war der Oslo-Prozess bald bedeutungslos. Im September 2000 nach einem Besuch des damaligen israelischen Oppositionsführers Ariel Scharon auf dem auch für Muslime heiligen Tempelberg in Jerusalem begann die zweite Intifada.

Teil des Oslo-Prozesses war die gegenseitige Anerkennung des Staates Israel und der palästinensischen Autonomiebestrebungen. Schon 1988 war ein palästinensischer Staat ausgerufen worden, der neben Ostjerusalem als Hauptstadt den Gazastreifen und das Westjordanland umfasste. Die Autonomie sollte sich entsprechend auf diese Bereiche beziehen und die israelische Armee diese

Gebiete räumen. Nach dem Tod Arafats 2004 gewann die Hamas, ein Ableger der Muslimbruderschaft aus Ägypten, als neue politische Kraft mehr und mehr an Einfluss und siegte schließlich bei den – bislang letzten – Wahlen im Jahr 2006 gegen die Partei Arafats, die Fatah. Die Hamas mit ihrer radikalislamischen Überzeugung lehnt den Osloer Friedensprozess ab und spricht Israel das Existenzrecht ab. Eine gemeinsame Regierungsbildung war ausgeschlossen, tatsächlich beherrscht die Hamas seit 2007 den Gazastreifen, und die Fatah dominiert im Westjordanland und in Ostjerusalem. Die Folge war der Erste Gazakrieg im Winter 2008/2009. Mit der israelischen Operation Cast Lead (gegossenes Blei) sollten die Kommandostruktur und die militärischen Fähigkeiten der Hamas erheblich getroffen werden. 22 Tage lang attackierte die israelische Armee die Hamas-Infrastruktur mit erheblichen zivilen Opfern. Am 18. Januar 2009 verständigte man sich auf eine Waffenruhe.

Völkerrechtlich stellt sich vor allem die Frage, ob der anerkannte Autonomiestatus Palästina auch Staatlichkeit verleiht. Im Jahr 2011 beantragte die palästinensische Autonomiebehörde die Vollmitgliedschaft bei den Vereinten Nationen. Die wurde ihr nicht gewährt. Doch im November 2012 wurde Palästina der Status als Beobachterstaat (»Non-Member Observer State Status«) bei den Vereinten Nationen zugesprochen. Die USA und Israel waren zwar dagegen, aber 138 der damals 193 Mitgliedstaaten unterstützten den Antrag. Deutschland enthielt sich, wie auch 41 weitere Staaten. Die Palästinenser können seither UN-Organisationen und internationalen Verträgen beitreten. Mehr als dieser Beobachterstatus ist aktuell nicht realistisch, weil die USA weitergehende

Mitgliedschaftsrechte blockieren. Mittlerweile erkennen aber 140 Staaten Palästina als Staat an. Doch weder Deutschland noch die meisten anderen EU-Staaten sind darunter. Gleichwohl unterhalten auch diese Staaten diplomatische Beziehungen zur palästinensischen Autonomiebehörde. Palästina ist Mitglied bei der UNESCO und wird auch vom Internationalen Strafgerichtshof seit 2015 als Mitglied geführt.[27] Die Entscheidung in Den Haag, Palästina als Mitgliedstaat anzuerkennen, hat allerdings Protest hervorgerufen. Auch die Bundesrepublik Deutschland sprach sich dagegen aus.[28] Nach dem Massaker vom 7. Oktober 2023 bekam diese Mitgliedschaft plötzlich eine ungeahnte Bedeutung, da der Strafgerichtshof nunmehr Gerichtsbarkeit über den Gazastreifen beanspruchen kann und Haftbefehle nicht nur gegen die Hamas-Führung, sondern auch gegen den israelischen Ministerpräsidenten Benjamin Netanjahu ausgesprochen hat. Davon wird noch die Rede sein.

Es gab weitere Versuche, den Konflikt zwischen Israel und Palästina mit rechtlichen Mitteln zu lösen. Keiner davon hatte Erfolg.

Am 8. Dezember 2003 hatte die Generalversammlung dem Internationalen Gerichtshof die Frage zur Begutachtung vorgelegt, ob der Bau einer Mauer um Ostjerusalem durch Israel, also auf besetztem Palästinensergebiet, gegen Völkerrecht verstoße. Die Angelegenheit war dringlich. Bereits am 9. Juli 2004 verkündete der Internationale Gerichtshof, dass der Bau auf dem besetzten Gebiet illegal und Israel verpflichtet sei, die bereits gebauten Teile abzureißen.[29] Israel hatte vor allem auf sein Recht auf Selbstverteidigung hingewiesen und so versucht, den Mauerbau zu rechtfertigen. Die Mehrheit der internationalen Richter ließ sich davon nicht überzeugen.[30] Selbst der amerikanische Richter Thomas Buergenthal, der als Einziger die Entscheidung nicht mittragen konnte, zeigte sich in seiner Erklärung skeptisch gegenüber dem Selbstverteidigungsargument. Die Frage ist völkerrechtlich heikel. Während Art. 51 der UN-Charta das Recht zur Selbstverteidigung nur dann als gegeben sieht, wenn ein bewaffneter Angriff eines Staates erfolgt, bezieht sich die Selbstverteidigung hier auf Terrorangriffe aus einem Gebiet heraus, das von Israel selbst kontrolliert wird.

Erhebliche Beachtung fand der Abschlussbericht der Goldstone-Untersuchungskommission zum Ersten Gazakrieg 2008/2009.[31] Das lag nicht nur an dem heiklen Thema, sondern auch an dem renommierten Vorsitzenden: Richard Goldstone spielte eine erhebliche Rolle als Verfassungsrichter in Südafrika nach dem Ende der Apartheid und war der erste Ankläger des Jugoslawienstrafgerichtshofs, also der erste internationale Ankläger seit Robert H. Jackson in Nürnberg. Vom UN-Menschenrechtsrat war diese Fact Finding Mission mit dem Auftrag eingesetzt worden zu untersuchen, ob Israel bei der Militäroperation gegen Menschenrechte oder humanitäres Völkerrecht verstoßen habe. Die Einsetzung derartiger Kommissionen ist keine große Besonderheit, wird aber von Israel stets als Ausdruck der antisemitischen Grundeinstellung der Vereinten Nationen gewertet. Der Bericht enthielt einige grundlegende rechtliche Klarstellungen. Auch wenn er das Völkerrecht durchaus progressiv auslegt, sind seine Schlussfolgerungen plausibel.[32] Dazu gehört etwa die Feststellung, dass der Gazastreifen als von Israel besetztes Gebiet anzusehen ist. Auch nach dem Rückzug behält sich Israel die Kontrolle der Außengrenzen und des Luftraums vor und hat somit im Sinne des Besatzungsrechts »tatsächliche Kontrolle«. Israel kann diese tatsächlich jederzeit aktivieren. Daraus ergeben sich gewisse Rechte und Pflichten für Israel, etwa für den Schutz der Zivilbevölkerung. Außerdem stellt der Bericht fest, dass die Menschenrechte im Gazastreifen gelten. Das klingt banal, ist aber eine wichtige Feststellung. Umstritten ist nämlich seit jeher die Frage, ob bei der Anwendung des humanitären Völkerrechts auch Menschenrechte betroffen sind. Das bejaht der Bericht. Bejaht wird darüber hinaus die Bindung der Hamas an die Menschenrechte und das humanitäre Völkerrecht, was ebenfalls nicht unbestritten ist, da es sich bei der Hamas nicht um eine staatliche Autorität handelt, sondern um eine Terrororganisation, die vor dem Völkerrecht als privater Akteur gilt.

Noch ein zweites Gutachten aus Den Haag ist kürzlich ergangen: Bereits im Jahr 2022 hatte die Generalversammlung der Vereinten Nationen den Internationalen Gerichtshof um ein Rechtsgutachten zur Frage der Rechtmäßigkeit der Siedlungen und der Besatzungspolitik Israels insgesamt ersucht.[33] Die Beauftragung erfolgte kurz nach der erneuten Wahl Netanjahus zum Ministerpräsidenten einer Regierung mit Beteiligung radikaler Kräfte. Die Entscheidung wurde am 19. Juli 2024 verkündet.[34] Zwischenzeitlich hatte sich die Lage im Gazastreifen massiv gewandelt, und andere Verfahren vor dem Internationalen Gerichtshof waren in den Vordergrund getreten. Das Gutachten kommt aber zu einem eindeutigen Ergebnis: Israels Verhalten ist völkerrechtswidrig.

Rechtlich sind die Gutachten tatsächlich nicht bindend. Völkerrechtlich haben sie gleichwohl eine hohe Relevanz. Israel hat keine Anstalten unternommen, die Mauer abzubauen. Die israelische Regierung kündigt außerdem regelmäßig an, den Siedlungsbau wieder aufzunehmen. Israel hat sich in den Verfahren jeweils vor dem Internationalen Gerichtshof beteiligt und seinen Rechtsstandpunkt klargestellt. Dass es den Entscheidungen dann nicht folgt, ist eine bedauerliche Abkehr vom Völkerrecht und dem Friedensprozess sicher nicht zuträglich.

Der Konflikt zwischen Israel und Palästina stellt das Völkerrecht vor enorme Herausforderungen. Der nach dem 7. Oktober 2023 begonnene Krieg zeigt deutlich die Grenzen des Erträglichen auf. Israel hat das Recht auf Selbstverteidigung auch gegenüber einer Terrororganisation, die aus Gaza heraus operiert. Dabei ist die Armee an das humanitäre Völkerrecht gebunden, ebenso wie die Hamas. Die Terroristen respektieren das Völkerrecht nicht einmal im Ansatz, sondern halten Geiselnahme und die Praxis, die Bevölkerung als menschliche Schutzschilde zu missbrauchen, für gerechtfertigt. Auch wenn die israelische Armee grundsätzlich versucht, die Regeln des humanitären Völkerrechts einzuhalten, stößt diese Form der Kriegsführung hier an Grenzen. Klar ist aber, dass die Besatzungsmacht dafür Sorge tragen muss, dass ziviles Leben in dem beherrschten Gebiet weiterhin möglich ist. Die Versorgung der Zivilbevölkerung mit Lebensmitteln, Wasser und medizinischer Hilfe muss durch die Armee sichergestellt oder von ihr ermöglicht werden. Hier stellen sich erhebliche Fragen, ob das seitens Israels gewährleistet wird. Insofern liegt tatsächlich der Verdacht von Kriegsverbrechen nahe. Ob allerdings auch systematisch die Vernichtung der palästinensischen Bevölkerung im Sinne der Völkermordkonvention angestrebt wird, ist eher unwahrscheinlich. Einzelne Aussagen von Armeeangehörigen lassen das zwar vermuten, eine entsprechende staatliche Politik kann aber kaum nachgewiesen werden. Allerdings verlangt die Völkermordkonvention auch, dass ein Staat alles dafür tun muss, Völkermord zu verhindern. Ob dieser Pflicht nachgekommen wird, ist eher fraglich.

All diese Fragen werden in Den Haag verhandelt, sowohl vor dem Internationalen Gerichtshof wie auch vor dem Internationalen Strafgerichtshof. Die Verfahren laufen noch.

Ost-West-Konflikt II: Alte und neue Gräben

Im Jahr 2010 wurde in Nürnberg das Memorium Nürnberger Prozesse eröffnet. 65 Jahre nach Beginn des Hauptkriegsverbrecherprozesses gab es damit erstmals eine Einrichtung, in der sich die Bevölkerung über den Prozess und die Anfänge des Völkerstrafrechts in Nürnberg informieren kann. Bei der Eröffnung anwesend waren auch der russische Außenminister Sergej Lawrow und sein deutscher Kollege Guido Westerwelle. Lawrow betonte: »Neben der Charta der Vereinten Nationen als Verankerung der dauerhaften Lehren aus dem Zweiten Weltkrieg zählte der Nürnberger Prozess zu den wichtigsten Schritten, die unternommen wurden, damit Derartiges sich niemals wiederholen kann.« Ein wichtiges Statement der gemeinsamen europäischen Werte!

Michail Gorbatschows Öffnung gegenüber dem Westen hatte das Ende der Sowjetunion mit all ihren Teilrepubliken zur Folge. Geblieben war die Russische Föderation, immer noch das flächenmäßig größte Land der Erde und eine mächtige Nuklearmacht. Gorbatschows Nachfolger Boris Jelzin hatte einen Militärputsch verhindern können, die Demokratisierung Russlands vorangebracht und das Land wirtschaftlich geöffnet. Die Zeichen der Zeit versprachen Entspannung, Demokratisierung und neue Chancen für die universellen Menschenrechte. Bereits ein Jahr vor George W. Bush war im Dezember 1999 Wladimir Putin in Russland ins Präsidentenamt gewählt worden. Der ehemalige KGB-Chef war mit allen Wassern des Kalten Kriegs gewaschen. Gab er auch anfangs den Wolf im Schafspelz, den aufgeklärten, an Demokratie und westlichen Werten interessierten Partner, so war sein Weltbild geprägt von einer tiefen Abneigung gegenüber diesen westlichen Werten. In Sachen Menschenrechte und Demokratie sah Putin eine Gefahr für die Russische Föderation. Das Ziel seines Handelns war die Wiedergutmachung für den als Schmach empfundenen Untergang des Sowjetreiches. Seine zunächst propagierte Offenheit gegenüber Westeuropa und gegenüber Deutschland im Besonderen galt langfristig der Spaltung des Westens. Europa sollte sich von den USA lösen und gemeinsam mit Russland den Eurasischen Raum beherrschen. Russland war in diesem Weltbild Vorreiter, Tonangeber und Bindeglied zwischen Europa und China.[35] Zur Stabilisierung der Macht scheute Putin nie vor härtesten, falls erforderlich auch militärischen Mitteln zurück. Tschetschenien, die muslimisch geprägte autonome Republik der Russischen Föderation, bekam diese

Härte täglich zu spüren, »der Westen« ließ Putin gewähren. Auch außerhalb der Föderation machte Putin russische Interessen geltend. So im Sommer 2008 in Georgien, das sich 1991 für unabhängig erklärt hatte, durch eine militärische Intervention in der Auseinandersetzung um Südossetien. Putin entsandte seine Truppen mit der Behauptung, Georgien begehe an den Osseten einen Völkermord. Der UN-Sicherheitsrat war blockiert.[36] Schließlich vermittelte die EU unter Ratspräsident Nicolas Sarkozy einen Friedensplan. Bis Oktober zogen sich die russischen Truppen von georgischem Staatsgebiet wieder zurück. Eine unabhängige, von der EU installierte Fact Finding Mission hatte Beweise für erhebliche Kriegsverbrechen während des kurzen militärischen Konfliktes vorgelegt.[37] In der Folge startete 2016 der Internationale Strafgerichtshof Ermittlungen im Mitgliedstaat Georgien, die im Juni 2022 drei Haftbefehle wegen Kriegsverbrechen zum Ergebnis hatten. Angeklagt waren hochrangige Vertreter der selbst ernannten und von Russland unterstützten Republik Südossetien.[38] Die Ermittlungen in Sachen Georgien sind abgeschlossen, die Durchsetzung der Haftbefehle steht noch aus.[39]

Georgien strebt sowohl in die EU wie auch in die NATO. Das Land ist zwar Mitglied im Europarat und unterwirft sich der Rechtsprechung des Europäischen Gerichtshofs für Menschenrechte, trotzdem sind Rechtsstaat und Menschenrechte noch nicht auf EU-Standard. Innenpolitisch ist das kleine Land hin- und hergerissen zwischen dem großen Nachbarn Russland und den Freiheitsversprechungen Europas.

An diesem Konflikt in Georgien im Jahr 2008 zeigten sich die Konfliktlinien der Auseinandersetzungen zwischen dem Westen und Russland bereits in aller Deutlichkeit. Die Annäherung an EU und NATO war den ehemaligen Ostblockstaaten Polen, Tschechien, Slowakei, Slowenien, Bulgarien und Rumänien ebenso wie den ehemaligen Sowjetrepubliken Estland, Lettland und Litauen bis 2007 gelungen. Sie waren als Mitglieder aufgenommen worden, profitierten vom Binnenmarkt und der Freizügigkeit, von den EU-Geldern zum Aufbau der Infrastruktur, und sie standen militärisch unter dem Schutz von Art. 5 des NATO-Vertrags. Würden Georgien und die Ukraine dem Beispiel folgen, wäre Russland im Westen von EU- und NATO-Mitgliedstaaten umgeben, mit Ausnahme des diktatorisch unterdrückten Belarus.

Den politischen Ambitionen der EU, weiter nach Osten zu expandieren, steht der Umgang der EU mit der Türkei gegenüber, der geprägt ist von enttäuschten Hoffnungen und leeren Versprechungen. Die Türkei selbst, von Kemal Atatürk 1923 nach dem Vorbild europäischer Nationalstaaten konzipiert, liegt geografisch, aber auch politisch an der Schnittstelle zwischen Europa und dem Nahen und Mittleren Osten, zwischen Tradition und westlicher Aufklärung, Islam und Christentum. Immer wieder gab es eine Annäherung; gerade erleben wir wieder eine deutliche Entfernung der Türkei von der europäischen Wertegemeinschaft. Der Türkei wurden letztlich nicht genügend Anreize gegeben, sich Europa anzuschließen.[40] Die Mitgliedschaft im Europarat und die Unterwerfung unter die Rechtsprechung des Europäischen Gerichtshofs für Menschenrechte war ein großer Erfolg für die europäische Wertegemeinschaft und das türkische Volk. Offiziell wurden 2005 auch Beitrittsverhandlungen der EU mit der Türkei aufgenommen. Bislang ohne Ergebnis. Das jahrzehntelange Hin und Her zwischen EU-Mitgliedschaft und kategorischem Ausschluss einer solchen Mitgliedschaft hat die türkische Regierung letztlich von Europa entfremdet und die türkische Gesellschaft enttäuscht. Mit einer Mitgliedschaft oder wenigstens einer sehr engen Allianz hätte die jüngere Entwicklung sicherlich einen anderen Verlauf genommen und die europäische Einflussnahme im Nahen Osten vergrößert. So versuchte man in der Flüchtlingskrise mit Geld zu retten, was zu retten war, womit sich die EU letztlich erpressbar machte.[41] Der Wertekonsens war schon lange ins Wanken geraten. Hilflos steht der Westen heute dem autokratischen Machtgebaren des Präsidenten Erdoğan gegenüber und schaut dem weiteren Abbau der Meinungsfreiheit und der demokratischen Struktur zu. Im Ost-West-Konflikt ist die Türkei allerdings eine Randerscheinung. Die weltanschaulichen Differenzen zu Russland sind zu groß, als dass Putin in Erdoğan einen verlässlichen Verbündeten finden könnte. Die Rolle einer Vermittlerin vermag die Türkei allerdings ebenfalls nicht einzunehmen. Dazu sind die wechselseitigen Vorbehalte zu groß.

Am 24. Februar 2022 begann der groß angelegte Angriff der russischen Armee auf die Ukraine mit dem Ziel, Kiew einzunehmen und die westlich orientierte Regierung unter Wolodymyr Selenskyj durch eine prorussische Marionettenregierung zu ersetzen. An diesem Tag wurde für alle sichtbar, wovor man lange die Augen verschlossen hatte: die imperialistische Expansionspolitik des russischen Präsidenten Wladimir Putin. Wohl wissend, dass er mit der Invasion die Grundregel des

Völkerrechts schlechthin, den Respekt vor der territorialen Integrität eines Staates, missachtete, griff Putin zu einem semantischen Kniff und nannte den Einmarsch eine »militärische Spezialoperation«.

Vorausgegangen war diesem offenkundigen Bruch des Völkerrechts ein subtileres Vorgehen Putins, das international nur halbherzige Reaktionen hervorgerufen hatte.

Ende Februar 2014 hatte Russland mit einer verdeckten Operation begonnen, die Schwarzmeerhalbinsel Krim zu besetzen. Russische Streitkräfte operierten hier nicht offen, sondern ohne Hoheitszeichen. Russland dementierte jede Verbindung zu den »grünen Männchen«; diese seien »Selbstverteidigungsgruppen«, die sich selbstständig ausgerüstet hätten. Dass es sich tatsächlich um russische Armeeangehörige handelte, gab Wladimir Putin wenig später offen zu.[42] Mit dieser Strategie wurde geschickt ein offener Bruch des Völkerrechts verschleiert und die Reaktion aus dem Ausland so lange verzögert, dass genug Zeit blieb, die vollständige Kontrolle über die Krim zu erlangen. Für eine derartige verdeckte Operation, die man auch als »hybride Kriegsführung« umschreiben kann, hat das Völkerrecht keine rechte Antwort. Gemeint ist damit ein integriertes Nebeneinander von offenen und verdeckten, militärischen, paramilitärischen und auch zivilen Maßnahmen,[43] möglicherweise flankiert von Cyberattacken.[44] Der Begriff unterstellt, dass es sich ja gar nicht um eine »echte« Kriegsführung handelt, sondern eben nur um eine »hybride«, also irgendetwas zwischen Krieg und Frieden.[45]

Täuschung ist als Mittel der Kriegsführung nach humanitärem Völkerrecht grundsätzlich verboten. Eine Voraussetzung für dieses Verbot ist allerdings ein bewaffneter Konflikt. Ein solcher wurde durch die schleichende Übernahme der Krim aber gerade verhindert. Die Annexion geschah in einer Atmosphäre der Unklarheit und der Unsicherheit darüber, wer die maßgeblichen Akteure sind. Dass die Wahrheit im Krieg auf der Strecke bleibt, ist eine Binsenweisheit. Im Fall der Krim ist die Ungewissheit aber nicht nur ein Nebeneffekt, sondern Kern des Konzepts der Kriegsführung.[46] Diese Art der Kriegsführung ist auch nicht neu. Einzelne Aspekte kennen wir seit Langem, man denke nur an die Unterstützung der Contras in Nicaragua durch die CIA. Auf der Krim war der operative Plan hinter dem Bündel an verdeckten Maßnahmen aber besonders gut erkennbar, und natürlich waren die Auswirkungen besonders dramatisch. Als sich der Nebel lichtete, war die Krim in russischer Hand und erklärte ihre Unabhängigkeit von der Ukraine. Ein Referendum ergab am 16. März 2014 eine Mehrheit von 96,7 Prozent für den Anschluss an die Russische Föderation, so die Zahlen der russischen Nachrichtenagentur RIA Novosti.[47]

Liegt also ein völkerrechtlicher Verstoß gegen das Gewaltverbot vor? Ist die Annexion völkerrechtskonform? Ein wesentlicher Punkt, der in vergleichbaren Situationen, etwa bei Hacker-Angriffen, häufig Probleme bereitet, ist hier unproblematisch: die Zurechnung privater Handlungen. Dafür bedarf es nach dem Nicaragua-Urteil des Internationalen Gerichtshofs der »effektiven Kontrolle« eines Staates über die privat handelnden Personen.[48] Da Putin im Nachhinein zugegeben hat, dass die »grünen Männchen« in Wahrheit russische Soldaten waren, braucht es diese Prüfung nicht.

Liegt in den Handlungen nun aber auch eine verbotene Androhung oder Anwendung von Gewalt? Mit Aktivitäten wie dem Einsatz paramilitärischer Verbände und der Durchführung von Referenden wird ja der Eindruck vermittelt, dass die Veränderungen gar nicht von außen kommen, sondern im Grunde aus der Gesellschaft selbst heraus entstehen.[49] Veränderungen, die von innen kommen, was auf der Krim nicht der Fall war, sind aber natürlich an der jeweiligen Verfassung zu messen. Ein Recht auf Separation lässt sich aus dem Völkerrecht jedenfalls nach allgemeiner Meinung nicht so einfach konstruieren. Das Selbstbestimmungsrecht der Völker, das in den Menschenrechtspakten verbürgt ist, etwa in Art. 1 des UN-Paktes über bürgerliche und politische Rechte, legitimiert nicht, Gebiete aus einem Staatsgebiet herauszulösen oder Grenzen zu verschieben. Das hat auch der Internationale Gerichtshof so entschieden.[50] Allenfalls in krassen Fällen massiver, lang anhaltender und systematischer Unterdrückung einer völkerrechtlich anerkannten Minderheit, deren Existenz gefährdet ist, könnte ein solches Recht entstehen.[51]

Kommen fremde Truppen offen oder verdeckt auf das Staatsgebiet eines fremden Staates, so liegt darin ein Verstoß gegen das Gewaltverbot in Art. 2 Nr. 4 der UN-Charta. Gegenmaßnahmen bis hin zur militärischen Selbstverteidigung wären damit möglich. Hier den richtigen Zeitpunkt zu erkennen, ist bei einer hybriden Kriegsführung schwierig, und auf der Krim ist dieser Zeitpunkt sicherlich verpasst worden. Es blieb auch keine Zeit zum Luftholen, denn die auf der Krim praktizierte Strategie wurde in der Ostukraine, im Donbass und in Luhansk fortgesetzt. Auch hier gab Moskau vor, zum Schutz der russischen Bevölkerungsteile zu handeln.

Entsprechend zurückhaltend waren die Reaktionen der internationalen Gemeinschaft. Der Sicherheitsrat der Vereinten Nationen fällt aufgrund der Vetomacht Russlands als Wächter aus.[52] Die Generalversammlung verabschiedete am 27. März 2014 eine Resolution, in der die territoriale Integrität der Ukraine betont und den Referenden auf der Krim und in Sewastopol die Legitimität abgesprochen wird.[53] 100 Staaten stimmen dafür, bei 58 Enthaltungen und 11 Gegenstimmen. Rechtliche Wirkung: keine. Ansonsten war »Appeasement« gegenüber Russland die diplomatische Losung, was sich als großer Fehler herausstellen sollte. Friedensbemühungen unter Beteiligung der EU, der USA, der Russischen Föderation und der Ukraine drehten sich im Kreis. Die OSZE sowie Frankreich und Deutschland verhandelten im September 2014 und im Februar 2015 die zwei Minsker Abkommen mit Russland und der Ukraine. Der Abzug von Waffen, der Austausch von Gefangenen, die Autonomie für die Ostukraine und Überwachung durch die OSZE führten ebenso wenig zu einer Beruhigung der Situation wie eine Resolution des UN-Sicherheitsrates[54] und Wirtschaftssanktionen der EU gegenüber Russland.

Die weitere Eskalation begann am 21. Februar 2022 damit, dass Russland die Unabhängigkeit der beiden »Volksrepubliken« Donezk und Luhansk anerkannte. Dieser völkerrechtlich irrelevante Schritt diente der Vorbereitung des Narrativs, Russland und die beiden »Volksrepubliken« seien von der Ukraine bedroht.

Am 24. Februar 2022 passierte das, was zum damaligen Zeitpunkt kaum jemand für möglich gehalten hatte. Der russische Präsident Putin befahl die Durchführung einer »Spezialoperation« und attackierte die Ukraine mit voller Wucht und dem Ziel, die »russische Welt« wiederherzustellen. Keine »grünen Männchen« ohne Hoheitsabzeichen, sondern eine offene Invasion mit schwerer Artillerie, Panzerverbänden und Infanterie im Osten, im Norden und im Süden der Ukraine. Zum ersten Mal seit dem Zweiten Weltkrieg überfiel in Europa ein souveräner Staat einen anderen. In diesem Fall war auch das Völkerrecht eindeutig: Es handelte sich um einen bewaffneten Angriff im Sinne von Art. 51 der UN-Charta, der das individuelle und kollektive Selbstverteidigungsrecht auslöst. Die Rechtfertigungsansätze Putins, zum Schutz der russischen Bevölkerung zu handeln und sich auf das NATO-Bombardement im Kosovo zu berufen, ist nichts weiter als eine zynische Verdrehung völkerrechtlicher Regeln.[55] Nicht nur durfte und darf sich die Ukraine mit militärischen Mitteln dem Angriff entgegenstellen; alle Staaten der Welt dürfen die Ukraine dabei auch unterstützen. Ob diese Staaten, also etwa auch Deutschland, dadurch zur »Kriegspartei« werden, mag politisch eine Rolle spielen; völkerrechtlich ist diese Einordnung irrelevant.

Der Sicherheitsrat der Vereinten Nationen war wiederum blockiert. Ein Resolutionsentwurf vom 25. Februar 2022, der den vollständigen Abzug der Russischen Föderation aus ukrainischem Gebiet fordern sollte, scheiterte – wenig überraschend – am Veto Russlands.[56] Die Generalversammlung versuchte dieses Manko gemäß der *Uniting for Peace*-Agenda zu beseitigen und verabschiedete am 2. März 2022 eine Resolution, in der die Aggression gegen die Ukraine unmissverständlich als solche bezeichnet wird.[57] 141 Staaten stimmten für die Resolution, fünf stimmten dagegen und 35 Staaten enthielten sich. Damit wurde das Gewaltverbot als Grundregel des Völkerrechts spektakulär bekräftigt.[58] Ein Jahr nach der Invasion konnte das Ergebnis im Wesentlichen bestätigt werden.[59] Der Ausschluss Russlands aus dem Menschenrechtsrat als weiterer Ausdruck der Missbilligung des Verhaltens Russlands fand hingegen weit weniger Anhänger. 93 Staaten stimmten dafür und 24 dagegen, bei 58 Enthaltungen.

Die klaren Verhältnisse in der Generalversammlung sind politisch wichtig und haben Signalwirkung. Rechtliche Wirkungen haben sie indes keine.

Militärisch verlief die Operation nicht wie von Wladimir Putin erhofft. Ein Vorstoß auf Kiew misslang. Schon Ende März wurde die Eroberung Kiews aufgegeben, und die russischen Truppen wurden in den Donbass verlegt. Nach Abzug der russischen Armee offenbarten sich entsetzliche Kriegsverbrechen. Die Stadt Butscha, nur rund 25 Kilometer nordwestlich von Kiew, steht seither als Symbol für russische Gräueltaten.

Seit mehr als drei Jahren dauern die Feindseligkeiten an. Die anfänglichen Flüchtlingsströme sind zurückgegangen. Ein Stellungskrieg mit wenig Bewegung und hohen Verlusten auf beiden Seiten hat zu einem gewissen Gewöhnungseffekt und einem hohen Erschöpfungsgrad geführt. Die Brutalität der russischen Kriegsführung bleibt erschreckend. Zermürbung der Zivilbevölkerung durch absichtliche nächtliche Drohnenangriffe auf Wohnungen und zivile Infrastruktur sind eindeutig völkerrechtswidrige Strategien. Die Deportation, Umerziehung und Militarisierung ukrainischer Kinder in den besetzten Gebieten der Ostukraine stellen einen schockierenden Angriff auf die ukrainische Nation dar. Zusammen mit der Russifizierung, der Vernichtung ukrainischer Bücher, dem Verbot der ukrainischen Sprache und dem Umschreiben der Lehrpläne sehen wir hier deutliche Anzeichen von genozidalem Verhalten. In den Worten des britischen Außenministers James Cleverly im Sicherheitsrat hört sich das so an: »Russland versucht, die ukrainische Identität und Kulturgeschichte auszulöschen.«[60]

Die Ukraine hatte es zwar bis dahin verpasst, dem Internationalen Strafgerichtshof beizutreten, aber sie machte Gebrauch von einer Sonderbefugnis, dem Gerichtshof eine Situation zu übertragen, auch ohne Mitglied zu sein. Das sollte sich auch hinsichtlich der weiteren dramatischen Entwicklung als äußerst kluger Schachzug herausstellen. Nach Art. 12 Abs. 3 des Römischen Statuts für den Internationalen Strafgerichtshof kann ein Staat, der formell nicht Mitglied ist, die Gerichtsbarkeit des Gerichtshofs anerkennen. Die Ukraine hat dies am 9. April 2014, also bereits während der verdeckten Übernahme der Krim durch Russland, getan und am 8. September 2015 noch einmal bestätigt. Während in Den Haag in der Folge zunächst wenig Aktivität sichtbar wurde, änderte sich dies schlagartig nach dem 24. Februar 2022. Wenige Tage nach dem Überfall Russlands hat der Haager Chefankläger Karim Khan sich aufgrund der Ad-hoc-Übertragung von 2014/2015 für zuständig erklärt und ein Ermittlungsverfahren eröffnet.[61] Zwischenzeitlich haben auch 41 Mitgliedstaaten, darunter die Bundesrepublik, die Situation in der Ukraine nach Art. 13a IStGHSt dem Internationalen Strafgerichtshof übertragen. Nach einer etwas längeren verfassungsrechtlichen Diskussion hat die Ukraine im August

2024 endlich das Statut auch ratifiziert und ist seither 125. Mitgliedstaat des IStGH. Nicht zufriedenstellend ist hingegen der erklärte Ratifizierungsvorbehalt, demzufolge die Gerichtsbarkeit für ukrainische Staatsbürger sieben Jahre lang nicht anerkannt wird. Das bedeutet eine eingeschränkte Mitgliedschaft. Tatsächlich erforderlich ist dieser Vorbehalt ohnehin nicht, da die Grundstruktur des Den Haager Gerichts die nationale Gerichtsbarkeit als vorrangig ansieht. Das heißt, dass kein ukrainischer Staatsbürger nach Den Haag überstellt werden muss, solange die Ukraine selbst Strafverfolgung gegen verdächtige eigene Staatsangehörige durchführt.[62]

Der Internationale Strafgerichtshof kann die in ihn gesetzten Erwartungen in der Ukraine allerdings nur bedingt erfüllen. Das schwerste Defizit liegt in einem Geburtsfehler des Gerichts: Das Aggressionsverbrechen ist zwar Teil seiner Gerichtsbarkeit, eine Strafverfolgung ist aber kaum durchsetzbar. Nach den 2010 verabschiedeten und 2017 in Kraft getretenen Regeln zur Verfolgung des Aggressionsverbrechens muss neben dem angegriffenen Staat auch der angreifende Staat der Strafverfolgung durch den Internationalen Strafgerichtshof zustimmen, wenn nicht der UN-Sicherheitsrat die Strafverfolgung fordert.[63] Der ultimative Verstoß gegen die UN-Charta kann also vom Den Haager Ankläger nicht unmittelbar angeklagt werden. Diese Verantwortungslücke hatte man bislang als mehr oder weniger irrelevant abgetan. Russland hat mit dem Überfall auf die Ukraine diese Ansicht als reichlich naiv entlarvt.

Der 24. Februar 2022 hat hier nun eine zweifache Reaktion ausgelöst:

1. Ein politisches Ringen vor allem westlicher Staaten,

Putin doch zur Rechenschaft ziehen zu können und deshalb einen Sonderstrafgerichtshof zu schaffen.

2. Intensive Bestrebungen, das Statut des Internationalen Strafgerichtshofs zu ändern und das Aggressionsverbrechen demselben Zulässigkeitsregime zu unterstellen wie die anderen drei Kernverbrechen Völkermord, Verbrechen gegen die Menschlichkeit und Kriegsverbrechen.

Die Bundesrepublik Deutschland hat sich in beiden Punkten als treibende Kraft erwiesen und massive Anstrengungen unternommen, genügend Unterstützer für die Umsetzung dieser Anliegen zu gewinnen. Die frühere Außenministerin Annalena Baerbock hörte nicht auf zu fordern: »Niemand darf im 21. Jahrhundert einen Angriffskrieg führen und straflos bleiben.«[64] Damit wiederholte sie eine Forderung, die das Völkerrecht mit dem Nürnberger Prinzip Nr. 1 seit 1946 erhebt.

Darüber hinaus waren aber auch deutliche Reaktionen beim Internationalen Strafgerichtshof zu verzeichnen. Schließlich musste dieser bei allen Diskussionen darum, einen eigenen Ukraine-Strafgerichtshof zu schaffen, zeigen, dass er durchaus willens und in der Lage ist, die Verbrechen in der Ukraine zu verfolgen. Die Anklagebehörde aus Den Haag hatte bereits kurz nach Kriegsbeginn begonnen, Beweise zu sammeln, und ein Büro in Kiew eröffnet. Erfahrene Ermittler wurden nach Butscha und andernorts entsandt, um Tatorte zu untersuchen. Am 17. März 2023 wurden dann aber Haftbefehle gegen Präsident Putin und die Kinderrechtsbeauftragte Marija Lwowa-Belowa erlassen wegen des Kriegsverbrechens der unrechtmäßigen Vertreibung der Bevölkerung (Kinder) aus den von Russland besetzten Gebieten der Ukraine in die Russische Föderation.[65] Die Anschuldigungen beruhen fast ausschließlich auf einer sogenannten *Open Source Investigation.* Dabei handelt es sich um Informationen, die durch reine Internetrecherche zusammengetragen wurden. Die beeindruckenden Ergebnisse einer solchen Recherche kann man in einem Report der Universität Yale nachlesen.[66] Mit den raschen Haftbefehlen auf Grundlage dieser isolierten Vorwürfe konnte Chefankläger Karim Khan unter Beweis stellen, dass seine Behörde handlungsfähig ist.

Das kann aber freilich nur ein erster Schritt sein, ein Schritt, der bislang zwar nicht zur Verhaftung der Beschuldigten geführt hat, aber doch den Handlungsspielraum des russischen Präsidenten deutlich einengt. Besuche in Südafrika, Brasilien oder auch eine Reise zur Beerdigung von Papst Franziskus waren Putin verwehrt, und er musste mit ansehen, wie andere die Gelegenheit der »Beerdigungsdiplomatie« geschickt nutzten.

Ein Sonderstrafgerichtshof zur Verfolgung der Aggression ist mittlerweile auch auf den Weg gebracht. Angesichts der großen Unterstützung dieser Bemühungen durch die Biden-Regierung wurde vor allem von den europäischen Staaten ein Konstrukt gefunden, einen solchen Gerichtshof beim Straßburger Europarat anzusiedeln und das Vorgehen eng mit der Ukraine abzustimmen.[67] Ob diese Konstruktion hält, wird man sehen müssen. Die Vereinten Nationen standen wegen Russlands Vetomacht als Dach des Sondergerichts nicht zur Verfügung. Die Trump-Regierung hat ihr Personal abgezogen. Wichtig ist aktuell, dass der politische Wille, auch das Verbrechen der Aggression im Fall der Ukraine zu verfolgen, immer wieder betont wird, dass Beweise gesammelt und Anklagen vorbereitet werden. Die rechtlichen Hürden in Bezug auf solch eine Gerichtsbarkeit und drohende Amnestien sind noch nicht alle aus dem Weg geräumt; dafür bleibt aber noch Zeit, da sich aktuell eine Verfolgung der »Troika« aus Präsident, Ministerpräsident und Außenminister ohnehin schon rein praktisch nicht realisieren lässt. Dass dieses Sondergericht allerdings nicht nur die »Troika« in den Blick nimmt, wird von ukrainischer Seite, etwa von Oleksandra Matwijtschuk, Leiterin der mit dem Friedensnobelpreis ausgezeichneten Menschenrechtsorganisation Center for Civil Liberties in Kiew, immer wieder gefordert.[68]

Der arrogante Überfall Putins auf die Ukraine und die erbarmungslose Kriegsführung seit Februar 2022 haben zwei Dinge bewirkt: Die bestehenden Institutionen werden erstens den neuen Gegebenheiten angepasst. Und zweitens ist der Wille vieler Staaten, insbesondere der Mitgliedstaaten des Internationalen Strafgerichtshofs, Verstöße gegen das Völkerstrafrecht zu verfolgen, im Fall der Ukraine massiv gestärkt worden.

Der Überfall Putins auf die Ukraine hat Anstrengungen, mit strafrechtlichen Mitteln den Krieg zu beeinflussen, weitere Verbrechen zu verhindern und den Opfern Gerechtigkeit zuteilwerden zu lassen, wie niemals zuvor in der Menschheitsgeschichte ausgelöst. In vielen europäischen Staaten führen die Strafverfolgungsbehörden Ermittlungen, sie koordinieren diese – auch in Kooperation mit nicht EU-Mitgliedstaaten – über Eurojust, der Den Haager EU-Behörde zur Koordination justizieller Zusammenarbeit innerhalb der EU.[69] Auch der Generalbundesanwalt führt ein Strukturermittlungsverfahren für die Ukraine, sammelt Beweise und hat auch bereits erste Anklagen erhoben.[70]

Das Recht der neuen Kriege: Die Hilflosigkeit des Rechts

»Die Menschen in der arabischen Welt haben das Recht auf Freiheit und die Möglichkeit, ihre eigenen Schicksale zu bestimmen«, sagte der damalige US-Präsident Barack Obama im Mai 2011 zu den Entwicklungen in vielen arabischen Staaten. Kurz vor Weihnachten 2010 hatten in Tunesien massive Proteste gegen die Regierung begonnen. Auslöser war der Gemüsehändler Mohamed Bouazizi, der mit einer Selbstverbrennung gegen behördliche Willkür und staatliche Demütigung protestiert hatte und seinen schweren Verletzungen im Krankenhaus erlegen war. Die Massenproteste sprangen auf benachbarte Staaten über und führten in wenigen Monaten zur Absetzung und Flucht des tunesischen Machthabers Zine el-Abidine Ben Ali, zum Rücktritt des ägyptischen Präsidenten Husni Mubarak und des Präsidenten des Jemen, Ali Abdullah Salih, sowie zum Sturz des libyschen Staatschefs Muammar al-Gaddafi. Es entstand ein Flächenbrand, der die gesamte arabische Welt Nordafrikas und des Nahen Ostens erfasste. Es wuchs die Hoffnung auf Selbstbestimmung und Demokratisierung in einer Region, die sich nach Sicherheit und Wahrung der Menschenrechte sehnt und von religiösen Konflikten bestimmt ist.

»Wir müssen alles tun, um die Zivilbevölkerung zu schützen. Aber wir müssen auch darauf achten, dass wir nicht in einen militärischen Konflikt hineingezogen werden, der nicht zu gewinnen ist«, warnte der damalige deutsche Außenminister Guido Westerwelle bereits im

März 2011. Er sollte recht behalten. Mit Ausnahme von Tunesien, wo die Entwicklung ihren Anfang genommen hatte, gelang es in keinem anderen Staat, Verhältnisse herzustellen, die als nachhaltige Verbesserung zu bezeichnen wären. Im Gegenteil: In Libyen kam es zu massiven Auseinandersetzungen zwischen staatlichen Sicherheitskräften unter Machthaber Gaddafi und bewaffneten Oppositionellen. Hier wies der Sicherheitsrat der Vereinten Nationen die libysche Regierung an, die Zivilbevölkerung zu schützen, und verhängte ein Waffenembargo.[71] Außerdem überwies der Sicherheitsrat in dieser einstimmig verabschiedeten Resolution die Situation an den Internationalen Strafgerichtshof nach Den Haag. Dieser »Rückenwind« für die internationale Strafjustiz durch alle fünfzehn Sicherheitsratsmitglieder war zu diesem Zeitpunkt im Jahr 2011 gewiss keine Selbstverständlichkeit und verdient deshalb besondere Betonung.[72]

Nur wenige Wochen später folgte eine weitere Resolution, die fatale Konsequenzen haben würde: Mit Resolution 1973 vom 17. März 2011 autorisierte der Sicherheitsrat »alle notwendigen Maßnahmen« zum Schutz der Zivilbevölkerung und verhängte eine Flugverbotszone. Deutschland war zu diesem Zeitpunkt einfaches Mitglied im Sicherheitsrat. Es enthielt sich bei der Abstimmung. Zwar teile Deutschland die Ziele der Resolution, so die damalige Bundeskanzlerin Angela Merkel, Deutschland würde sich aber an militärischen Maßnahmen nicht beteiligen. Und diese folgten unmittelbar: Am 19. März 2011 begannen die USA, Frankreich und das Vereinigte Königreich mit Luftschlägen gegen die Regierungstruppen von Gaddafi. Zwar lehnten auch andere

EU-Staaten diesen Militäreinsatz ab, und Deutschland wurde für diese außenpolitische Abkehr von den NATO-Partnern USA, Großbritannien und Frankreich besonders scharf kritisiert: Tatenlosigkeit angesichts einer völkerrechtlichen Schutzverantwortung für die geknechtete libysche Bevölkerung wurde den Deutschen vorgeworfen. Auch der ehemalige deutsche Außenminister Joschka Fischer hielt seinem Amtsnachfolger vor, die wertegebundene Außenpolitik Deutschlands aufgegeben zu haben.[73]

Ende März wurde der Oberbefehl über die Operation auf die NATO übertragen. Die Luftschläge schwächten die libyschen Regierungseinheiten derart, dass Rebellen nach Tripolis vorstoßen und Gaddafis Palast einnehmen konnten. Am 31. Oktober 2011 wurde der Militäreinsatz beendet. Gelöst hat dieser Einsatz keines der Probleme in Libyen. Tatsächlich nahm die NATO Partei für die Rebellen und gegen Gaddafi und ließ sich in einem Bürgerkrieg instrumentalisieren. Bis heute halten die Kämpfe in Libyen an; das Machtvakuum wird von verbrecherischen Organisationen zu Menschenhandel und schweren Menschenrechtsverletzungen an Flüchtlingen ausgenutzt. Söldner aus Russland, dem Sudan, Syrien und anderen Staaten brutalisierten die Kämpfe, wie eine Fact Finding Mission der UNO festgestellt hat.[74]

Im Jemen eskalierte die Situation nach den Präsidentschaftswahlen 2013 komplett. Seither tobt ein blutiger Bürgerkrieg zwischen schiitischen Huthi-Milizen und sunnitischen Al-Qaida-Kämpfern mit verbliebenen Regierungstruppen. Es ist ein Stellvertreterkrieg zwischen Saudi-Arabien und dem Iran. Zu mehr als humanitärer Hilfe und verzweifelten Versuchen, UNESCO-Weltkulturerbestätten im Jemen zu retten, ist die UNO nicht in der Lage. Der Staat Jemen ist völkerrechtlich aktuell ein *failed state*, also ein gescheiterter Staat.[75] Die Macht auf dem Staatsgebiet teilt sich unter verschiedenen De-facto-Staaten auf.

Nicht viel anders verhält es sich im Sudan. Dreißig Jahre lang herrschte dort Umar al-Baschir, ein Diktator, der unerbittlich gegen ethnische Minderheiten vorging. Am 31. März 2005 hatte der Sicherheitsrat der Vereinten Nationen die Situation in Darfur bereits an den Internationalen Strafgerichtshof überwiesen.[76] Das Resultat war ein Haftbefehl gegen den amtierenden Präsidenten al-Baschir, der zunächst nur Kriegsverbrechen und Verbrechen gegen die Menschlichkeit zum Gegenstand hatte, dann aber um den Vorwurf des Völkermords erweitert wurde.[77] Im Januar 2011 kam es schließlich zu einem Unabhängigkeitsreferendum, das schließlich zu einem eigenständigen Staat, der Republik Südsudan, führte. Dieser wurde schon im Juli 2014 als 193. Mitgliedstaat in die Vereinten Nationen und kurze Zeit später auch in die Afrikanische Union aufgenommen. Die Kämpfe dauern fort, sowohl im Sudan wie auch im Südsudan. Geordnete Verhältnisse in Form von Staatlichkeit lassen sich so gut wie keine erkennen. Al-Baschir wurde 2019 bei einem Militärputsch abgesetzt und verhaftet. Eine Auslieferung nach Den Haag ist bislang aber trotz Zusicherungen und intensiver Bemühungen noch nicht erfolgt.

Die vor etwa zwanzig Jahren entwickelte Begrifflichkeit *failed state* und *failing state* (»gescheiterter Staat« bzw. »scheiternder Staat«) unterscheidet sich je nach Wissenschaftsdisziplin. Juristisch umfasst der Begriff eine Bewertung des territorialen Herrschaftsverbandes »Staat«.

Dieser definiert sich bekanntlich aus drei Elementen: Staatsgebiet, Staatsvolk und Staatsgewalt. Ob diese Elemente funktionieren oder scheitern, ist unabhängig von der Regierungs- und Wirtschaftsform oder deren Legitimation zu betrachten. Völkerrechtlich ist ein Staat gescheitert, wenn die Regierungseinrichtungen nicht mehr funktionieren. Politikwissenschaftlich sind die zentralen Funktionen des Staates Sicherheit, Wohlfahrt und Legitimität. Ein Scheitern wird demgemäß bereits dann angenommen, wenn eine dieser Funktionen ausfällt. Anhand verschiedener Indikatoren kann man den Zustand eines Staates messen. Die US-amerikanische Denkfabrik Fund for Peace veröffentlicht jährlich den Fragile States Index, der das Risiko des Staatszerfalls bemisst.[78] Sudan rangiert hier hinter Somalia auf Platz zwei, Südsudan folgt auf Platz drei, Jemen nimmt in diesem Index Rang sechs ein.

Rechtlich ist diese Klassifizierung nicht unproblematisch. Abgesehen vom Vorwurf der Wiederholung kolonialistischer Sichtweisen besteht auch die Gefahr, dass Interventionen von außen vorschnell begründet werden.[79]

In Syrien begann am 15. März 2011 ein Bürgerkrieg, der bis heute andauert. Das autoritäre Regime Assad schlug die anfangs friedlichen Proteste in Damaskus brutal nieder. Bald spielten die Forderungen nach Demokratie kaum noch eine Rolle. Gekämpft wurde an vielen Fronten zwischen religiösen und ethnischen Grenzen und Gruppen, die zentrale Ordnungsmacht existierte bald nicht mehr. Das entstandene Machtvakuum wurde von sunnitisch-islamistischen Terroristen ausgenutzt und unter dem Namen »Islamischer Staat« ein Kalifat ausgerufen. Auf dem Höhepunkt seiner Macht zwischen den Jahren 2014 und 2016 umfasste seine staatsähnliche Struktur den Osten Syriens und den Nordwesten des Iraks. In den Krieg zur Bekämpfung des IS wurde fast die gesamte Welt hineingezogen. Assad hatte Verbündete im Iran und die Hisbollah im Libanon und wurde von Russland massiv unterstützt. Dieser Umstand führte auch dazu, dass im Sicherheitsrat der Vereinten Nationen Entscheidungen nicht möglich waren. Jeder Verdacht einer einseitigen Verurteilung des Assad-Regimes wurde mit einem Veto Russlands quittiert. Generalsekretär Ban Ki-moon tobte in der Generalversammlung, was allerdings ohne Konsequenzen blieb. Eine Beobachtermission wurde im April 2012 von den Vereinten Nationen nach Syrien entsandt, die allerdings wegen der großen Bedrohungslage im August schon wieder abgezogen wurde.[80]

Der Kampf gegen den IS wurde von den USA angeführt und vor allem mit kurdischen Einheiten vor Ort geführt. Hunderte Europäer, darunter viele Deutsche, Männer wie Frauen zogen nach Syrien, um für den IS und den Erhalt des Kalifats zu kämpfen. Das Leben in einem Kalifat erschien vielen radikalisierten Muslimen hochattraktiv. Umgekehrt setzte 2015 eine ungeheure Flüchtlingsbewegung aus Syrien ein, die in Europa zu einer »Flüchtlingskrise« führte mit politischen Auswirkungen bis heute. Ab Ende 2017 war der gemeinsame Feind Islamischer Staat tatsächlich besiegt. Andere geopolitische Interessen traten in den Vordergrund. Syrien wurde Schauplatz von Stellvertreterkriegen und Exerzierplatz vor allem für russische Soldaten und Söldner. Völkerrechtlich ist die Lage völlig unübersichtlich. Während die Anwesenheit Russlands möglicherweise deshalb gerechtfertigt ist, weil Assad die Truppen eingeladen hat, sind US-amerikanische Truppen in Syrien völkerrechtlich nicht gedeckt. Der Kampf gegen den IS kann allenfalls als humanitäre Intervention legitimiert werden, was allerdings weder wirklich vorgetragen wurde noch bei genauerer Betrachtung überzeugt. Am Ende steht dahinter die zweifelhafte US-Doktrin des »War on Terror«, wonach ein militärisches Eingreifen zur Bekämpfung von Terroristen überall legitim sei.

Vor diesem Hintergrund überraschte, dass Anfang Dezember 2024 islamistische Milizen, einige davon mit einer klar terroristischen Vergangenheit, innerhalb weniger Tage Damaskus erreichen und Assad zur Flucht nach Moskau zwingen konnten. Seit Januar 2025 ist nunmehr ein gemäßigt auftretender Abu Muhammad al-Dschaulani Interimspräsident der Arabischen Republik Syrien. Eine Verfassung und Wahlen sollen vorbereitet werden. Ob hier ein zweites Afghanistan entsteht, bleibt abzuwarten.

Welche Rolle spielt das Völkerrecht in diesen Konflikten? Kann es Umwälzungsprozesse beeinflussen, formen, beflügeln? Die Antwort: Nein. Der arabische Frühling, der Versuch undemokratische Regimestrukturen zu beseitigen und durch demokratische, rechtsstaatliche und menschenrechtsfreundliche zu ersetzen, hat zwar die Unterstützung des Völkerrechts und der internationalen Organisationen. Mittel und Wege, die Veränderung herbeizuführen, gibt es aber so gut wie keine. Bei massiven Menschenrechtsverbrechen können von den Vereinten Nationen Sanktionen beschlossen werden; sogar ein militärisches Eingreifen kann autorisiert werden, wenn, wie bereits dargelegt worden ist, im Sicherheitsrat hierfür entsprechende Mehrheiten gefunden werden. Die Entwicklung der Jahre 2011 bis heute in dieser Weltregion lehrt aber, dass ein solches Eingreifen nicht zu einer nachhaltigen Stabilisierung der Verhältnisse führt. Im Gegenteil. Libyen steht für Chaos und Anarchie, Jemen für internationalen Terrorismus, Sudan für ethnische Konflikte, Syrien für jahrelangen Bürgerkrieg. Die Sicherheitsarchitektur der internationalen Gemeinschaft versagt, der Appell der Menschenrechtspakte verhallt, und selbst das humanitäre Völkerrecht, das nur einen Minimalrespekt im Krieg anmahnt, findet so gut wie keine Beachtung. In asymmetrischen Konflikten, wie sie der arabische Frühling hervorgebracht hat, verschwimmen schon die Relevanzen von Genfer Konvention, Haager Landkriegsordnung und Völkergewohnheitsrecht.[81] Völkerrecht bindet die Staaten. Das humanitäre Völkerrecht gilt somit für die staatlichen Streitkräfte. Was aber ist mit den selbst ernannten Befreiungstruppen, den Rebellenorganisationen und terroristischen Vereinigungen? Im völkerrechtlichen Sinne sind dies nicht staatliche Akteure und damit keine Subjekte des Völkerrechts. Es kann indes mittlerweile als gesichert gelten, dass zumindest bei einem lang anhaltenden militärischen Konflikt auch nicht staatliche kämpfende Parteien qua Völkergewohnheitsrecht an die Regeln des humanitären Völkerrechts gebunden sind.[82] Paramilitärische Gruppierungen können auch ein originäres Interesse an der Einhaltung des humanitären Völkerrechts haben. Zum einen verleiht es ihnen ein Stück weit völkerrechtliche Legitimität, wenn sie als Kriegspartei behandelt werden. Am besten natürlich als Partei in einem internationalen bewaffneten Konflikt, da sie dann als »Quasi-Staat« gelten können.

Zum anderen gilt hier der Reziprozitätsgedanke. Danach kann die Einhaltung der Regeln des Kriegs vom Gegner dann verlangt werden, wenn und soweit man sich selbst an diese Regeln hält. Das ist bei genauer Betrachtung allerdings eine Schein-Reziprozität. Wenn eine Seite als terroristische Organisation verfolgt wird, gerät die im humanitären Völkerrecht grundsätzlich herrschende Gleichrangigkeit aus den Fugen. Während nämlich die staatlichen Streitkräfte unter Einhaltung der Regeln des humanitären Völkerrechts feindliche Kämpfer töten dürfen, machen sich Rebellen schon durch die Teilnahme an den Feindseligkeiten strafbar. Strafbar sind sie dann nämlich wenigstens als Mitglieder und Unterstützer terroristischer Vereinigungen.

Gänzlich nutzlos sind die Regelungen freilich dann, wenn eine Partei sich von vornherein nicht an das humanitäre Völkerrecht halten will. Eine Terrororganisation, deren Kriegsführung auf einem systematischen Bruch der Kriegsregeln basiert, lässt sich nur schwer bekämpfen. Wenn etwa durch menschliche Schutzschilde die Unterscheidbarkeit von zivilen und militärischen Objekten systematisch aufgehoben wird, ist der grundlegende Sinn der Regeln außer Kraft gesetzt. Es bleibt aber natürlich dabei: Die staatlichen Streitkräfte sind an die Regeln des humanitären Völkerrechts gebunden.

Nürnberg revisited: Eine gerechte Völkerrechtsordnung

Bei aller Ohnmacht kann das Völkerrecht heute allerdings ein Versprechen abgeben: Es kann über Strafverfolgung den Versuch unternehmen, internationale Verbrechen als solche zu entlarven, das geschehene Unrecht zu sühnen und den Opfern Gerechtigkeit zuteilwerden zu lassen. So können Beweise gesammelt und geprüft, Verbrechen dokumentiert und die Wahrheit gerichtlich festgestellt werden. Vielleicht kann auf dieser Grundlage nach Ende der Feindseligkeiten Versöhnung möglich werden. 1945 in Nürnberg wurde dies versucht. Das Nazi-System wurde delegitimiert, und Europa erlebte Jahrzehnte des Friedens.

Mit der Errichtung des Internationalen Strafgerichtshofs verband sich die Hoffnung, den Weg zu einer globalen Ordnung, die sich auf eine strafrechtliche Verantwortung verlassen kann, zu beschreiten. Die Institution Internationaler Strafgerichtshof verkörpert dieses Versprechen. Gerade heute sind die Enttäuschungen groß, denn die Strafjustiz wirkt hilflos. Aber ist sie das? Klar, internationale Bestrebungen nach Strafverfolgung sind nicht immer oder vielleicht auch eher selten erfolgreich:

Der brutale Bürgerkrieg in Syrien beispielsweise gelangte (bislang) nicht zum Internationalen Strafgerichtshof. Syrien ist kein Mitgliedstaat, der Sicherheitsrat ist blockiert. Aber ist es nicht so, dass die Vereinten Nationen den Willen zum Ausdruck bringen, dem Völkerstrafrecht müsse auch hier Rechnung getragen werden? Mit dem »International, Impartial and Independent Mechanism to assist in the Investigation and Prosecution of Persons Responsible for the Most Serious Crimes under International Law Committed in the Syrian Arab Republic since March 2011«, so lautet der vollständige Titel, richtete die Generalversammlung am 21. Dezember 2016 eine zentrale Stelle zur Ermittlung von Völkerstraftaten in Syrien ein.[83] Die Arbeit des »IIIM« ist wichtig zur Dokumentation der Verbrechen des IS und der syrischen Regierungstruppen.[84] Exekutive Ermittlungsbefugnisse hat der IIIM allerdings nicht. Strafrechtliche Konsequenzen sind mit ihm noch nicht verbunden. Die Hilflosigkeit der Generalversammlung, die hier wieder einspringt, weil der Sicherheitsrat nicht handelt, drückt sich schon im sperrigen Titel aus. Man nennt die Institution einen »Mechanismus«, weil man sich auf keinen anderen Begriff einigen konnte, der mehr Aussagekraft hätte. Der Begriff hat gerade wegen seiner inhaltlichen Leere bei den Vereinten Nationen Konjunktur. So wurden der Jugoslawien- und der Ruandastrafgerichtshof ja ebenfalls abgeschafft und umbenannt in einen Residual-»Mechanismus«. Immerhin erweisen sich die Vereinten Nationen nicht als gänzlich gelähmt oder gar desinteressiert. Durch diesen Mechanismus können tatsächlich auch nationale Strafverfolgungseinrichtungen unterstützt werden.

Diese nationalen Strafverfolgungseinrichtungen sind auch nicht etwa zweitklassig oder minderwertig. Im Gegenteil: Die nationalen Gerichte sind das Fundament einer internationalen Strafgerichtsordnung. Das Völkerrecht verlangt diesen Respekt, denn Strafgewalt ist ein wichtiger Ausdruck des Gewaltmonopols und damit der Staatensouveränität von Nationalstaaten. Das sieht man auch am Statut des Internationalen Strafgerichtshofs. Es fußt auf dem Grundsatz der Komplementarität, was bedeutet, dass die nationale Strafverfolgung Vorrang hat und der Internationale Strafgerichtshof überhaupt nur dann zuständig ist, wenn die nationalen Einrichtungen nicht willens oder nicht in der Lage sind, internationale Straftaten zu verfolgen. Nationalstaaten können auf der Grundlage des Universalitätsprinzips internationale Verbrechen verfolgen, egal wo sie begangen worden sind, von wem und gegen wen. Man muss sich hier allerdings keiner Illusion hingeben. Auch die meisten Mitgliedstaaten des Internationalen Strafgerichtshofs haben längst nicht ihre Hausaufgaben gemacht. In vielen Staaten fehlen schon die gesetzlichen Voraussetzungen zur Verfolgung von Kriegsverbrechen, Verbrechen gegen die Menschlichkeit und Völkermord. Spezielle Staatsanwaltschaften, die mit entsprechenden Ressourcen und Know-how ausgestattet sind, sind im weltweiten Vergleich Mangelware. In den europäischen Staaten hat hier spätestens seit den Flüchtlingsströmen 2015 ein Umdenken stattgefunden, das sich seit dem Ausbruch des Ukrainekriegs beschleunigt. Die Staaten müssen und wollen verhindern, dass sie als sicherer Hafen für Kriegsverbrecher missbraucht werden. Selbst in den USA hat man reagiert. Traditionell wird nach US-amerikanischem Recht der »sichere Hafen« nicht über Strafdrohung realisiert, sondern indem man vermeintliche Kriegsverbrecher schlicht des Landes verweist. Der War Crimes Act[85] existiert zwar bereits seit 1996, die erste Anklage wurde aber erst am 6. Dezember 2023 gegen vier russische Soldaten erhoben, die amerikanische Staatsbürger inhaftiert und gefoltert haben sollen.[86] Großbritannien, Kanada,

Österreich, die Schweiz und Frankreich, wo man sich immer noch auf das Nürnberger Militärgericht berufen hatte, erließen neue Gesetze.

Deutschland hat, kurz bevor der Internationale Strafgerichtshof seine Arbeit aufnahm, das Völkerstrafgesetzbuch verabschiedet und führt nun auf dieser Grundlage Strafverfahren durch.[87] Es dauerte indes ein wenig, bis diese neue Strafverfolgungskompetenz beim Generalbundesanwalt wirklich ankam.[88] In den ersten zehn Jahren war man eher zurückhaltend. Erste Gehversuche wurden vor dem Oberlandesgericht Frankfurt, allerdings in einem älteren Fall, gegen einen ruandischen Völkermörder unternommen. Der erste wirkliche Fall nach Völkerstrafgesetzbuch hatte ebenfalls eine Anklage gegen zwei ruandische Staatsangehörige zum Gegenstand. Diese hatten von Mannheim aus im Ostkongo als Führer der Forces Démocratiques de Libération du Rwanda (FDLR) Kriegsverbrechen und Verbrechen gegen die Menschlichkeit befohlen. In einem langen und komplexen Verfahren, das zeitweilig auch kurz vor dem Scheitern stand, sprach das Oberlandesgericht Stuttgart die beiden Angeklagten schuldig.[89]

Wie schon ausgeführt, waren es insbesondere die Flüchtlingsströme nach 2015, die enorme Anstrengungen zur Verfolgung internationaler Verbrechen auslösten. Eine weltverbesserische Intention lag diesen Intensivierungen allerdings nicht zugrunde. Die allermeisten dieser Fälle betrafen deutsche Staatsbürger und auch viele Staatsbürgerinnen, die nach einer Radikalisierung in Deutschland nach Syrien oder in den Irak zogen, um dort für den Islamischen Staat tätig zu sein. In diesen Fällen hat der Generalbundesanwalt gar keine Wahl. Er muss ermitteln und anklagen. Die Grundlage ist hier auch gar nicht das Universalitätsprinzip, sondern die allgemeine Strafverfolgungskompetenz für deutsche Staatsbürgerinnen und Staatsbürger. Bis 2024 hat der Generalbundesanwalt 85 Personen vor zehn Oberlandesgerichten angeklagt. Er unterhält mittlerweile drei eigenständige Referate, die, nach Regionen aufgeteilt, Ermittlungen durchführen. Der Bundesanwaltschaft steht zur Ermittlung das Bundeskriminalamt zur Verfügung, das mittlerweile auch eine große War Crimes Unit eingerichtet hat, in der mehrere Dutzend Beamtinnen und Beamte internationale Verbrechen ermitteln und Beweise für die Anklage vorbereiten.

Diese Aktivitäten sind weltweit unerreicht, auch wenn sie aus antikolonialistischer Perspektive kritisch gesehen werden.[90] Rein rechtlich halte ich diese Entwicklung für zwingend. Andere europäische Staaten ziehen seit dem Ukrainekrieg nach. Auf europäischer Ebene wurde bei Eurojust das sogenannte Genocide Network eingerichtet. Unter dem vollen Titel »European Network for investigation and prosecution of genocide, crimes against humanity and war crimes« werden in Den Haag Bemühungen aufseiten der Staatsanwaltschaften der EU-Mitgliedstaaten und darüber hinaus koordiniert und strategisch abgesprochen.[91] Das Vereinigte Königreich, Kanada, die Schweiz, Norwegen und sogar die USA haben Beobachterstatus beim Genocide Network und tauschen ihre Informationen aus. Das Fallaufkommen ist in den letzten Jahren in den Mitgliedstaaten massiv gestiegen. Die Datenbank des Netzwerks, in der Fälle der Mitglieder gesammelt werden, umfasst immerhin sieben Staaten, neben Deutschland sind dies Belgien, Finnland,

Frankreich, die Niederlande, Schweden und die Schweiz, die Verfahren wegen internationaler Verbrechen durchführen.[92]

Für Deutschland muss man konstatieren, dass Verfahren nach dem Völkerstrafrecht mittlerweile zum Justizalltag gehören. Das liegt zum Teil auch daran, dass es gerade im Kontext mit Syrien als kleine Schwester des Anti-Terror-Strafrechts fungiert. Sehr häufig sind es gemischte Ermittlungen, die nicht nur Völkerstraftaten, sondern auch die Unterstützung einer ausländischen terroristischen Vereinigung zum Gegenstand haben. Der Zuwachs an Stellen und Finanzmitteln beim Generalbundesanwalt, dem Bundeskriminalamt und den Oberlandesgerichten verlief geräuschlos. Die Politik befördert die Strafverfolgung durch die entsprechende Ausstattung, hält sich ansonsten aber weitgehend zurück. Bundesjustizministerium und Bundestag beobachten die Entwicklungen. So wurde 2024 das Völkerstrafgesetzbuch im Bereich einiger Straftaten ergänzt. Es wurde auch die Nebenklage ausgeweitet, um für Opfer von Völkerstraftaten die Möglichkeit zu verbessern, sich an Verfahren zu beteiligen.[93]

Die vielen Fälle, die in Deutschland geführt werden, haben selbstverständlich auch zur Folge, dass sich das Recht, zum Teil dramatisch, weiterentwickelt. So hat der Bundesgerichtshof die Chance genutzt und die Immunitätsfrage zugunsten einer Strafverfolgung gelöst: politisch nicht unumstritten, aber rechtsstaatlich zwingend.

Der Wert der Humanität im Krieg wurde von der Bundesrechtsprechung erheblich gestärkt, indem auch das postmortale Persönlichkeitsrecht und die Totenehre als vom humanitären Völkerrecht geschützt anerkannt wurden.[94] In dem Fall hatte der Angeklagte mit Teilen geschändeter Leichen posiert und Bilder davon auf Social-Media-Plattformen geteilt. Die Schändung der Leichen als Kriegsverbrechen und das Zurschaustellen im Internet als vertiefende Verletzung der Norm zu bewerten, ist durchaus als Meilenstein in der Rechtsprechung zu begreifen. Gerichte anderer Staaten folgten dieser Praxis. Mit dieser Verurteilung ist freilich noch ein Weiteres verbunden: Die Strafverfolgung ist nicht auf forensische Beweise vom Tatort angewiesen, sondern kann allein auf geteilte Aufnahmen im Internet gestützt werden.

Auch der Völkermordtatbestand wird vom Staatsschutzsenat des Bundesgerichtshofs häufig extensiv ausgelegt. So kommt es im schwer zu beweisenden subjektiven Tatbestand nicht darauf an, dass dem Täter nachgewiesen werden kann, es sei ihm allein auf die Zerstörung der von ihm verhassten Gruppe angekommen. Es genügt, wenn die Zerstörung ein Zwischenziel darstellt.[95] Im Fall Syriens wurde Völkermord und die Beihilfe dazu durchaus extensiv ausgelegt. Die vom IS attackierte Gruppe war die der Jesiden, deren Mitglieder systematisch verschleppt, misshandelt und sexuell versklavt wurden.[96] Schließlich wurde auch eine Verurteilung ausgesprochen, Kinder in das Kriegsgebiet verbracht und dem IS zur gewaltsamen Erziehung überlassen zu haben.[97] Solch ein Vorgehen kann auch als Rekrutierung von Kindersoldaten geahndet werden.[98]

Diese Entwicklungen in der Rechtsprechung sind allesamt sehr zu begrüßen. Das Völkerstrafrecht entwickelt sich, wie Recht überhaupt, anhand von Fällen. Das ist Justizalltag. Damit verbunden sind Klarstellungen zur Situation durch vor allem in bewaffneten Konflikten stark gefährdete Opfergruppen. Die Fälle stammen im Übrigen bei Weitem nicht ausschließlich aus Syrien und dem Irak. Die deutsche Justiz ist auch tätig in Fällen aus Sri Lanka, Ruanda, Pakistan, Libyen, dem Kongo, Gambia, Afghanistan und der Ostukraine. Die Angeklagten gehören 21 unterschiedlichen Nationen an. All das ist einsehbar in einer Datenbank der International Criminal Law Research Unit der Universität Erlangen-Nürnberg und der Internationalen Akademie Nürnberger Prinzipien.[99] Verbessert werden muss noch die Kommunikation unter den Staaten, aber das bereits erwähnte Genocide-Network fungiert hier als wichtiger Dreh- und Angelpunkt.

Kommt dem Internationalen Strafgerichtshof bei all dem nun lediglich eine Zuschauerrolle zu? Nicht zu übersehen ist, dass der Internationale Strafgerichtshof, der ja erst 2002 eingerichtet worden ist, mit erheblichen Schwierigkeiten zu kämpfen hat und zudem aktuell massiv unter Beschuss geraten ist. Immerhin werden enorme Geldbeträge eingesetzt: 2003 wurde der Internationale Strafgerichtshof mit einem Jahresbudget von 50 Millionen Euro eingerichtet.[100] Für 2025 beträgt das Budget 200 Millionen Euro.[101] Es verteilt sich aktuell auf 125 Mitgliedstaaten. Die Bundesrepublik Deutschland ist nach Japan der größte Beitragszahler.

Schaut man auf die Daten, so verzeichnet das Gericht 33 Fälle in zwölf Situationen. 69 Angeklagte, wobei 30 davon flüchtig sind. Fünf Situationen sind abgeschlossen, in drei Situationen finden noch Vorermittlungen statt.[102] Schwer beeindruckt ist man von diesen Zahlen, mehr als zwei Jahrzehnte nach der Aufnahme der Strafverfolgung in Den Haag, nicht.

Dabei hat das Gericht eigentlich zunächst vieles richtig gemacht. Der erste Fall gegen Thomas Lubanga Dyilo thematisierte das massive Problem der Kindersoldaten in unzähligen afrikanischen Bürgerkriegen. Es verfolgte in Uganda die Lord's Resistance Army, unter ihrem Anführer Joseph Kony eine der schlimmsten Terrororganisationen überhaupt.

Auch im Sudan intervenierte der Internationale Strafgerichtshof in einem furchtbaren Bürgerkrieg und stellte einen Haftbefehl gegen das Staatsoberhaupt aus: Genau das waren doch die Gründe, warum der Internationale Strafgerichtshof eingerichtet worden war!

Freilich übernahm er sich auch: Die Verfahren wegen Unruhen im Zusammenhang mit Wahlen in Côte d'Ivoire verliefen nicht nur im Sande, sondern scheiterten krachend wegen massiver Zeugenbeeinflussung. In Uganda hatte der erste Ankläger Luis Moreno Ocampo zu sehr gemeinsame Sache mit der ugandischen Regierung gemacht, was den Eindruck der einseitigen Ermittlungen verstärkte. In dem großen Verfahren gegen Jean-Pierre Bemba erfolgte nach zehn Jahren schließlich ein Freispruch, weil die Befehlskette nicht hinreichend klar dargelegt und damit die Schuld des Kommandeurs Bemba nicht begründet werden konnte. Ein Freispruch ziert ein Gericht und spricht für dessen Unabhängigkeit. Für die Anklagebehörde war er aber ein schwerer Rückschlag, der auch hätte vermieden werden können. Der Antrag auf Eröffnung eines Ermittlungsverfahrens wegen Taliban-Verbrechen, aber auch wegen CIA-Operationen in Afghanistan, wurde von der Vorverfahrenskammer abgelehnt. Die Begründung ist dabei so fadenscheinig, dass die Unabhängigkeit der Kammer hier wiederum stark in

Zweifel gezogen werden kann. Vorauseilender Gehorsam gegenüber den USA? Ein schwerer Vorwurf gegenüber einem Gericht, das gerade die Mächtigen kontrollieren soll. Mittlerweile sind die Ermittlungen wieder aufgenommen, allerdings explizit ohne Ermittlungen gegen US-Staatsangehörige.[103]

Das alles führte zu massiver Kritik afrikanischer Staaten, bei denen die Überzeugung wuchs, dass das Gericht Ausdruck europäischer Überheblichkeit sei. Dabei war und ist gerade der afrikanische Kontinent der mit den meisten Mitgliedstaaten am Internationalen Strafgerichtshof. Es waren gerade afrikanische Akteure, die sich für die Einrichtung engagiert hatten. Auch personell waren und sind afrikanische Staaten in Den Haag stark vertreten. Die zweite Chefanklägerin, Fatou Bensouda, kam aus Gambia. Der vierte Präsident, Chile Eboe-Osuji, aus Nigeria. Aktuell stammt ein Drittel der achtzehn Richter aus afrikanischen Staaten. Allerdings dauerte es tatsächlich mehr als zehn Jahre, bis auch eine Situation außerhalb des afrikanischen Kontinents bei der Anklagesituation des Internationalen Strafgerichtshofs eröffnet wurde. Am 13. Oktober 2015 ersuchte die Anklägerin um Autorisierung, Ermittlungen in Ossetien in Georgien durchführen zu können.[104] Es folgten Ermittlungen auf den Philippinen, in Myanmar, Kolumbien, Venezuela, Afghanistan, Belarus und letztlich nun auch in Palästina und in der Ukraine.

Die Mehrzahl der Fälle stammt immer noch aus Afrika; der Kontinent ist aber auch besonders betroffen von blutigen Konflikten. Eine eigene afrikanische Lösung, in Form eines regionalen Strafgerichtshofs, die immer wieder gefordert und erwogen wird, zeichnet sich aber auch nicht wirklich ab. Der erste Chefankläger hat also richtig gehandelt, als er dort ermittelte, wo schreckliche Konflikte die Zivilbevölkerung drangsalierten und die Zustimmung zum Gerichtshof am größten war. Bislang hat auch nur ein afrikanischer Staat, Burundi, die Mitgliedschaft am Internationalen Strafgerichtshof wieder aufgekündigt. In Südafrika wurde zwar auch ein Austritt erwogen, letztlich aber nicht vollzogen.

In den Anfangsjahren war die Konzentration auf Kindersoldaten in Afrika auch inhaltlich richtig. Die Aktivitäten des Internationalen Strafgerichtshofs haben tatsächlich zu einem Rückgang der Rekrutierung von Kindern geführt. Schließlich konnte man vor allem den mittleren Befehlsebenen klar zu verstehen geben, dass ihnen Strafverfolgung droht, wenn sie Kinder für sich kämpfen lassen. Die abschreckende Wirkung hat in den letzten Jahren allerdings wieder nachgelassen, da die Anklagebehörden in Den Haag und andernorts nicht gerade bedrohlich wirken.

Der Internationale Strafgerichtshof kämpft allerdings auch mit strukturellen Problemen.[105] Einige davon sind einer internationalen Organisation immanent, andere sind hausgemacht. Die ausgesprochen politisierte Wahl der Richterinnen und Richter führt tatsächlich zu einem Qualitätsproblem. Diplomatische Bekanntheit zählt da häufig mehr als juristische Qualifikation. Und auch bei der juristischen Qualifikation wird oft zu wenig auf strafprozessuale Erfahrung gesetzt. Der Umgang mit Staatsanwältinnen und Verteidigern will aber ebenso gelernt sein wie der Umgang mit Zeuginnen und Zeugen. Sicherlich kämpft der Internationale Strafgerichtshof auch damit, dass die Strafprozessrechte der Staaten sehr unterschiedlichen Rechtstraditionen folgen und das nicht nur in Details, sondern in fundamentalen Fragen. Während etwa in Deutschland die Richterin im Verfahren auch die Beweispräsentation bis hin zur Zeugenvernehmung selbst führen muss, ist der Richter in England eher Schiedsrichter zwischen den Parteien, die jeweils wechselseitig die Beweise einer Geschworenenbank präsentieren und diese von der Schuld oder Unschuld des Angeklagten überzeugen müssen. Die Verfahrensordnung am Internationalen Strafgerichtshof ist in prozessualen Fragen sehr offen und lässt Raum für vieles. Dieser Umstand führt aber dazu, dass es noch immer keine rechte Verfahrenstradition gibt, sondern die Verfahrensführung sehr stark davon abhängt, welcher Richter bzw. welche Richterin den Vorsitz in der Verfahrenskammer führt. Das Verfahren gegen Thomas Lubanga des englischen Richters Fulford wirkte im Vergleich zu dem des deutschen Richters Schmitt gegen Dominic Ongwen wie von einem anderen Stern. Langsam werden solche Unterschiede in der Richterschaft durch Handreichungen und Handbücher geringer. Die Amtszeit ist mit neun Jahren ja auch verhältnismäßig kurz. Bedenkt man, dass die Verfahren in Den Haag im Durchschnitt bis zum rechtskräftigen Abschluss 7,5 Jahre dauern,[106] wird auch klar, dass eine einzelne Richterin kaum in der Lage ist, längerfristig die Verfahren zu prägen.

Der Internationale Strafgerichtshof ist eine politisch umstrittene Institution. Eine Zustimmung durch alle Staaten ist genauso unwahrscheinlich wie die Unterstützung der italienischen Staatsanwaltschaft durch die Mafia. Der Gerichtshof ist im zweiten Jahrzehnt seiner Existenz in schweres Fahrwasser geraten, seine Effizienz ist massiv infrage gestellt. Nach dem Überfall der Russischen Föderation auf die Ukraine am 24. Februar 2022 gewann das Gericht erneut an Bedeutung. Die Ukraine hatte dafür gesorgt, dass der Strafgerichtshof Ermittlungen aufnehmen konnte, was der Ankläger Karim Khan auch unverzüglich tat. Neue Formen der Zusammenarbeit mit Nachbarstaaten über Eurojust wurden gefunden. Sichtbar wurde allerdings auch das Manko, dass das Kernverbrechen, nämlich der Überfall auf die Ukraine überhaupt, nicht thematisiert werden konnte. Die Zuständigkeitsregeln für das Aggressionsverbrechen sehen vor, dass, wie bereits erwähnt, auch der Aggressorstaat dem Verfahren zustimmt. Der Ankläger konnte dennoch einen Haftbefehl gegen den russischen Präsidenten Wladimir Putin erwirken und erhielt dafür allgemein Applaus.

Als am 7. Oktober 2023 die Hamas ein grausames Massaker in Israel anrichtete, stellte sich erneut die Zuständigkeitsfrage für den Internationalen Strafgerichtshof. Palästina war vom Gerichtshof bereits als Mitglied grundsätzlich anerkannt, was bedeutet, dass nach den Zuständigkeitsregeln alles, was auf Palästinensergebiet passiert, und alles, was von palästinensischen Staatsangehörigen verursacht wird, in Den Haag zur Anklage gebracht werden kann. Ankläger Karim Khan besuchte am 3. Dezember 2023 die Region, als die Verteidigungsoperation Israels bereits in vollem Gang war. Er erklärte sich für grundsätzlich zuständig und zwar für beide Seiten.[107] Am 20. Mai 2024 dann sorgte er für einige Aufregung, als er Haftbefehle bei der Vorverfahrenskammer beantragte, und zwar nicht nur für die Hamas-Führung, sondern auch für den israelischen Ministerpräsidenten Benjamin

Netanjahu und den damaligen Verteidigungsminister Yoav Gallant wegen des Verdachts von Kriegsverbrechen und Verbrechen gegen die Menschlichkeit. Dass er dabei auf ein hochkarätig besetztes Beratungsgremium verwies, darunter die Menschenrechtsanwältin Amal Clooney und der frühere Präsident des Jugoslawienstrafgerichtshofs Theodor Meron, das seine Anträge überprüft und gutgeheißen hatte, erhitzte die Gemüter zusätzlich. Vom deutschen Auswärtigen Amt wurde der Eindruck der Gleichsetzung von Hamas-Terroristen und israelischer Staatsführung kritisiert.[108] Grundsätzlich stehe man aber hinter dem Internationalen Strafgerichtshof. Schwere Antisemitismus-Vorwürfe wurden von Israel erhoben. Netanjahu schreckte auch vor einem Vergleich Karim Khans mit NS-Richtern nicht zurück.[109] Andere Staaten urteilten vorsichtiger oder lobten den Chefankläger.

Die Gleichzeitigkeit der Anträge als solches ist vielleicht weniger irritierend als der Umstand, dass Den Haag so lange gebraucht hat, um gegen die Hamas-Führung Haftbefehle zu beantragen. Das wäre im Grund bereits am 8. Oktober möglich gewesen. Dass der grundsätzlich völkerrechtlich legale Verteidigungskrieg Israels in seiner Art und Weise der Durchführung den Verdacht aufkommen lässt, dass Kriegsverbrechen begangen werden, berechtigt einen Ankläger durchaus zur Beantragung von Haftbefehlen. Dass es dann auch die Staatsführung eines dem Rechtsstaat verpflichteten demokratischen Staates trifft, ist letztlich auch nicht ausgeschlossen. Der Gerichtshof wurde ja nicht nur für unangenehme Zeitgenossen gegründet, sondern gerade zur Kontrolle auch einer obersten Staatsführung.

Hat man sonst dem Internationalen Strafgerichtshof

gern vorgeworfen, zu einseitig zu ermitteln, wird nun kritisiert, dass er beide Kriegsparteien unterschiedslos untersucht. Er kann es einfach nicht richtig machen. Damit muss er aber leben, sowohl der Chefankläger als auch der Gerichtshof insgesamt. Sie stehen in einem politischen Minenfeld, das sich im Fall der Ukraine und Palästinas über den gesamten Globus erstreckt.

Dass sich die Vorverfahrenskammer dann auch lange Zeit ließ, um die Haftbefehlsanträge zu prüfen, lässt sich hinsichtlich der Anträge gegen Netanjahu und Gallant vielleicht verstehen. Gegen die Hamas-Führer hätten die Haftbefehlsanträge sofort entschieden werden können. Damit wäre man dem Vorwurf der Gleichzeitigkeit offensiv begegnet. Ein so aufwendiges Verfahren, das begonnen wurde, indem Staaten die Möglichkeit eröffnet wurde, sich am Verfahren zu beteiligen, wirkt angesichts des prozessualen Anlasses dann ein bisschen so, als wollten die Richter Zeit gewinnen. Am 21. November 2024 wurden die Haftbefehle dann aber schließlich doch erlassen, und zwar sowohl gegen den Hamas-Chef Al-Masri, der möglicherweise damals nicht mehr am Leben war, als auch gegen Ministerpräsident Netanjahu und Verteidigungsminister Gallant. Nun sind die Haftbefehle in der Welt, und jeder Mitgliedstaat des Internationalen Strafgerichtshofs ist verpflichtet, diese zu vollstrecken. Eine personelle Immunität, die vor nationalen Gerichten ja grundsätzlich gilt, gilt hier nicht, denn die nationalen Strafverfolgungsbehörden agieren hier nicht aus eigener Kompetenz, sondern als der verlängerte Arm des Internationalen Strafgerichtshofs. Dieser Umstand hat grundsätzlich Konsequenzen auf die Reisetätigkeit des per Haftbefehl Gesuchten. So konnte Wladimir Putin nicht nach Südafrika oder Brasilien reisen, und Netanjahu wird auch mit europäischen Verbündeten Schwierigkeiten bekommen, sollte er hier einreisen wollen. Zwar konnte Putin die ehemalige Sowjetrepublik Mongolei besuchen und unbehelligt wieder verlassen. Die wurde in der Vertragsstaatenversammlung aber dafür deutlich kritisiert. Dass der ungarische Staatspräsident Victor Orbán Netanjahu in Budapest empfangen hat, ist pure Provokation. Auch hier folgte eine deutliche Kritik seitens des Gerichtshofs, aber auch seitens der EU, die aber letztlich folgenlos bleiben wird. Dass kurz nach der Bundestagswahl Friedrich Merz als zukünftiger Bundeskanzler den israelischen Ministerpräsidenten nach Deutschland eingeladen und sicheres Geleit zugesichert hat, hat einen kleinen akademischen Shitstorm ausgelöst, was hoffentlich zu einem Umdenken bei Merz geführt hat. Netanjahu trotz des Haftbefehls aus Den Haag nicht zu verhaften, wäre auch nach deutschem Recht als Strafvereitelung zu ahnden. Eine Einladung Netanjahus würde Deutschland auf eine Stufe mit Orbáns Ungarn stellen, der in der Folge dem Strafgerichtshof offen den Rücken zukehrt und für Ungarn als erster EU-Staat den Austritt aus dem Römischen Statut erklärt hat.

Der Internationale Strafgerichtshof arbeitet. Er arbeitet fleißig und hat zuletzt durch spektakuläre Haftbefehle auf sich aufmerksam gemacht. Es ist gut, dass in den Konflikten der Welt das Völkerstrafrecht eine Rolle spielt und der Internationale Strafgerichtshof aktiv wird.

Ob die Anklagestrategie, jeweils auf die Staatsspitze zu zielen, letztlich gut für die Entwicklung des Gerichtshofs ist, bleibt abzuwarten. Das Recht, wie wir im Kontext der nationalen Verfahren gesehen haben, entwickelt sich durch Fälle. Gerade die gehen dem Internationalen Strafgerichtshof aber derzeit aus. Denn die Haftbefehle gegen Staatspräsidenten und Ministerpräsidenten sind nicht zu realisieren. Eine Konzentration auf das Machbare wäre hier dringend angeraten. Auch der Jugoslawienstrafgerichtshof hat mit der mittleren Befehlsebene und auch mit dem einen oder anderen einfachen Soldaten begonnen, bevor den Hauptverantwortlichen für die Massaker in Bosnien der Prozess gemacht werden konnte. Zu diesem Zeitpunkt hatte sich das Gericht aber schon gefunden, hatte Routinen und Verfahrenstraditionen entwickelt. Der Internationale Strafgerichtshof ist davon noch ziemlich weit entfernt. Er braucht Praxis. Insofern ist es ein echter Glücksfall, dass die eigentlich schon aus dem Statut ausgetretenen Philippinen nach dem Machtwechsel den ehemaligen Präsidenten Rodrigo Duterte, der mit Haftbefehl gesucht wurde, festgenommen und an den Gerichtshof überstellt haben. Hier muss sich der Gerichtshof nun beweisen. Hoffentlich auf eine Art und Weise, dass die Philippinen und vielleicht auch andere Staaten sich davon überzeugen lassen, dem Statut (wieder) beizutreten.

Gerade die Haftbefehle gegen israelische Politiker sind Wasser auf die Mühlen der Trump-Regierung und deren Hass auf das Den Haager Gericht. Die gegenüber dem Strafgerichtshof traditionell kritischen USA hatten aber schon vor dem Einzug Donald Trumps ins Weiße Haus Sanktionen gegen den Gerichtshof und seine Angestellten in die Wege geleitet. Als der US-Senat noch zögerte, das Gesetz anzunehmen, kam der Präsident mit einem Dekret dem Gesetz zuvor und verhängte Sanktionen gegen Ankläger Karim Khan. Nunmehr sind auch private Sanktionen gegen vier weitere Richterinnen verhängt worden, allesamt Frauen aus kleineren Staaten (Benin, Peru, Slowenien und Uganda). Die Einschnitte in das Privatleben der betroffenen mutigen Frauen sind massiv und umfassen Reisebeschränkungen, Kreditkartensperrungen sowie die Einschränkung weiterer Dienstleistungen. Auch der Internationale Strafgerichtshof selbst hat als Institution mit den Sanktionen zu kämpfen. Glücklicherweise stehen holländische Banken mit ihren Dienstleistungen an der Seite des Gerichts.

Lawfare: Recht als Mittel der Kriegsführung

Bis vor wenigen Jahren hatte der Internationale Gerichtshof eine eher überschaubare Anzahl an Verfahren im Jahr zu bewältigen. Das hat sich mittlerweile dramatisch verändert. Geradezu wie am Fließband gehen mittlerweile die Klageschriften ein. Neben den zahllosen kriegerischen Auseinandersetzungen in der Welt wird der Internationale Gerichtshof nun zum juristischen Schlachtfeld. Dafür gibt es einen Begriff: *Lawfare.*

Aber auch vor anderen Gerichten werden internationale Konflikte ausgetragen oder es werden juristische Maßnahmen für oder gegen gewisse Ziele in Stellung gebracht. Unter dem Namen *Lawfare* firmiert auch eine US-amerikanische Multimediaplattform, die es sich zur Aufgabe gemacht hat, wichtige Entwicklungen im nationalen Sicherheitsrecht der USA kritisch und unabhängig zu kommentieren.[110] Schließlich gibt es noch *The Lawfare Project.*[111] Hier handelt es sich um eine Hilfsorganisation gegen antisemitische Übergriffe.

Wir beziehen uns hier auf die Bedeutung des Einsatzes rechtlicher Mittel in der Außenpolitik. Das kann auch mehr bedeuten als nur gerichtliche Verfahren. Es geht um den Einsatz juristischer Mittel, um politische Ziele zu erreichen. Zum Beispiel wenn die britische Regierung einem Versicherungsunternehmen in London nahelegt, einer russischen Reederei die Versicherungen für die Schiffe zu kündigen, kann die Reederei keine Waffen mehr per Schiff nach Syrien liefern.[112]

Häufig »bekriegt« man sich wechselseitig mit rechtlichen Maßnahmen: Erlässt der Internationale Strafgerichtshof einen Haftbefehl gegen Wladimir Putin, erwirkt der russische Generalstaatsanwalt im Gegenzug Haftbefehle gegen die Richterinnen und Richter des Internationalen Strafgerichtshofs vor einem russischen Gericht. Deutsche Diplomaten fürchten im Ausland festgehalten zu werden, als Revanche für die Ausübung des Universalitätsprinzips durch den Generalbundesanwalt ohne Rücksicht auf diplomatische Immunitäten.

Staaten verklagen sich, um politische Aufmerksamkeit für ein Thema oder eine Situation zu erreichen. Gambia verklagt Myanmar, Nicaragua Deutschland, Südafrika Israel. Es sind keine Nachbarschaftsstreitigkeiten, die von diesen Staaten nach Den Haag gebracht werden; es geht um die Auslegung der Völkermordkonvention und um Menschenrechtsverletzungen in Asien und Palästina. Es geht nicht um tatsächliche Schutzinteressen des klagenden Staates, es geht ums Prinzip, es geht ums Rechthaben. Dass dahinter oftmals auch gute Absichten stehen, soll gar nicht bezweifelt werden. Dass der Internationale Gerichtshof auch angerufen wird, um auf Menschenrechtskrisen hinzuweisen, ist grundsätzlich begrüßenswert. Die Frage, die sich indes stellt, lautet: Was macht diese Strategie mit dem Recht? Wird das Völkerrecht dadurch mächtiger und gewinnt an Einfluss oder tritt nicht eher das Gegenteil ein? Wird es politisiert, instrumentalisiert und damit beliebig? Ist *Lawfare* ein weiteres Zeichen der Ohnmacht des Völkerrechts?

Der Begriff *Lawfare* ist eine Wortkombination aus *Law* (Gesetz) und *Warfare* (Kriegsführung). Er hat eine zweifache Bedeutung: Zum einen kann der Einsatz von Recht durch einen Staat gegen einen verfeindeten Staat gemeint sein, um vor allem die Legalität von Militäroperationen oder außenpolitischen Handlungen anzuzweifeln. Zum anderen kann *Lawfare* aber auch allgemeiner den strategischen Einsatz von Gerichtsverfahren bedeuten, um Gegner einzuschüchtern oder zu behindern.[113] Im Kontext bewaffneter Konflikte ist *Lawfare* ein Teil der zuvor diskutierten hybriden Kriegsführung.[114]

Tut man damit dem Völkerrecht einen Gefallen? Erhöhte Aufmerksamkeit erfährt das Recht auf jeden Fall, große Anwaltskanzleien oder international renommierte Völkerrechtsprofessoren werden für viel Geld mit der Interessenvertretung vor Gericht beauftragt. Der Sinn eines Gerichtsverfahrens ist ja gerade die Versachlichung des Streits und die Überleitung der Auseinandersetzung in ein unabhängiges Verfahren auf juristischer Basis. Der Streit soll von unparteiischen Richterinnen und Richtern entschieden werden, nicht auf dem Schlachtfeld. Mit der Einreichung einer Klageschrift sollte eine Deeskalation des Streits verbunden sein. Dieser Effekt stellt sich aktuell nun aber nicht ein. In Luhansk wird weiter geschossen, während in Den Haag rechtlich darüber gestritten wird, ob die Ukraine einen Völkermord an der russischen Bevölkerung begeht, wie das ja von Russland behauptet wird, um die »Spezialoperation« zu legitimieren. Im Gazastreifen sterben weiterhin täglich Frauen und Kinder, während vor dem Internationalen Gerichtshof das Für und Wider abgewogen wird, ob Israel einen Völkermord an der palästinensischen Bevölkerung begeht. Aserbaidschan lässt die Muskeln spielen, um Armenien zur Rücknahme des vor dem Internationalen Gerichtshof gegen den hochgerüsteten Nachbarn Aserbaidschan angestrengten Verfahrens wegen Verstoßes gegen die UN-Anti-Rassismus-Konvention zu zwingen. Auch Deutschland liefert Israel weiter Waffen, freilich gegen die Zusicherung, damit keine Kriegsverbrechen zu begehen.[115]

Gekämpft wird also parallel, sowohl auf dem Schlachtfeld mit Waffen oder durch Drohung mit Waffen als auch vor Gericht mit Schriftsätzen, Beweisen und Argumenten.

Der Umstand, dass die Entscheidung nicht nur vor Gericht, sondern gleichzeitig auch auf dem Schlachtfeld gesucht wird, zeugt einerseits von mangelndem Respekt vor dem Recht und vor Gerichten. Andererseits genügt es offenbar nicht mehr, auf dem Schlachtfeld zu siegen. Man will auch recht haben und von einem Gericht bestätigt bekommen, legal gehandelt zu haben. Dies wiederum zeugt von einer hohen Bedeutung des Rechts und vom Respekt vor den Gerichten. Das klingt ambivalent, geradezu schizophren.

Auch Deutschland hat erhebliche Probleme im Umgang mit Verfahren vor dem Internationalen Gerichtshof. Die Klage Nicaraguas gegen Deutschland wegen der Unterstützung Israels macht die politische Zwickmühle, in der sich die Bundesrepublik befindet, mehr als deutlich. Offiziell geht es um »Certain international obligations in respect of the occupied Palestinian Territory«. Dass ausgerechnet Deutschland von Nicaragua vor die internationale Richterbank zitiert wird, ist sicherlich bemerkenswert. Nicaragua will mit der Klage ablenken von den massiven Menschenrechtsverletzungen im eigenen Land. Kurz bevor die Klage in Den Haag lanciert wurde, veröffentlichte eine UN-Expertenkommission einen umfassenden Bericht mit entsprechenden Vorwürfen gegen Nicaragua.[116] Durch Klageerhebung von den eigenen Problemen abzulenken, ist ein klassisches Manöver aus dem Handbuch des *Lawfare*. Deutschland, das gern Menschenrechtsverletzungen im Ausland und speziell auch in Nicaragua anprangert, ja sogar deswegen in Nicaragua Entwicklungshilfeprogramme eingestellt hat, nun gerade wegen Verletzungen der Völkermordkonvention und der Genfer Konventionen zu verklagen, kommt hier gerade recht. Ob Russland die juristischen Angriffe gegen Deutschland finanziert, ist nicht bewiesen. Alte Verbindungen legen das aber durchaus nahe.

Deutschland muss sich nun verteidigen, indem es Israel verteidigt. Der Bundesrepublik wird vorgeworfen, Israel bei der Verletzung der Völkermordkonvention und der Missachtung des humanitären Völkerrechts im Kampf gegen die Hamas im Gazastreifen zu unterstützen. Der Vorwurf setzt voraus, dass Israel in Gaza tatsächlich das Völkerrecht massiv verletzt. Das wiederum ist, zumindest in Bezug auf den Völkermordvorwurf, Gegenstand eines Verfahrens, das Südafrika unmittelbar gegen Israel angestrengt hat. Die Verfahren hängen also zusammen, und die Bundesrepublik ist hin- und hergerissen zwischen dem israelischen Recht auf Selbstverteidigung gegenüber Terroristen, die es auf die Zerstörung des Staates Israel abgesehen haben, und dem schweren Leid der palästinensischen Bevölkerung, ausgelöst durch militärische Operationen Israels im Gazastreifen. Die internationalen Richter haben keine vorläufigen Maßnahmen verhängt, in ihrer Entscheidung aber auch noch einmal klargestellt, dass Deutschland (wie alle anderen Staaten auch) aus der Völkermordkonvention heraus verpflichtet ist, alles überhaupt Mögliche zu tun, um Völkermord zu verhindern.[117] In der Hauptsache stehen die Entscheidungen in beiden Verfahren noch aus.

Für Staaten ist das rechtliche Argument wichtig. Die Zeiten, in denen souveränes staatliches Handeln keiner rechtlichen Begründung bedurfte, sind lange vorbei. Legitimität und Akzeptanz von Macht hängen auch davon ab, dass jedenfalls der Anschein gewahrt wird, die Politik bewege sich im Rahmen des rechtlich Zulässigen. Das ist natürlich kein neues Phänomen und auch zur Stabilisierung von innerstaatlicher Tyrannei und Diktatur bekannt. Wer einen besonders drastischen Vergleich sucht: Selbst für Adolf Hitler war es von enormer Bedeutung, die Juristen auf seiner Seite zu haben. Die bereitwillige Gefolgschaft der deutschen Justiz hat ihm enorm dabei geholfen, seine Macht zu entwickeln und zu stützen. Ohne den Segen der Justiz hätte die deutsche Bevölkerung die schlimmen Diskriminierungen des Hitler-Regimes möglicherweise nicht mitgetragen. Die rechtliche Absicherung war das Rückgrat für die Akzeptanz der Diktatur.

Wird das rechtliche Argument und werden Gerichtsverfahren wichtiger, so ist das zunächst eine gute Nachricht für das Völkerrecht. Denn die Rechtspraxis ist im Völkerrecht noch wichtiger als im nationalen rechtsstaatlichen Kontext, weil der legislative Prozess im Völkerrecht sperriger und langwieriger ist als auf nationaler Ebene. Das Völkerrecht besitzt mit dem Völkergewohnheitsrecht darüber hinaus noch eine wichtige Rechtsquelle, die auf praktischem Handeln beruht und nicht auf geschriebenem Recht.

Allerdings kann das Recht seine ordnende und befriedende Kraft nur ausüben, wenn es auch akzeptiert wird, dass sich die Macht dem Recht beugt. Das ist es, was Robert H. Jackson in seiner Eröffnungsrede des Nürnberger Hauptkriegsverbrecherprozesses meinte. Dass die Alliierten sich dem Recht unterwarfen, indem sie die Täter vor ein Gericht stellten, war das größte Zugeständnis ihrer Macht dem Recht gegenüber. Diese Einstellung vermissen wir heute. Es wird zwar vor Gerichten um Recht gestritten, aber die Anordnungen der Gerichte werden nicht durchgängig beachtet. Das zeigt sich im Verhalten der Staaten gegenüber dem Internationalen Gerichtshof ebenso wie vielfach im Umgang mit Haftbefehlen des Internationalen Strafgerichtshofs. Man kann nun negativ bewerten, dass praktische Auswirkungen des Völkerrechts kaum erkennbar sind und das Recht daher beinahe bedeutungslos ist. Man kann es aber auch positiv betrachten als ersten Schritt in Richtung rechtsstaatliche Verlässlichkeit des Völkerrechts.

Letztlich ist aber eines fundamental wichtig: Das Recht muss als fair wahrgenommen werden. Wird es das nicht, verliert es an Akzeptanz und verdient am Ende auch keinen Respekt mehr.

Das hat jüngst auch eine Vorverfahrenskammer sehr überzeugend mit Bezug zur Tätigkeit des Internationalen Strafgerichtshofs ausgedrückt: »Nicht nur Unparteilichkeit, sondern auch der Anschein von Unparteilichkeit ist eine unabdingbare Voraussetzung dafür, dass die Gerechtigkeit zu Frieden und Versöhnung beiträgt.« Recht heißt immer auch: Kontrolle der Macht und der Mächtigen. Deshalb muss der Ankläger am Internationalen Strafgerichtshof seine Tätigkeit auf die im Völkerrecht Schwachen und Machtlosen ausrichten und Rücksicht nehmen auf »die Pflichten und Verpflichtungen gegenüber den Opfern und nicht gegenüber den Staaten«.[118]

Die Respektlosigkeit vor dem Recht ist unerträglich – und nun?

Als Donald Trump am 20. Januar 2025 zum zweiten Mal ins Weiße Haus einzog, veränderte sich die weltpolitische Lage schlagartig. Was man in der ersten Amtszeit von 2017 bis 2021 noch irgendwie kitten konnte, brach sich jetzt – nach vier Jahren Vorbereitungszeit – brutal Bahn: Die USA verabschiedeten sich als Führungsmacht des Westens. Der 1945 begründete Wertekonsens ist seitens der USA aufgekündigt.

Harold Koh, Rechtsberater des US State Department unter Präsident Barack Obama, vertrat nach Trump I und während der Biden-Administration eine prominente Stimme liberaler internationaler Überzeugungen. Dazu gehörte auch die einzigartige Rolle der USA beim Einfordern der Werte einer internationalen Rechtsordnung. Diese Werte fungierten als Maßstab für politisches Handeln vor dem Hintergrund der Kernaussage: Das internationale Recht sollte humanitären Zwecken dienen.[119]

Im Februar 2025 sprach Vizepräsident J.D. Vance auf der Münchener Sicherheitskonferenz von persönlicher Freiheit und Meinungsfreiheit. Er meinte aber nicht die Freiheit im Sinne eines gesellschaftlichen Zueinanderfindens, wie wir es in der europäischen Grundrechtstradition leben, sondern die Freiheit der Tech-Konzerne, die zu unbegrenzter Manipulation und unkontrollierter Macht führt.[120] Das MAGA-Diktat (»Make America Great Again«) ist eine dezidierte Abwendung vom Führungsanspruch der USA in der transatlantischen Wertegemeinschaft. Politische Größe in der Isolation einer faschistoiden Gesellschaftsordnung zu suchen, hat mit den mühsam erkämpften Menschenrechten und der Wiederherstellung der Demokratie nach 1945 nichts mehr zu tun.

Die Erosion der Menschenrechte in den internationalen Beziehungen und in der amerikanischen Politik lässt sich aber gewiss schon seit dem Terrorangriff 9/11 und den Reaktionen darauf beobachten, wie schon beschrieben wurde. Sicherheit geht vor. Ob in irakischen Foltergefängnissen, in Guantánamo, bei gezielten Tötungen, stets wurden die Menschenrechte hintangestellt und sicherheitspolitischen Interessen geopfert.

Internationale Vereinbarungen werden schamlos politisch instrumentalisiert oder ideologisch ausgenutzt. Der US-Senat etwa hat keine Probleme damit, die Gerichtsbarkeit des Internationalen Strafgerichtshofs im Fall des Ukrainekriegs zu akzeptieren. Russische Staatsbürger sollen sich ruhig vor dem Internationalen Strafgerichtshof verantworten müssen, auch wenn Russland selbst kein Mitgliedstaat des Gerichts ist. Derselbe Senat hält hingegen ein Strafverfahren vor dem Internationalen Strafgerichtshof gegen israelische Staatsbürger für illegitim, gerade weil der Staat Israel kein Mitglied des Internationalen Strafgerichtshofs ist.[121] Die Welt wird also geteilt in Freund und Feind, liebsam und unliebsam, dankbar und undankbar. Da Europa sich als undankbar erweist, wird die NATO-Verteidigungsallianz infrage gestellt. Wenn sich die Ukraine nicht beugt, werden die Militärhilfen eingestellt.

Europa hat es sich nach 1945 in der westlichen Allianz bequem gemacht und sich in vielen sicherheitspolitischen Fragen auf die USA verlassen. Gerade auch in militärischen Angelegenheiten hatten sich die USA bereitwillig in Europa ausgebreitet, und Europa hat sich dankbar unter diesen Schutzschirm begeben. Nach 1989 war man sich als vermeintlicher Sieger des Kalten Kriegs gerade auch in Deutschland sicher, unter dem Banner von Demokratie, Menschenrechten und wirtschaftlichen Versprechungen den europäischen Kontinent bis über Moskau hinaus einigen zu können.

Die Situation ist nun eine andere. Europa steht im Wesentlichen allein da. Die USA haben den Wertekonsens aufgekündigt und orientieren sich aus strategischen Gründen schon seit Barack Obama auf den pazifischen Raum. Der alte »Westen«, unter dem man so viel mehr als nur den geografischen Teil westlich der Berliner Mauer verstand, ist schon seit einigen Jahren unter Druck geraten. Die USA sind nun »ausgetreten«.

Russland verfolgt aus geopolitischen Interessen die

Absicht, Europa zu spalten. China strebt die wirtschaftliche Weltherrschaft an. Bröckelt der Konsens weiter und nimmt der Respekt vor dem Völkerrecht weiter ab, so ist es nicht undenkbar, dass sich China ermutigt fühlt, Taiwan anzugreifen, dass Indien und Pakistan wieder mit Waffengewalt um Kaschmir kämpfen, dass Donald Trump Grönland besetzt und Russland Moldawien okkupiert und die baltischen Staaten angreift. Das würde letztlich Krieg in ganz Europa bedeuten, denn dann wären NATO und EU angegriffen, weitere Eskalationen auch nuklearer Art nicht ausgeschlossen.

Und das Völkerrecht? Es wäre tatsächlich ohnmächtig. Der gute Wille der Staaten ist Voraussetzung dafür, dass die Völkerrechtsordnung funktioniert. Es gibt im Völkerrecht eben kein Gewaltmonopol wie im Nationalstaat. Es gibt keine Weltpolizei, die Schurkenstaaten das Handwerk legen kann, wie es die Sicherheitsorgane im Nationalstaat können. Gewiss, es wurde versäumt, die Vereinten Nationen in den frühen 1990er-Jahren zu reformieren. Die Machtbalance im wichtigsten Gremium, dem Sicherheitsrat der Vereinten Nationen, müsste dringend neu kalibriert werden. Ob das damals möglich gewesen wäre, bleibt historische Spekulation. In der aktuellen Situation jedenfalls gilt in letzter Konsequenz das Recht des Mächtigeren bei gleichzeitiger Ohnmacht des Völkerrechts.

Gibt es nun gar keine Hoffnung? Doch, die gibt es. Es gibt genug Staaten, die an Menschenrechte, Demokratie und Rechtsstaat glauben. Dabei handelt es sich bei Weitem nicht nur um europäische Staaten. Auch in vielen Staaten in Lateinamerika, wo auch der Interamerikanische Menschenrechtsgerichtshof hohes Ansehen genießt, vertraut man auf die gemeinsamen Wertegrundlagen auch und gerade gegenüber den sich nun abwendenden USA. Australien, Japan und Südkorea sind weitere Staaten im pazifischen Raum, die Teil des Westens sein wollen. In Europa sollten wir uns auch der Tatsache bewusst sein, dass der Kontinent seit 1990 an politischem Gewicht gewonnen hat. Die mittel- und osteuropäischen Staaten sind mehrheitlich stolz auf die neu gewonnene Freiheit. Multilateralismus, Rechtsstaat, Menschenrechte, so buchstabiert sich das sichere Fundament der Europäischen Union. Es hält trotz so vieler sprachlicher, religiöser, ethnischer Differenzen und gesellschaftlicher Unterschiede vom Donaudelta am Schwarzen Meer zur Algarve am Atlantischen Ozean zusammen. »Europe united« ist die richtige Antwort auf »America first«.

Deutschland steht im Zentrum dieses Europas, es liegt als Bindeglied zwischen dem alten Westen und dem neuen Osten. Es hat seit seiner Gründung nach anfänglichen Schwierigkeiten eine Vorreiterrolle in Europa übernommen. Rechtsstaat und Demokratie in Deutschland gelten als Vorbilder und werden häufig kopiert.[122] Das Bundesverfassungsgericht genießt hohes Ansehen, seine Rechtsprechung beeinflusst Menschenrechtsgerichte und Verfassungsgerichte weltweit. Das Zusammenleben in Deutschland funktioniert nicht zuletzt wegen einer starken Justiz als dritter Staatsgewalt. Sie wird als unabhängiger und korruptionsfreier Garant für Freiheit und Demokratie respektiert, und ihre Entscheidungen werden akzeptiert. Deutschland ist mit mehr als 80 Millionen Einwohnern Europas größter Staat und zugleich die stärkste Volkswirtschaft auf dem Kontinent und in der Union. Die Gesellschaft der Bundesrepublik Deutschland ist sogar in der Lage, mehrere Millionen Flüchtlinge aufzunehmen und dank auch der unzähligen freiwilligen Helferinnen und Helfer zu integrieren. Darauf sollte die Gesellschaft stolz sein. Sie ist – trotz des Erstarkens populistischer und rechtsextremer Parteien und Gruppierungen – eine offene, liberale und freundliche Gesellschaft.

Von diesem Deutschland wird nun erwartet, nicht nur seiner Vorreiterrolle in Europa gerecht zu werden, sondern als Vertreter des »Westens« auch darüber hinaus. Diese Erwartungshaltung an Deutschland ist nicht neu. Ihr wurde bislang aber mit höchster diplomatischer Zurückhaltung und vor allem mit dem Scheckbuch begegnet. Militärisch war die deutsche Gesellschaft in den letzten Jahrzehnten sogar darauf bedacht, sich so gut es geht zurückzuhalten. Das vermittelte ein gutes Gefühl, immer in dem selbst bestätigenden Bewusstsein, diese Zurückhaltung und dieser Pazifismus seien aus unserer Geschichte heraus verständlich und konsequent und das Resultat eines gelebten »Nie wieder«.

So einfach ist es nun nicht mehr.[123] Deutschland muss sich mehr zeigen, muss diplomatisch selbstbewusster die Initiative ergreifen, die Achse Warschau–Berlin–Paris muss rasch ausgebaut werden und sich als verlässliches politisches Fundament der EU erweisen. In Polen und in Frankreich wartet man darauf.

Deutschland will diese Rolle nicht. Es möchte sich lieber politisch kleinmachen. Das mit der großen Weltpolitik ist in Deutschland im 20. Jahrhundert zweimal katastrophal gescheitert und hat ganz Europa mit in den Abgrund gerissen. »Wir« trauen uns das nicht zu. »Uns« wird das aber zugetraut! Gerade angesichts der zivilisatorischen Abwärtsspirale, die sich vielfach beobachten lässt, setzt man im Ausland auf eine Führungsrolle Deutschlands in Sachen Demokratie, Rechtsstaat und Menschenrechte sowie bei der Verwirklichung einer internationalen Völkerrechtsordnung, die diesen Werten verpflichtet ist. Ausgerechnet das Land, das sich vor neunzig Jahren mit den rassistischen Nürnberger Gesetzen aus der zivilisierten Welt verabschiedet hat, symbolisiert im Jahr 2025 diese zivilisierte Welt.

Die Bundesrepublik Deutschland agiert hier natürlich im Verbund der europäischen Partner, insbesondere an der Seite Polens und Frankreichs. Wenn die EU stottert, was bei den schwierigen Strukturen mit Ländern wie aktuell Ungarn oder der Slowakei der Fall ist, müssen rasch andere Strukturen gefunden werden. Es funktioniert auch innerhalb der EU-Verträge, dass Staaten, die schneller voranschreiten wollen, ohne die Bremser voranschreiten. Jüngstes Beispiel: die Gründung der Europäischen Staatsanwaltschaft. Man darf sich von den Bremsern nicht das Tempo diktieren lassen und muss das auch nicht. Die Europäische Union muss die Werte und Erfahrungen, die sie gemeinsam nach zwei Weltkriegen erkämpft und etabliert hat, weltweit vertreten und vorleben. Nirgends ist die Freiheit so groß wie hier, nirgends ist die Sicherheit so hoch wie hier unter dem Schutz von Grundgesetz, Grundrechtecharta und Menschenrechtskonvention. Ermöglicht hat das der gemeinsame Wille der europäischen Staaten, dem Recht den Vorrang vor der Macht und der Souveränität der einzelnen Staaten einzuräumen.

Die Welt steht augenblicklich an einem kritischen Punkt, vielleicht an einem Scheideweg. Über das Schicksal der Erde entscheiden die Staaten. Respektieren diese die ordnende Funktion des Völkerrechts und bauen auf eine multilaterale, wertebasierte Ordnung, können Kriege beendet und Menschenrechte durchgesetzt werden. Doch das ist nicht die Realität. Auf die Einhaltung des Völkerrechts pochen die schwachen Staaten, während die mächtigen Staaten das Recht so interpretieren, wie es ihnen passt. Die Ukraine besteht auf ihrer Souveränität und Integrität, wie es ihr nach der UN-Charta zusteht. Russland schert sich nicht darum. Die Ukraine hofft auf Unterstützung bei der Ausübung des Selbstverteidigungsrechts und sucht gerichtliche Hilfe in Den Haag beim Internationalen Gerichtshof und beim Internationalen Strafgerichtshof. Russland lässt sich davon nicht beeindrucken. Das ist nur ein besonders offensichtliches Beispiel; es gibt viele andere solche Beispiele, wo es zum Teil um subtile wirtschaftliche Abhängigkeiten geht.

Deutschland und Europa müssen hier, wie das Recht es verlangt, an der Seite der Schwachen stehen. Darin liegt die Stärke. Das Völkerrecht bietet einen verlässlichen Rahmen, es bietet Strukturen und Institutionen, die genutzt werden können und die in so vielen Teilen der Welt das Leid der Menschen lindern. Selbst in Zeiten schwerster politischer Zerwürfnisse, wie sie gegenwärtig an der Tagesordnung sind, bieten die Vereinten Nationen immerhin einen Ort, an dem sich Repräsentanten der Staaten treffen und miteinander sprechen. Das sollte nicht gering geschätzt werden. Der Blick in die Geschichte lehrt, dass während des mehr als vierzigjährigen Kalten Krieges auch durch die regelmäßigen Treffen am runden Tisch des Sicherheitsrates im Hauptquartier der Vereinten Nationen in New York ein neuer Weltkrieg und eine atomare Zerstörung der Welt verhindert werden konnten. Auch heute sprechen die verfeindeten Staaten in New York miteinander. Damit allein dürfen wir uns aber nicht zufriedengeben. Aber immerhin bieten die Vereinten Nationen einen Rahmen, der auch die Forderung nach Frieden und Einhaltung der Menschenrechte umfasst und symbolisiert.

Diese fundamentalen Grundwerte des Zusammenlebens von Staaten, Völkern und Individuen werden seit fast 25 Jahren auch vom Internationalen Strafgerichtshof in Den Haag mit Leben gefüllt. Bei all der sichtbaren Ineffizienz des Völkerstrafrechts wurde in den vergangenen Jahrzehnten international immerhin erreicht, dass das Völkerstrafrecht und der Internationale Strafgerichtshof immer mit am Tisch sitzen. Das ist heute völkerrechtliche Realität und bedeutet eine massive Verbesserung der Wertebeständigkeit des Völkerrechts. Auch hier können wir natürlich nicht zufrieden sein. Aber viele Schritte in die richtige Richtung sind gegangen worden. Das Völkerrecht als ohnmächtig zu beschreiben, wäre eine Momentaufnahme.

Was also ist zu tun?

1. Zunächst einmal ist das Völkerrecht als Regelinstrument für internationale Beziehungen nicht abzuschreiben. Es ist und bleibt weiterhin relevant. Es ist Recht, auch wenn es anders funktioniert als Recht im nationalen Kontext. Das Völkerrecht gibt den Nationalstaaten alle Macht und damit auch die Macht, zu kooperieren und sich selbst Schranken aufzuerlegen. Auch der heute vor allem von Donald Trump propagierte »Deal« als Handlungsform setzt

Verhandlungen voraus und zielt auf eine Vereinbarung, die selbstverständlich Regelcharakter haben muss und die Bereitschaft zur Selbstbindung mit sich bringt. Der »Deal« vollzieht sich nicht im rechtsfreien Raum, sondern ist auf Rechtsförmigkeit angewiesen. Er impliziert, mehr an Interessenausgleich denn an Wertebeständigkeit ausgerichtet zu sein. Dass aber auch ein solches vermeintlich freies Aushandeln der Interessen nicht funktioniert, wenn nicht alle Beteiligten bereit sind, sich Regeln zu unterwerfen, wird in der Ukraine und in Palästina mehr als deutlich. Weder die Hamas noch Wladimir Putin haben aktuell Interesse an Frieden.

2. Das Völkerrecht ist weiterhin als wertebasierte Grundordnung zu verstehen. Die UN-Charta gibt eine klare Ausrichtung auf Gewaltfreiheit, Frieden und Menschenrechte vor. Auf dieser Grundlage wurden viele internationale Organisationen geschaffen, die in Krisensituationen präsent sind und Hilfe für die Betroffenen leisten, die die Menschenrechtslage überwachen und nachhaltige Entwicklungen befördern. Diese Institutionen sind präsent und aktiv und müssen weiterhin unterstützt werden. Sie müssen verschlankt und reformiert werden, aber keine andere Institution als die UNO ist in der Lage, diese notwendigen Hilfsangebote zu übernehmen.
3. Das Konfliktvölkerrecht ist mangelhaft. Das UN-System funktioniert nicht, weil die weltpolitischen Umstände, genauer gesagt die geopolitischen Interessen der P5 im UN-Sicherheitsrat, das effektiv verhindern. Dieses Defizit muss zunächst akzeptiert

werden. Ebenso muss akzeptiert werden, dass eine Reform dieser dysfunktionalen Strukturen politisch vollkommen unrealistisch ist. Gleichwohl sind die Eckpfeiler klar: auf der einen Seite das umfassende zwischenstaatliche Gewaltverbot, das im Hinblick auf die Ukraine von der internationalen Gemeinschaft eindrucksvoll bestätigt worden ist,[124] und auf der anderen Seite die Selbstverteidigung im Fall eines bewaffneten Angriffs. Die vielen Grauzonen, wie die humanitäre Intervention oder die *Responsibility to Protect* sind ohne den Sicherheitsrat schwer weiterzuentwickeln und kaum völkerrechtskonform umzusetzen. Eine Weiterentwicklung dieser Konzepte wäre zwar dringend erforderlich, ist aber aktuell politisch aussichtslos. Daraus folgt zweierlei: Man sollte erstens gleichwohl versuchen, im Sicherheitsrat die drängenden Probleme anzusprechen und dort Lösungen einzufordern. Das setzt die P5 unter Druck. Dazu ist auch die Generalversammlung in der Lage, wo es eben kein Vetorecht gibt. Und zweitens: Wenn die globale Ebene nicht funktioniert, sind regionale Instrumente geeignet, die notwendigen Schritte zu gehen. Die EU ist hier ein gutes Beispiel. Die Kosovo-Kammern etwa sind EU-Einrichtungen. Das Sondergericht für die Aggression in der Ukraine soll eine Institution des Europarates werden. Die Afrikanische Union ist auf dem Weg, eigene rechtliche Lösungen zu entwickeln, wie eine afrikanische Strafkammer beim Menschenrechtsgerichtshof der Afrikanischen Union.

4. Im bewaffneten Konflikt hat sich das humanitäre Völkerrecht stark ausgebildet. Dafür verantwortlich

ist auch das Völkerstrafrecht, das massive Verstöße gegen das humanitäre Völkerrecht als Kriegsverbrechen unter Strafe stellt. Es ist grundsätzlich akzeptiert und wird für gut empfunden. Hauptsächlich geschieht dies aber in Sonntagsreden und auf dem Papier. Im Konflikt selbst gerät das humanitäre Völkerrecht schnell an seine Grenzen. Es kann überhaupt nur dann wirksam sein, wenn die Armeen sich zwingend den Regeln unterwerfen und die Schulungen der Soldatinnen und Soldaten entsprechend ausrichten. Das ist immer und immer wieder einzufordern. Auch wenn in Konflikten oftmals eine Schieflage zu beobachten ist und der Kampf wütet zwischen einer staatlichen Armee, die sich den Regeln verpflichtet fühlt, und einer militärischen Terrorgruppe, die die Regeln mit Füßen tritt, so muss gleichwohl zum Schutz der Zivilbevölkerung die Einhaltung des humanitären Völkerrechts von der staatlichen Armee auch in einer solchen Situation gefordert werden.

5. Der internationale Menschenrechtsschutz, der von vornherein darauf ausgelegt ist, das Los der Menschen überall auf der Welt zu verbessern, darf nicht herabgesetzt werden. Den vielen Angriffen auf die Menschenrechte zum Trotz sind sie einer Relativierung nicht zugänglich. Der Entwicklung der Menschenrechte sind zwei entsetzliche Weltkriege vorausgegangen, die Millionen von Opfern gekostet haben. Die Menschenrechte waren wahrlich teuer erkauft. Wer Menschenrechte heute als Kulturimperialismus beschimpft, tritt das Andenken dieser Millionen mit Füßen. Den menschenrechtlichen

Wertekonsens teilen viele Staaten der Welt und nicht nur in Europa. Aber gerade in Europa dürfen wir uns von Anschuldigungen eines Neokolonialismus nicht beirren lassen. Selten ging es bei derartigen Anfeindungen um die Verbesserung des Loses der Menschen. Meist geht es um Ablenkung von der eigenen Missachtung der Menschenrechte.

6. Schließlich kann das Völkerstrafrecht bei der Durchsetzung der Menschenrechte helfen. Strafrecht hat verhaltenssteuernde Wirkung. Gerade auch die mittlere Befehlsebene ist unter Androhung von Bestrafung durchaus ansprechbar. Die Androhung muss aber realistisch sein, was sie aktuell kaum ist. Daraus folgt ein Zweifaches: Erstens muss der Internationale Strafgerichtshof, der das Erbe von Nürnberg heute symbolisiert, gestärkt werden, gerade jetzt, wo er selbst von westlichen Staaten massiv angegriffen wird und Richterinnen und Richter schwer sanktioniert werden. Gerade der starke Wirtschaftsraum EU hat das Potenzial, den Sanktionen der USA gegen das Gericht entgegenzutreten. Hier wäre ein offensiveres Auftreten durchaus wünschenswert. Die Unterstützung für das Gericht durch die Bundesrepublik und andere EU-Staaten ist groß, aber sehr leise. Man will es sich mit den USA nicht verscherzen und scheut vor Gegenmaßnahmen zurück. Ein forscheres Eintreten für den Gerichtshof müsste hier an den Tag gelegt werden. Zweitens müssen wir weiter an einem Gesamtsystem internationaler Strafjustiz arbeiten. Das bedeutet, dass verstärkt Nationalstaaten in die Verfolgung von internationalen Verbrechen eingebunden wer-

> den müssen. Das Komplementaritätsprinzip des Internationalen Strafgerichtshofs muss so verstanden werden, dass in allen Mitgliedstaaten die Kernverbrechen des Völkerrechts unter Strafe gestellt werden und dass spezielle Ermittlungs- und Strafverfolgungsbehörden eingerichtet und finanziell angemessen ausgestattet werden müssen, um in der Lage zu sein, effektiv internationale Strafjustiz darzustellen.

Und Deutschland? Deutschland muss sich diesen Aufgaben selbstbewusster stellen, als es das in der Vergangenheit getan hat. Wir müssen hierfür mehr Solidarität zeigen und einfordern. Dazu gehört auch militärische Stärke, zumal jetzt, da die USA nicht mehr als verlässlicher Partner die schützende Hand über uns halten. Das ist für meine sich gern pazifistisch gebende Generation schwer zu akzeptieren. Es ist aber an der Zeit, dass wir die Angst vor uns selbst ablegen. Die Wehrpflicht wieder in Kraft zu setzen, wäre ein deutlich sichtbarer Schritt in diese Richtung. Wir können darauf vertrauen, dass 75 Jahre Grundgesetz die Demokratie fest in unserer Gesellschaft verankert haben.[125]

Solidarität zeigen wir auch zu Israel. Das ist 80 Jahre nach dem Holocaust die historische Verpflichtung Deutschlands. Deutschland muss sich unerschrocken dafür einsetzen, dass sich jüdisches Leben in Deutschland und in Israel frei entfalten kann. Das ist tatsächlich eine der Gründungsvoraussetzungen der Bundesrepublik Deutschland und in diesem Sinne auch eine »Raison d'Être« unserer Demokratie. Der Begriff Staatsräson ist deshalb nicht falsch, weckt aber die Assoziation eines unreflektiert Gehorchenden. Das ist gerade nicht der Weg. Es muss auch Deutschland möglich sein, die israelische Regierung zu kritisieren, vor allem dann, wenn sie sich nicht an die Werte hält, auf die wir uns gemeinsam verständigt haben. Wir müssen uns auch dafür einsetzen, dass Israel die internationalen Organisationen akzeptiert und unterstützt. Auch ein Beitritt zum Internationalen Strafgerichtshof stünde dem Staat, der Adolf Eichmann vor Gericht gestellt und verurteilt hat, gut zu Gesicht.

Und schließlich: Wir tun das alles nicht allein. Wir tun das in europäischer Verbundenheit. Aber gerade in diesem Europa muss Deutschland klar sein in seinen Positionen und dadurch Führung übernehmen: bei der Forderung nach der Einhaltung der Menschenrechte als Garant für ein freiheitliches Zusammenleben in Deutschland, in Europa und weltweit, bei der Durchsetzung des Völkerstrafrechts zur Bestrafung der schlimmsten Angriffe auf die Menschlichkeit und bei dem Aufbau militärischer Stärke zur Absicherung der Freiheit.

In der aktuellen Situation sind die systematischen Rechtsbrüche und massiven Verletzungen des Völkerrechts kaum zu ertragen. Das Völkerrecht ist behäbig, aber auch geduldig und beharrlich. Auch wenn gerade Kriege und Menschlichkeitsverbrechen die politische Agenda beherrschen, das Völkerrecht ist da, es ist gültig und wird am Ende dem Recht und der Gerechtigkeit Geltung verschaffen. Das ist meine feste Überzeugung.

ANHANG

Dank

Ein solches Buch ist ohne Unterstützung nicht möglich. Bei der Literaturarbeit standen mir mehrere Mitarbeitende meines Lehrstuhls an der Friedrich-Alexander-Universität Erlangen-Nürnberg hilfreich zur Seite. Ich bedanke mich hierfür insbesondere bei Philipp Graebke, Celeste Hahn, Franka Härtlein, Andrea Reinhold, Sabrina Roch, Jindrich Sedlacek, Selina Vogel und Max Zech. Ich danke auch dem Verlag dtv, vor allem Stefan Ulrich Meyer, für die vielen Gespräche und die gute Zusprache sowie dem Lektor Jürgen Bolz.

Wir leben in schwierigen Zeiten. Zwar sind die »Zeiten« immer schwierig, aber unsere Erwartungen in eine vernunftgetragene Weltordnung sind heute höher, sind sehr berechtigt und werden enttäuscht. Der Nürnberger Prozess hat gezeigt, dass es möglich ist, die Macht der Vernunft unterzuordnen. Von dieser Erfahrung haben wir in Europa und in Deutschland jahrzehntelang sehr profitiert. Ich hoffe für die kommenden Generationen, dass es uns gelingt, an diese Erfahrungen wieder anzuknüpfen. In diesem Sinne widme ich das Buch meinen Kindern Julian, Mia und Ben – sie sollen in einer sicheren und menschenfreundlichen Welt weiter wachsen können.

Anmerkungen

Vorwort

1 IMG, Der Prozess gegen die Hauptkriegsverbrecher vor dem Internationalen Militärgerichtshof. Nürnberg, 14. November 1945–1. Oktober 1946, Band II, Nürnberg 1947, S. 181.

2 Ebenda.

I Das Versprechen von Nürnberg

1 Thomas Hobbes: Leviathan oder Stoff, Form und Gewalt eines kirchlichen und bürgerlichen Staates, 1651, Berlin 2011, Kap. XXX, S. 1, 13.

2 Georg Wilhelm Friedrich Hegel: Grundlinien der Philosophie des Rechts, 1821, in: Eva Moldenhauer u. Karl Markus Michel (Hrsg.): G. W. F. Hegel, Werke in 20 Bänden, Bd. 7, 13. Aufl., Frankfurt a. M. 2013, § 333, S. 498 f.

3 Jack L. Goldsmith u. Eric A. Posner: The Limits of International Law, Oxford 2005.

4 Immanuel Kant: Zum ewigen Frieden, 1796. Kommentar von Oliver Eberl und Peter Niesen, 3. Aufl., Berlin 2024.

5 Frauke Brosius-Gersdorf u. Horst Dreier (Hrsg.): Grundgesetz. Kommentar / Tristan Barczak, 4. Aufl., Tübingen 2023, GG Art. 2 Abs. 1 Rn. 27; Peter M. Huber u. Andreas Voßkuhle (Hrsg.): Grundgesetz. Kommentar / Michael Eichberger, 8. Aufl., München 2024, GG Art. 2 Rn. 146.

6 Frauke Brosius-Gersdorf u. Horst Dreier (Hrsg.): Grundgesetz. Kommentar / Tristan Barczak, 4. Aufl., Tübingen 2023, GG Art. 2 Abs. 1 Rn. 100 ff.

7 Jean Bodin: Sechs Bücher über den Staat, Buch I, Kap. 8; in Kap. 10 baut Bodin sein Konzept weiter aus. In der 1981 erschienenen, von Mayer-Tasch herausgegebenen Ausgabe des Werkes finden sich die zitierten Stellen hier:

Peter Cornelius Mayer-Tasch (Hrsg.): Bodin, Sechs Bücher über den Staat, Buch I–III, 1981, S. 205, 292.

8 Wilhelm Grewe: Die Epochen der modernen Völkerrechtsgeschichte, in: Zeitschrift für die gesamte Staatswissenschaft, 1943 (Jg. 103), S. 38, S. 43 ff.

9 Friedrich Schiller: Wallenstein. Ein dramatisches Gedicht. Zweiter Teil: Die Piccolomini, 1. Aufzug, 2. Auftritt, Ausspruch General Isolani, in: Friedrich Schiller, Sämtliche Werke, Band 2, München 1962.

10 Vgl. etwa Francisco de Vitoria: Relectio de iure belli, 1539, Nr. 17; dt.: Vom Recht der Spanier zum Krieg gegen die Barbaren, herausgegeben von Walter Schätzel, lateinischer Text nebst deutscher Übersetzung, Tübingen 1952, S. 133.

11 Vgl. Heinz Duchhardt: »Westphalian System«. Zur Problematik einer Denkfigur, in: Historische Zeitschrift, 1999 (Jg. 269), S. 305, 306.

12 Kim Christian Priemel: The Betrayal. The Nuremberg Trials and German Divergence, Oxford 2016, S. 65.

13 Wiener Übereinkommen über das Recht der Verträge v. 23.05.1969, BGBl. II, S. 926.

14 IGH Deutschland v. Dänemark, ICJ-Reports 1969, S. 3, §§ 60 ff.

15 Torsten Stein u. Christian von Buttlar u. Markus Kotzur: Völkerrecht, 15. Aufl., München 2024, S. 55, Rn. 2 ff.

16 Vgl. Hartmut Henninger: Menschenrechte und Frieden als Rechtsprinzipien des Völkerrechts, Tübingen 2013.

17 Lee M. Caplan: State Immunity, Human Rights, and Jus Cogens: A Critique of the Normative Hierarchy Theory, in: in: American Journal of International Law 97, 2003, S. 741, S. 745.

18 The Schooner Exchange v. McFaddon, 11 U. S. 116, S. 137 (1812).

19 IGH Jurisdictional Immunities of the State (Germany v. Italy), Urteil v. 03. 02. 2012.

20 United Nations, General Assembly, International Law Commission, Seventy-sixth Session (28 April–30 May 2025), A/CN.4/L.10.17, S. 1.

21 United Nations, General Assembly, Official Records,

Seventy-seventh Session, Supplement No. 10 (A/77/10): Report of the International Law Commission, Seventy-third session (18 April–3 June and 4 July–5 August 2022), S. 232.

22 IGH Alleged Breaches of Certain International Obligations in respect of the Occupied Palestinian Territory (Nicaragua v. Germany), General List No 193.

23 https://legal.un.org/ilc/sessions/75/pdfs/english/iso_germany.pdf (zuletzt aufgerufen am 18. 01. 2025).

24 Ebenda para. 7.

25 Florian Schmid: An Unfortunate Trend of Vagueness: Why Germany Should Reconsider its Position on Functional Immunity, Ratione Materiae, VerfBlog, 2024/2/01, https://verfassungsblog.de/an-unfortunate-trend-of-vagueness/, DOI: 10.59704/e967e4bea8891b3f.

26 BGH, Urteil v. 28. 01. 2021 (Az.: 3 StR 564/19) (= BGHSt 65, 286), zunächst für nachrangige Hoheitsträger.

27 BGH AK 4/24, Beschl. v. 21.02. 2024, Rn. 53.

28 So auch schon sehr ausführlich: BGH, Urteil v. 28. 01. 2021 (Az.: 3 StR 564/19), NJW 2021, 1326, Rn. 18 ff.

29 Eingeführt durch das Gesetz zur Fortentwicklung des Völkerstrafrechts vom 30. 07. 2024, BGBl. I Nr. 255; dazu die Gesetzesbegründung BT-Drucks. 20/11661, S. 19.

30 Vgl. zusammenfassend: Claus Kreß: Völkerstrafrecht und funktionelle Immunität, in: Festschrift für Dauner-Lieb, Baden-Baden 2025, S. 191.

31 BGH AK 4/24, Beschluss v. 21.02. 2024, Rn. 53.

32 IGH Demokratische Republik Kongo v. Belgien, ICJ-Reports 2022, S. 3.

33 Vgl. Jost Dülffer: Der Weg in den Krieg, in: Gerhard Hirschfelder u. Gerd Krumeich u. Irina Renz (Hrsg.): Enzyklopädie Erster Weltkrieg, 2. Aufl., Paderborn 2014, S. 233 ff.

34 Gerd Hankel: Die Leipziger Prozesse, Hamburg 2003, S. 26.

35 M. Cherif Bassiouni: World War I: The war to end all wars and the birth of a handicapped international criminal justice system, in: Denver Journal of International Law and Policy, 2002, S. 244, 271.

36 Vgl. André Klip: How (not) to Extradite an Emperor, in: Paweł Czarnecki u. a. (Hrsg.): Hominum causa omne ius

constitutum sit. Festschrift für Piotr Hofmański, Warschau 2024, S. 578.

37 Vgl. M. Cherif Bassiouni: World War I: The war to end all wars and the birth of a handicapped international criminal justice system, in: Denver Journal of International Law and Policy, 2002, S. 244, S. 286.

38 Gesetz zur Verfolgung von Kriegsverbrechen und Kriegsvergehen v. 18.12.1919, RGBl. 1919, S. 2125 f. Zur Entstehungsgeschichte ausführlich Harald Wiggenhorn: Verliererjustiz. Die Leipziger Kriegsverbrecherprozesse nach dem Ersten Weltkrieg, Baden-Baden 2005, S. 42–61.

39 Dazu auch Gerd Hankel: Die Leipziger Prozesse, Hamburg 2003.

40 Davon wurden aber nur vier wegen völkerrechtlicher Verbrechen im eigentlichen Sinne verfolgt; vgl. Katrin Hassel: Kriegsverbrechen vor Gericht, Baden-Baden 2009, S. 55.

41 Vgl. Helmut Satzger: Internationales und Europäisches Strafrecht. Strafanwendungsrecht, Europäisches Straf- und Strafverfahrensrecht, Völkerstrafrecht, 11. Aufl., Baden-Baden 2025, § 13 Rn. 4.

42 Darauf weist auch Justice Robert H. Jackson in seiner Eröffnungsrede vor dem IMT in Nürnberg hin, IMT Bd. 2, S. 118.

43 Harald Wiggenhorn: Verliererjustiz. Die Leipziger Kriegsverbrecherprozesse nach dem Ersten Weltkrieg, Baden-Baden 2005, S. 282 f.

44 Vgl. zu diesem Fall: Harald Wiggenhorn: Verliererjustiz. Die Leipziger Kriegsverbrecherprozesse nach dem Ersten Weltkrieg, Baden-Baden 2005, S. 256–284 und dessen »heimliche« Revision, S. 370 ff.

45 Gerd Hankel: Der Prozess gegen Helmut Patzig, Ludwig Dithmar und John Boldt, Deutschland 1921–1931, in: Kurt Groenewold u. a. (Hrsg.): Lexikon der Politischen Strafprozesse, https://www.lexikon-der-politischen-strafprozesse.de/glossar/patzig-helmutludwig-dithmar-und-john-boldt-1921–1931/(zuletzt aufgerufen am 18.01.2025).

46 Gurgen Petrossian: Failed Justice and the Victims of the

Eastern Front of the First World War: Criminal Justice – Vigilante Justice – Political Justice, in: Max-Emanuel Geis u. a. (Hrsg.): Dealing with Totalitarian Regimes and Human Rights, Berlin 2024, S. 19 ff.

47 Vgl. Rolf Hosfeld u. Gurgen Petrossian: Der Prozess gegen Soghomon Tehlirjan, Deutschland 1919–1921, in: Kurt Groenewold u. a. (Hrsg.): Lexikon der Politischen Strafprozesse, https://www.lexikon-der-politischen-straf prozesse.de/glossar/tehlirjan-soghomon (zuletzt aufgerufen am 18. 01. 2025).

48 Daniel Stahl: Bedrohliches Geschäft. Waffenhandel und Völkerrecht in Zeiten imperialer Expansion, Berlin 2024.

49 StIGH, Der Fall S. S. Lotus (Frankreich v. Türkei), 7. 9. 1927; Veröffentlichungen des Ständigen Internationalen Gerichtshofs, Serie A, No. 10.

50 Vgl. mit dem Vorschlag einer neuen Lesart des Urteils: An Hertogen: Letting Lotus Bloom, EJIL 26 (2015), S. 901.

51 Zum Folgenden vgl. insbesondere Aurelius Augustinus: De civitate dei, Buch XIX, Kap. 12–14, in moderner deutscher Übersetzung: Aurelius Augustinus: Vom Gottesstaat, Buch 11–22, 4. Aufl., München 1997, S. 547 ff.

52 Thomas Aquinus: Summa Theologica, Secunda secundae partis, quaestio XL; in moderner deutscher Übersetzung: Thomas von Aquin, Summa Theologica, II. Teil des II. Buches, Bd. 17 B, Frage 40, Heidelberg 1966, **S. XX**.

53 De Vitorias Auseinandersetzung mit dem (kolonialen) Krieg liegt im Wesentlichen als Mitschrift zweier Vorlesungen vor: De Indis Recenter Inventis sowie De Jure Belli Hispanorum in Barbaros, 1539; dt: Vom Recht des Krieges der Spanier gegen die Barbaren, herausgegeben von Walter Schätzel, lateinischer Text nebst deutscher Übersetzung, Tübingen 1952. Zu de Vitoria und seiner Bedeutung für das Völkerrecht siehe Scott: The Spanish Origin of International Law, 1934 sowie aus postkolonialer Perspektive Anghie: Imperialism, Sovereignty, and the Making of International Law, 2004. Suárez beschäftigte sich mit Krieg und Frieden insbesondere in seiner Schrift »De bello«, die ebenfalls einer Vorlesung folgt,

die Suárez 1584/85 an der sog. Gregoriana in Rom hielt; Suárez: De bello, 1621, herausgegeben von Balthasar Alvarez, dem ehemaligen Sekretärs Suárez'. In moderner deutscher Übersetzung: Markus Kremer (Hrsg.): Francisco Suárez. De pace – de bello: Über den Frieden – Über den Krieg, Stuttgart-Bad Cannstatt 2013. Zu Suárez vgl. Kremer: Vorbemerkungen, in: ebenda, S. XXI ff.

54 Hugo Grotius: De iure belli ac pacis, 1625; Grotius' einflussreiche Schrift liegt in moderner deutscher Übersetzung vor: Walter Schätzel (Hrsg.): Hugo Grotius, Drei Bücher vom Recht des Krieges und des Friedens, Tübingen 1950, S. 31 ff. Zu Grotius insgesamt vgl. Randall Lesaffer u. Janne Nijman (Hrsg.): The Cambridge Companion to Hugo Grotius, Cambridge 2021.

55 Für eine moderne Textausgabe siehe etwa: Immanuel Kant: Zum ewigen Frieden, 2005; vgl. zu dem Werk insgesamt Reinhard Merkel u. Roland Wittmann (Hrsg.): Zum ewigen Frieden. Grundlagen, Aktualität und Aussichten einer Idee von Immanuel Kant, Frankfurt am Main 1996.

56 General Treaty for Renunciation of War, League of Nations Treaty Series (LNTS) – Bd. XCIV, S. 57 ff. Der Vertrag wurde von 63 Staaten ratifiziert, zu denen auch Deutschland zählte, vgl. RGBl. 1929 II, S. 97. Vgl. Heiko Ahlbrecht: Geschichte der völkerrechtlichen Strafgerichtsbarkeit im 20. Jahrhundert, Baden-Baden 1999, S. 55 ff.

57 Horst Möller: Europa zwischen den Weltkriegen, München 1998, S. 54.

58 Klaus Hildebrand: Das vergangene Reich. Deutsche Außenpolitik von Bismarck bis Hitler, München 2008, S. 496.

59 Vgl. zu den Olympischen Spielen 1936: Susan Bachrach: The Nazi Olympics, Berlin 1936, Boston 2000.

60 Siehe Friedrich Kießling: Zur Einführung. Nationalsozialistische Außendarstellung und der fremde Blick. Die internationale Dimension der Reichsparteitage, in: Friedrich Kießling u. Gregor Schöllgen (Hrsg.): Bilder für die Welt. Die Reichsparteitage der NSDAP im Spiegel der ausländischen Presse, Köln 2006, S. 1 ff., S. 8.

61 Vgl. R. Gerald Hughes: The Ghosts of Appeasement. Britain and the Legacy of the Munich Agreement, in: Journal of Contemporary History 2013, S. 688 ff.
62 Die Moskauer Deklaration ist wiedergegeben auf: https://www.ibiblio.org/pha/policy/1943/431000a.html (zuletzt aufgerufen am 05. 06. 2025).
63 Vom Autor übersetzt; Original: »The above declaration is without prejudice to the case of German criminals whose offenses have no particular geographical localization and who will be punished by joint decision of the government of the Allies.«
64 Telford Taylor: Die Nürnberger Prozesse. Hintergründe, Analysen und Erkenntnisse aus heutiger Sicht, München 1994, S. 42 f.
65 Julia Eichenberg: Crossroads in London on the Road to Nuremberg. The London International Assembly, Exile Governments and War Crimes, in: Journal of the History of International Law 24, 2022, S. 334.
66 His Majesty's Stationery Office (Hrsg.): Punishment for War Crimes. The Inter-Allied Declaration Signed at St. James's Palace London on 13th January, 1942, London 1942, S. 6 f., das wörtliche Zitat auf S. 7; https://nla.gov.au/nla.obj-648522001/view?partId=nla.obj-648522791#page/n5/mode/1up (zuletzt aufgerufen am 25. 01. 2025).
67 Irina Schulmeister-André: Internationale Strafgerichtsbarkeit unter sowjetischem Einfluss. Der Beitrag der UdSSR zum Nürnberger Hauptkriegsverbrecherprozess, Berlin 2016, S. 116 ff., S. 416 ff.
68 Dan Plesch: Human Rights After Hitler. The Lost History of Prosecuting Axis War Crimes, Washington 2017, S. 158.
69 Franziska Augstein: Winston Churchill, München 2024, S. 416.
70 Whitney R. Harris: Tyrannen vor Gericht. Das Verfahren gegen die deutschen Hauptkriegsverbrecher nach dem Zweiten Weltkrieg in Nürnberg 1945–1946, Berlin 2008, S. 7 f.
71 Ebenda, S. 14.
72 Robert H. Jackson: Rule of Law Among Nations. Rede

vom 13.04.1945 im Rahmen der jährlichen Zusammenkunft der Amerikanischen Gesellschaft für Völkerrecht; eine Mitschrift der Rede ist abrufbar unter: https://www.roberthjackson.org/speech-and-writing/rule-of-law-among-nations/ (zuletzt aufgerufen am 16.03.2025).

73 Vgl. die ausführliche Sammlung von Dokumenten im sog. Jackson Report, die den Verlauf der Verhandlungen abbildet: Report of Robert H. Jackson. United States Representative to the International Conference on Military Trials, Washington 1949 (der von Jackson bereits 1945 erstattete Bericht wurde erst 1949 veröffentlicht).

74 Whitney R. Harris: Tyrannen vor Gericht. Das Verfahren gegen die deutschen Hauptkriegsverbrecher nach dem Zweiten Weltkrieg in Nürnberg 1945–1946, Berlin 2008, S. 16 ff.

75 Christoph Safferling: Die Strafbarkeit wegen »Conspiracy« in Nürnberg und ihre Bedeutung für die Gegenwart, in: Kritische Vierteljahresschrift für Gesetzgebung und Rechtswissenschaft, 2010 (Jg. 93), S. 65.

76 IMG (Der Prozess gegen die Hauptkriegsverbrecher vor dem Internationalen Militärgerichtshof, Nürnberg, 14. November 1945–1. Oktober 1946) Band II, S. 114.

77 Christoph Safferling: Die Strafbarkeit wegen »Conspiracy« in Nürnberg und ihre Bedeutung für die Gegenwart, Kritische Vierteljahresschrift für Gesetzgebung und Rechtswissenschaft, 2010, S. 65.

78 IMG (Der Prozess gegen die Hauptkriegsverbrecher vor dem Internationalen Militärgerichtshof, Nürnberg, 14. November 1945–1. Oktober 1946) Band I, S. 253.

79 Indem man in der relevanten Vorschrift des Kontrollratsgesetzes Nr. 10, das die Tatbestände des Statuts des IMG in für die einzelnen Besatzungsmächte anwendbares Recht übertrug, die explizite Bezugnahme auf Angriffskrieg bzw. Kriegsverbrechen entfallen ließ, siehe Art. II 1. (c) KRG Nr. 10.

80 Vgl. die Eingabe der Gesamtverteidigung vom 19.11.1945, IMG (Der Prozess gegen die Hauptkriegsverbrecher vor dem Internationalen Militärgerichtshof,

Nürnberg, 14. November 1945–1. Oktober 1946) Band I, S. 185 ff. Am 21. 11. 1945 entschied der Gerichtshof, sich mit der Eingabe nicht zu befassen, weil Einreden gegen die Zuständigkeit des Gerichts gem. Art. 3 des Statuts nicht statthaft seien.

81 Vgl. zu Kranzbühler: Hubert Seliger: Politische Anwälte? Die Verteidiger der Nürnberger Prozesse, Baden-Baden 2016, S. 313 ff. und passim.

82 Whitney Harris: Tyrannen vor Gericht. Das Verfahren gegen die deutschen Hauptkriegsverbrecher nach dem Zweiten Weltkrieg in Nürnberg 1945–1946, Berlin 2009, S. 489 f.; Christoph Safferling u. Philipp Graebke: Strafverteidigung im Nürnberger Hauptkriegsverbrecherprozess. Strategien und Wirkung, in: ZStW 2011, S. 47 ff., S. 63.

83 Christoph Safferling: Internationales Strafrecht, Heidelberg 2011, S. 124; vgl. zum *tu quoque*-Prinzip im allgemeinen Völkerrecht: Alfred Verdross u. Bruno Simma: Universelles Völkerrecht. Theorie und Praxis, 3. Aufl., Berlin 1984, § 67, S. 50 f.

84 Vgl. hierzu Christoph Safferling u. Philipp Graebke, in: ZStW 2011, S. 47 ff., S. 75.

85 Thomas Darnstädt: Nürnberg. Menschheitsverbrechen vor Gericht 1945, München 2015, S. 105.

86 Benedikt Salleck: Strafverteidigung in den Nürnberger Prozessen. Prozessabläufe und Verteidigungsstrategien dargestellt am Wirken des Verteidigers Dr. Friedrich Bergold, Berlin 2016. Zu den Nürnberger Verteidigern insgesamt vgl. Christoph Safferling u. Philipp Graebke, in: ZStW 2011, S. 47 ff.

87 Siegfried Ramler: Die Nürnberger Prozesse, Frankfurt a. M. 2010, S. 75 ff.

88 Hubert Seliger: Politische Anwälte? Die Verteidiger der Nürnberger Prozesse, Baden-Baden 2016, S. 106 ff. sowie S. 82 ff.

89 Vgl. Lars Büngener: Disclosure of Evidence in International Criminal Trials. An Historical Overview, Marburg 2010, S. 81 ff.

90 IMG (Der Prozess gegen die Hauptkriegsverbrecher vor

dem Internationalen Militärgerichtshof, Nürnberg, 14. November 1945–1. Oktober 1946) Band XXII, S. 465.

91 Vgl. zum Wirken Servatius' im Verfahren gegen Eichmann: Philipp Graebke: Die Verteidigung im Verfahren gegen Adolf Eichmann, in: Mayeul Hiéramente u. Patricia Schneider (Hrsg.): The Defence in International Criminal Trials. Observations on the Role of the Defence at the ICTY, ICTR and ICC, Baden-Baden 2016. Zu Laternsers Rolle im Auschwitz-Prozess vgl. Hubert Seliger: Politische Anwälte? Die Verteidiger der Nürnberger Prozesse, Baden-Baden 2016, S. 496 ff.; Devin O. Pendas: Der Auschwitz-Prozess. Völkermord vor Gericht, München 2013, S. 97 ff.

92 Philipp Glahé: Amnestielobbyismus für NS-Verbrecher. Der Heidelberger Juristenkreis und die alliierte Justiz 1949–1955, Göttingen 2024.

93 IMG (Der Prozess gegen die Hauptkriegsverbrecher vor dem Internationalen Militärgerichtshof, Nürnberg, 14. November 1945–1. Oktober 1946) Band I, S. 187.

94 Whitney R. Harris: Tyrannen vor Gericht. Das Verfahren gegen die deutschen Hauptkriegsverbrecher nach dem Zweiten Weltkrieg in Nürnberg 1945–1946, Berlin 2009, S. 501.

95 Vgl. zunächst die Erinnerungen Robert Kempners, dessen Mitarbeiter das Protokoll bei der Vorbereitung des sog. Wilhelmstraßen-Prozesses, des elften der zwölf Nürnberger Nachfolgeprozesse, auffanden: Robert Kempner: Ankläger einer Epoche. Lebenserinnerungen. In Zusammenarbeit mit Jörg Friedrich, Frankfurt am Main 1983, S. 310–313; dazu Christian Mentel: Das Protokoll der Wannsee-Konferenz. Überlieferung, Veröffentlichung und revisionistische Infragestellung, in: Norbert Kampe u. Peter Klein (Hrsg.): Die Wannsee-Konferenz am 20. Januar 1942, Köln 2013, S. 116 ff., S. 122 f. Ein Faksimile des Protokolls findet sich ebenda, S. 40 ff.

96 Göring, von Ribbentrop, Keitel, Kaltenbrunner, Rosenberg, Frank, Frick, Streicher, Sauckel, Jodl, Seyß-Inquart, Bormann.

97 Hess, Funk, Dönitz, Raeder, von Schirach, Speer, von Neurath.

98 Fritzsche, Schacht, von Papen.

99 Annette Weinke: Die Nürnberger Prozesse, München 2019, S. 99 ff.

100 Whitney Harris: Tyrannen vor Gericht, Berlin 2008, S. 468.

101 Vgl. hierzu jüngst auch Ronen Steinke: The Politics of International Criminal Justice, Oxford u. a. 2012, S. 12 ff.; sowie schon Peer Stolle u. Tobias Singelnstein: On the Aims and Actual Consequences of International Prosecution of Human Rights Crimes, in: Wolfgang Kaleck u. a. (Hrsg.): International Prosecution of Human Rights Crimes, Heidelberg u. a. 2007, S. 37.

102 Vgl. Eckart Conze: Völkerstrafrecht und Völkerstrafrechtspolitik, in: Jost Dülffer u. Wilfried Loth (Hrsg.): Dimensionen internationaler Geschichte, München 2012, S. 189.

103 William Schabas: Genocide in International Law and International Relations Prior to 1948, in: Christoph Safferling u. Eckart Conze (Hrsg.): The Genocide Convention Sixty Years after its Adoption, Den Haag 2010, S. 19–34.

104 Zur Biografie von Raphael Lemkin siehe John Cooper: Raphael Lemkin and the Struggle for the Genocide Convention, New York 2008.

105 Vgl. John Q. Barrett: Lemkin and ›Genocide‹ during the Nuremberg trial, November 1945–September 1946, in: Christoph Safferling u. Eckart Conze (Hrsg.): The Genocide Convention Sixty Years After its Adoption, Den Haag 2010, S. 35–54.

106 Neil Boister u. Robert Cryer: The Tokyo International Military Tribunal. A Reappraisal, Oxford 2008.

107 Vgl. im Kontext und zur Rezeption des Prozesses in Japan: Madoka Futamura: War Crimes Tribunals and Transitional Justice, London 2008. Zur Aufnahme in der Rechtswissenschaft vgl. Philipp Osten: Der Tokioter Kriegsverbrecherprozess und die japanische Rechtswissenschaft, Berlin 2003.

108 Bis auf Okawa Shumei, der in eine psychiatrische

Anstalt eingewiesen, allerdings 1948 als freier Mann entlassen wurde, und Matsuoka Yosuke, Japans Außenminister, der noch vor Prozessbeginn verstarb.

109 Ausführlich dazu nunmehr: Kim Christian Priemel u. Alexa Stiller (Hrsg.): NMT. Die Nürnberger Militärtribunale zwischen Geschichte, Gerechtigkeit und Rechtschöpfung, Hamburg 2013.

110 Dies ist der bislang einzige vollständig dokumentierte Nachfolgeprozess, vgl. Angelika Ebbinghaus u. Klaus Dörner u. Karsten Linne (Hrsg.): Der Nürnberger Ärzteprozeß 1946/47, Mikrofiche-Edition, München 1999.

111 Dazu der Sammelband von Lore Peschel-Gutzeit (Hrsg.): Das Nürnberger Juristen-Urteil von 1947, Baden-Baden 1996.

112 Dazu etwa Hilary Earl: Beweise, Zeugen, Narrative. Der Einsatzgruppen-Prozess und die historische Forschung zur Genese der »Endlösung«, in: Kim Christian Priemel u. Alexa Stiller (Hrsg.): NMT. Die Nürnberger Militärtribunale zwischen Geschichte Gerechtigkeit und Rechtschöpfung, Hamburg 2013, S. 127 ff.

113 Valerie Hébert, Befehlsempfänger und Helden oder Verschwörer und Verbrecher? Konzeptionen, Argumente und Probleme im OKW-Prozess, in: Kim Christian Priemel u. Alexa Stiller (Hrsg.): NMT. Die Nürnberger Militärtribunale zwischen Geschichte Gerechtigkeit und Rechtschöpfung, Hamburg 2013, S. 255 ff.

114 Speziell zu Fall V, dem Prozess gegen Flick u. a.: Susanne Jung: Die Rechtsprobleme der Nürnberger Prozesse, Tübingen 1992.

115 Vgl. Eckart Conze u. a.: Das Amt und die Vergangenheit, München 2010, S. 375 ff.; Klaus Kastner: Strafrechtliche Verantwortlichkeit für administratives Unrecht. Der Wilhelmstraßen-Prozess (1948 / 49), in: Festschrift für Heinz Stöckel, Berlin 2010, S. 499.

116 Kevin Heller: The Nuremberg Military Tribunals and the Origins of International Criminal Law, Oxford 2011, S. 372.

117 Helmut Walser Smith: Germany. A Nation in its Time, New York 2020, S. 427.

118 Vgl. zu den Prozessen vor deutschen Gerichten vor der Gründung der Bundesrepublik: Edith Raim: Justiz zwischen Diktatur und Demokratie. Wiederaufbau und Ahndung von NS-Verbrechen in Westdeutschland 1945–1949, Berlin 2013.

119 Am Forschungs- und Dokumentationszentrum Kriegsverbrecherprozesse der Philipps-Universität Marburg geht man von ca. 15 000 Verfahren aus.

120 Vgl. Gabriel Bach: The Trial of Adolf Eichmann and Other Genocide Trials, in: Christoph Safferling u. Eckart Conze (Hrsg.): The Genocide Convention Sixty Years After its Adoption, Heidelberg 2010, S. 275.

121 Vgl. dazu ganz allgemein Norbert Frei: Vergangenheitspolitik, München 1994; Marc von Miquel: Ahnden oder amnestieren?, Göttingen 2004; für das Wirken des BMJ im Besonderen: Christoph Safferling: »... daß es sich empfiehlt, generell tabula rasa zu machen ...«, in: Manfred Görtemaker u. Christoph Safferling (Hrsg.): Die Rosenburg. Das Bundesministerium der Justiz und die NS-Vergangenheit – eine Bestandsaufnahme, Göttingen 2013, S. 169.

122 Dazu die Beiträge von Claudia Fröhlich und Tonio Walter, in: Martin Löhnig u. Mareike Preisner u. Thomas Schlemmer (Hrsg.): Krieg und Recht. Die Ausdifferenzierung des Rechts von der ersten Haager Friedenskonferenz bis heute, Regenstauf 2014, S. 99, S. 123.

123 Vgl. Ronen Steinke: Fritz Bauer oder Auschwitz vor Gericht, München 2013; Devin O. Pendas: Der Auschwitz-Prozess. Völkermord vor Gericht, München 2013.

124 Vgl. zur Ludwigsburger Zentralstelle ausführlich: Annette Weinke: Eine Gesellschaft ermittelt gegen sich selbst, München 2009.

125 Zusammenfassend: Christoph Safferling u. Diana de Almeida: KZ Stutthof – Das vermutlich letzte Urteil des BGH wegen nationalsozialistischer Verbrechen, JZ 2025, S. 302.

II Große Erwartungen: Die friedenstiftende Kraft des Rechts

1 Siehe Yearbook of the United Nations 1946–47, 1947, S. 3 f.
2 John Bolton u. Richard Holbrooke: Reforming the United Nations, in: The Brown Journal of World Affairs, 14, 2008, S. 11–21, S. 18.
3 Erste Kanzlerrede vor den Vereinten Nationen. Bundeskanzler Willy Brandt spricht zur Generalversammlung am 26. 09. 1973, Vereinte Nationen, 1973, S. 141.
4 John Bolton u. Richard Holbrooke: Reforming the United Nations, in: The Brown Journal of World Affairs, 2008 (Heft 14) S. 11, S. 13. Vom Autor übersetzt. Original: »In the early days of the United Nations, many people assumed the countries sitting on the Security Council would somehow behave as though they had achieved a true status of platonic guardians, that they would cast away their national interest in their calculations of how they would act on the Security Council, and that they would rise above all those mundane considerations like instructions from their capitals and the realities that they face. That obviously has not proven to be true.«
5 GA / Res. 377 [V], UNYB 1950, S. 193.
6 IGH Certain Expenses of the United Nations-Case, ICJ Reports 1962, S. 151.
7 Doc. A/47/277-S/24 111; Doc. A/50/60-S/1995/1.
8 Claus Kreß u. Björn Schiffbauer: Erst versenkt, dann zu Völkerrecht erhoben, JA 2009, S. 611.
9 Jennings, AJIL 32 (1938), S. 82.
10 Yoram Dinstein: War, Aggression and Self-Defence, 6. Aufl., Cambridge 2017, S. 222 ff.
11 Eine vom Wissenschaftlichen Dienst des Deutschen Bundestages zusammengestellte Übersicht über das insoweit bestehende Meinungsbild findet sich unter: https://www.bundestag.de/resource/blob/414640/44a2b7337d3b8fd94962639cb365c9c8/wd-2-049-07-pdf-data.pdf (zuletzt aufgerufen am 18. 02. 2025). Die Begriffe werden teilweise unterschiedlich verwendet.

12 Nora Markard u. Ronen Steinke: Jura Not Alone, Frankfurt 2024, S. 193.

13 Markus Krajewski: Selbstverteidigung gegen bewaffnete Angriffe nicht-staatlicher Organisationen. Der 11. September 2001 und seine Folgen, Archiv des Völkerrechts 40, 2002, S. 183.

14 Johannes Schwehm: Präventive Selbstverteidigung. Eine vergleichende Analyse der völkerrechtlichen Debatte, in: Archiv des Völkerrechts 2088 (Jg. 46), S. 368.

15 John Yoo: International Law and the War in Iraq, in: American Journal of International Law 2003 (Jg. 97), S. 571 ff.

16 BVerwG, Urteil vom 21.06.2005 (Az.: 2 WD 12.04), BVerwGE 127, 302 ff.

17 S. Franziska Kring: Wie Israel und Iran das Völkerrecht angreifen: https://www.lto.de/recht/hintergruende/h/angriff-israel-iran-atomprogramm-zulaessigkeit-selbstverteidigung-voelkerrecht (zuletzt aufgerufen am 16.06.2025).

18 Vgl. https://www.tagesschau.de/eilmeldung/g7-einigung-iran-israel-100.html (zuletzt aufgerufen am 17.06.2025).

19 Nora Markard u. Ronen Steinke: Jura Not Alone, Frankfurt 2024, S. 193.

20 IGH North Sea Continental Shelf Cases (Germany v. Denmark; Germany v. Netherlands), Urteil v. 20.02.1969, ICJ Reports 1969, S. 3.

21 Matthias Herdegen: Völkerrecht, 23. Aufl., München 2024, § 40 Rn. 36; Alfred Verdross u. Bruno Simma: Universelles Völkerrecht, 3. Aufl., Berlin 1984, § 190, S. 121.

22 IGH, Case concerning United States Diplomatic and Consular Staff in Tehran (USA v. Iran), Urteil v. 24.05.1980, ICJ Reports 1980, S. 3 oder IGH, Case Concerning the Continental Shelf (Libyen v. Malta), Urteil v. 31.03.1984, ICJ Reports 1984, S. 3.

23 IGH, La Grand Case (Germany v. USA), Urteil v. 27.06.2001, ICJ Reports 2001, S. 466.

24 IGH, Legality of the Threat or Use of Nuclear Weapons, Gutachten v. 08.07.1996, ICJ Reports 1996, S. 226.

25 Zu Alfaro vgl. Rainer Huhle: Ricardo J. Alfaro (1882 – 1971), 2008; abrufbar hier: https://www.menschenrechte.org/de/2008/07/28/ricardo-j-alfaro/ (zuletzt aufgerufen am 22. 02. 2025).

26 Report on the Question of International Criminal Jurisdiction by Ricardo J. Alfaro, Special Rapporteur, in: Yearbook of the International Law Commission 1950, Vol. II, A CN.4/15; A/CN.4/15, S. 16. Das Dokument ist hier abrufbar: https://legal.un.org/ilc/documentation/english/a_cn4_15.pdf.

27 Vgl. ILC Yearbook 1950, S. 378; abrufbar unter: https://legal.un.org/ilc/texts/instruments/english/commentaries/7_1_1950.pdf (zuletzt aufgerufen am 22. 02. 2025).

28 Vgl. mit besonderem Fokus auf die öffentliche Meinung in den USA: Sean Raming: The 1967 Russell Tribunal and transatlantic anti-war activism, in: Journal of Transatlantic Studies 2000, S. 341 ff. In deutscher Sprache vgl. Gassert: Das Russell-Tribunal von 1966/67. »Blaming and Shaming« und die Nürnberger Prinzipien, in: Norbert Frei u. Annette Weinke: Toward a new moral world order? Menschenrechtspolitik und Völkerrecht seit 1945, Göttingen 2013, S. 149 ff.

29 M. Cherif Bassiouni: The Need for International Accountability, in: Bassiouni (Hrsg.), International Criminal Law, Vol. III: International Enforcement, 3. Aufl., Leiden 2008, S. 3 ff.

30 Vgl. https://www.siracusainstitute.org/professor-m-cherif-bassiouni/ (zuletzt aufgerufen am 20. 02. 2025).

31 Rede am 27. 11. 2018 vor der Generalversammlung; https://unric.org/de/un-reform/ (zuletzt aufgerufen am 22. 02. 2025).

32 Matthew Gould u. Matthew D. Rablen: Reform of the United Nations Security Council: equity and efficiency, in: Public Choice 2017 (Heft 173) S. 145–168.

33 Siehe die Homepage der Kampagne: https://germany-unsc.org (zuletzt aufgerufen am 22. 02. 2025).

34 Florian Laudi: Sollte Deutschland einen ständigen Sitz im UN-Sicherheitsrat erhalten? Ja!, in: Vereinte Nationen

2023, S. 166. Abrufbar hier: https://zeitschrift-vereinte-nationen.de/suche/zvn/artikel/sollte-deutschland-einen-staendigen-sitz-im-un-sicherheitsrat-erhalten-ja (zuletzt aufgerufen am 15. 07. 2025).

35 https://www.bosch-stiftung.de/sites/default/files/documents/2023-06/Global%20Governance%20Innovation%20Report.pdf (zuletzt aufgerufen am 22. 02. 2025).

36 Bundeskanzler Olaf Scholz im Jahr 2022 vor der UN-Generalversammlung: https://www.bundesregierung.de/breg-de/service/newsletter-und-abos/bulletin/rede-von-bundeskanzler-olaf-scholz-2127766 (zuletzt aufgerufen am 22. 02. 2025).

37 Gunther Hellmann: Sollte Deutschland einen ständigen Sitz im UN-Sicherheitsrat erhalten? Nein!, in: Vereinte Nationen 2023, S. 167. Abrufbar hier: https://zeitschrift-vereinte-nationen.de/suche/zvn/artikel/sollte-deutschland-einen-staendigen-sitz-im-un-sicherheitsrat-erhalten-nein (zuletzt aufgerufen am 15. 07. 2025).

38 Dazu Nora Markard u. Ronen Steinke: Jura Not Alone, Frankfurt 2024, S. 200 ff.

39 Matthew Gould u. Matthew D. Rablen: Reform of the United Nations Security Council: equity and efficiency, in: Public Choice 2017 (Heft 173), S. 145–168.

40 Diese Feindesklausel wurde 1995 für obsolet erklärt; vgl. https://www.bundestag.de/resource/blob/543080/5d83eccc3d9c7d9bfa933a39af5c3e60/wd-2-115-17-pdf-data.pdf (zuletzt aufgerufen am 22. 02. 2025).

41 »Die UNO – die einzige Alternative zum Krieg«, Rede des Bundesministers des Auswärtigen, Walter Scheel, vor den Vereinten Nationen, in: Vereinte Nationen 1973, S. 145.

42 Winston Churchill: The Sinews of Peace, https://www.nato.int/docu/speech/1946/s460305a_e.htm (zuletzt aufgerufen am 22. 02. 2025).

43 David Reynolds: From World War to Cold War. Churchill, Roosevelt, and the International History of the 1940s, Oxford University Press, Oxford u. a. 2006, S. 257 ff.

44 Friedrich Kießling u. Christoph Safferling: Der Streitfall, München 2024, S. 182 ff.

45 Heinrich August Winkler: Wie wir wurden, was wir sind, München 2020, S. 123.
46 UNSC Resolution 85, Complaint of aggression upon the Republic of Korea, 1950, https://www.legal-tools.org/doc/ebdbce/pdf (zuletzt aufgerufen am 03. 06. 2025).
47 UNGA Resolution 95 (I), Affirmation of the principles of international law recognized by the Charter of the Nurnberg Tribunal, 1946, https://www.legal-tools.org/doc/bb7761/pdf (zuletzt aufgerufen am 03. 06. 2025).
48 Principles of International Law recognized in the Charter of the Nürnberg Tribunal and in the Judgment of the Tribunal, with commentaries, 1950, Yearbook of the International Law Commission, 1950, Vol. II, https://legal.un.org/ilc/texts/instruments/english/commentaries/7_1_1950.pdf (zuletzt aufgerufen am 22. 02. 2025).
49 Vgl. Raphael Lemkin: Axis Rule in Occupied Europe, Washington 1944, S. 79. Das Buch ist hier als Scan abrufbar: https://www.legal-tools.org/doc/b989dd/pdf.
50 Zur Biografie Lemkins vgl. John Cooper: Raphael Lemkin and the struggle for the Genocide Convention, New York 2008.
51 John Q. Barrett: Raphael Lemkin and ›Genocide‹ at Nuremberg, 1945–1946, in: Christoph Safferling u. Eckart Conze (Hrsg.): The Genocide Convention Sixty Years After its Adoption, Den Haag 2010, S. 35, S. 52 f.
52 Vgl. dazu Gerhard Werle u. Florian Jeßberger: Völkerstrafrecht, 5. Aufl., Tübingen 2020, Rn. 656 m. w. N.
53 UN GA Res 3/260 (1948), der englische Text ist hier abrufbar: https://www.legal-tools.org/doc/cee5ed/pdf. Eine deutsche Übersetzung findet sich hier: BGBl. 1954 II S. 730.
54 Die USA haben die Konvention erst am 25. 11. 1988 ratifiziert. Vgl. dazu auch Jost Dülffer: The United Nations and the Origins of the Genocide Convention 1946–1948, in: Christoph Safferling u. Eckart Conze (Hrsg.): The Genocide Convention Sixty Years After its Adoption, Den Haag 2010, S. 55, S. 67. Das Vereinigte Königreich ist auch erst am 30. 01. 1970 beigetreten.
55 IGH Reservations to the Convention on the Prevention

and Punishment of Genocide, Advisory Opinion v. 28.05.1951, Rep. 1951, 15, 23. Das Gutachten wurde von der GA selbst eingeholt; IGH Barcelona Traction, Urteil v. 5.2.1970, Rep. 1970, 3, 32, §§ 33 f.

56 IGH, Armed Activities on the Territory of the Congo (New Application 2002) (Democratic Republic of the Congo v. Rwanda), Urteil v. 03.02.2006, § 64; IGH, Application of the Convention on the Prevention and Punishment of Genocide (Bosnia and Hercegovina v. Serbia and Montenegro), Urteil v. 26.02.2007, § 161; IGH, Application of the Convention on the Prevention and Punishment of Genocide, Preliminary Objections, Urteil v. 11.07.1996, Rep. 1996, 595, 616.

57 Dirk Ehlers: Die Europäische Menschenrechtskonvention, Jura 2000, S. 372–383, S. 373.

58 Vgl. Rainer Grote, in: Oliver Dörr u. a. (Hrsg.): EMRK / GG Konkordanzkommentar zum europäischen und deutschen Grundrechtsschutz, Tübingen 2006, Kap. 1 Rn. 10.

59 Vgl. Christoph Grabenwarter u. Katharina Pabel: Europäische Menschenrechtskonvention, 7. Aufl., München 2021, § 1 Rn. 1.

60 Jörg Eisele: Die Bedeutung der Europäischen Menschenrechtskonvention für das deutsche Strafverfahren, JA 2005, S. 390 ff., S. 392.

61 Manfred Görtemaker: Geschichte der Bundesrepublik Deutschland. Von der Gründung bis zur Gegenwart, München 1999, S. 765.

62 Vgl. George Bush, Rede vom 25.12.1991: https://bush41library.tamu.edu/archives/public-papers/3791 (zuletzt aufgerufen am 08.03.2025).

63 Mariana Budjeryn: Inheriting the Bomb: The Collapse of the USSR and the Nuclear Disarmament of Ukraine, Baltimore 2023, S. 109 ff.

64 Vgl. https://www.spiegel.de/ausland/bill-clinton-ueber-die-ukraine-ich-fuehle-mich-mitverantwortlich-weil-ich-sie-davon-ueberzeugt-habe-ihre-atomwaffen-aufzugeben-a-ac738bce-b87c-4b6f-9f8f-9628d19663d2 (zuletzt aufgerufen am 08.03.2025).

65 Text der Deklaration: https://www.ohchr.org/en/instruments-mechanisms/instruments/vienna-declaration-and-programme-action (zuletzt aufgerufen am 08. 03. 2025).
66 Stephen Schlesinger: Can the United Nations Reform? in: World Policy Journal, 1997, S. 47 ff.
67 S/RES/0660 v. 02. 08. 1990.
68 S/RES/0661 v. 06. 08. 1990.
69 S/RES/0666 v. 13. 09. 1990 (Jemen und Kuba stimmten dagegen).
70 S/RES0667 v. 16. 09. 1990 (einstimmig).
71 Vgl. https://www.bpb.de/themen/zeit-kulturgeschichte/deutschland-chronik/132541/17-januar-28-februar-1991/ (zuletzt aufgerufen am 10. 03. 2025).
72 Ninan Koshy: The United Nations, the US and Northern Iraq, in: Economic and Political Weekly 1996 (Jg. 31) S. 2760 ff.
73 S/RES/0688 v. 05. 04. 1991.
74 George D. Kramlinger: Sustained Coercive Air Presence, Air University Press, Maxwell 2001, S. 15 ff.
75 Ninan Koshy: The United Nations, the US and Northern Iraq, in: Economic and Political Weekly 1996 (Jg. 31) S. 2760 ff.
76 James Cockayne u. David Malone: Creeping Unilateralism. How Operation Provide Comfort and the No-Fly Zones in 1991 and 1992 Paved the Way for the Iraq Crisis of 2003, in: Security Dialogue 37, 2006, S. 123.
77 UN S/RES/0733 v. 23. 01. 1992.
78 UN S/RES/0794 v. 03. 12. 1992.
79 Vgl. Präambel der UN SR/RES/0808 v. 22. 02. 1993.
80 UN S/RES/0780 v. 06. 10. 1992.
81 Letter dated 9 February 1993 from the Secretary-General addressed to the President of the Security Council, UN Doc. S/25274 v. 10. 02. 1993.
82 UN SR/RES/0808 v. 22. 02. 1993.
83 UN SR-RES/0827 v. 25. 05. 1993. Für den Bericht des Generalsekretärs vgl. Report of the Secretary-General Pursuant to Paragraph 2 of Security Council Resolution 808 v. 03. 05. 1993, UN Doc. S/25704 v. 03. 05. 1993.

84 Vgl. dazu Christoph Safferling u. Dunja Melčić: Das Kriegsverbrechertribunal in Den Haag. Rechtsgrundlagen und Entwicklung, in: Dunja Melčić (Hrsg.), Der Jugoslawien-Krieg, 2. Aufl., Opladen 2007, S. 503.

85 Auch hier ging der Bericht einer Expertenkommission dem Beschluss voraus, vgl. UN SR/ES/0935 v. 01.07.1994.

86 Begriff von Herwig Roggemann: Der Internationale Strafgerichtshof der Vereinten Nationen von 1993 und der Krieg auf dem Balkan, Berlin 1994, S. 8.

87 ILC Draft Statute for an International Criminal Court, in: Yearbook of the International Law Commission, 1994, vol. II (Part Two).

88 Das waren: USA, China, Irak, Israel, Jemen, Katar und Libyen. In wenigen anderen Situationen wird man diese sieben Staaten miteinander koaliert sehen.

89 Art. 17 IStGH-Statut.

90 Karl-Heinz Keldungs: NS-Prozesse 1945–2015. Eine Bilanz aus juristischer Sicht, Düsseldorf 2019, S. 316.

91 Frank Bösch u. Andreas Wirsching: Hüter der Ordnung. Die Innenministerien in Bonn und Ost-Berlin nach dem Nationalsozialismus, Göttingen 2018, S. 182.

92 Friedrich Kießling u. Christoph Safferling: Staatsschutz im Kalten Krieg, München 2021, S. 91 ff.

93 Vgl. dazu Christoph Grabenwarter u. Katharina Pabel: Europäische Menschenrechtskonvention, München 2009, § 24 Rn. 136.

94 Klaus Adomeit: Die Mauerschützenprozesse – rechtsphilosophisch, in: Neue Juristische Wochenschrift 1993, S. 2914 ff.; Horst Dreier: Gustav Radbruch und die Mauerschützen, in: Juristenzeitung 1997 S. 421 ff.

95 BGHSt 39, 1, Urteil v. 03.11.1992, »Mauerschützen I« (Az.: 5 StR 370/92); spätere Bestätigungen: BGHSt 39, 168, Urteil v. 25.03.1993, »Mauerschützen II« (Az.: BGH 5 StR 418/92); BGHSt 40, 241 Urteil v. 26.07.1994 (Az.: 5 StR 167/94); BGHSt 41, 101, Urteil v. 20.03.1995, »Mauerschützen III« (Az.: 5 StR 111/94); BGHSt 42, 356, Urteil v. 17.12.1996, »Innerdeutsche Schützen II« (Az.: 5 StR 137/96); BGH, NStZ 1993, S. 488; NStZ-RR 1996, S. 324.

96 Gustav Radbruch: Gesetzliches Unrecht und übergesetzliches Recht, in: Süddeutsche Juristenzeitung 1946, S. 105 ff.

97 Walter Gropp: Naturrecht oder Rückwirkungsverbot? Zur Strafbarkeit der Berliner »Mauerschützen«, in: Neue Justiz 1996, S. 393 ff.

98 BGHSt 39, Urteil v. 03.11.1992, »Mauerschützen I« (Az.: 5 StR 370/92), Rn. 16.

99 BGHSt 48, 77, Urteil v. 06.11.2002 (Az.: 5 StR 281/01), Rn. 86.

100 BGHSt 48, 77, Urteil v. 06.11.2002 (Az.: 5 StR 281/01), Rn. 86.

101 Siehe den 6. Bericht der Bundesregierung über ihre Menschenrechtspolitik in den auswärtigen Angelegenheiten und in anderen Politikbereichen (Human Rights Report), 2000/02, S. 36, abrufbar unter: www.bmj.bund.de/media/archive/267.pdf.

102 Gesetz über die Zusammenarbeit mit dem Internationalen Strafgerichtshof für das ehemalige Jugoslawien (Jugoslawien-Strafgerichtshof-Gesetz) v. 10.04.1995, BGBl. I, S. 485.

103 Claus Kreß, in: Herbert Reginbogin u. Christoph Safferling (Hrsg.): Die Nürnberger Prozesse. Völkerstrafrecht seit 1945, München 2006, S. 238. Dazu auch Christoph Safferling: Nürnberg und die Zukunft des Völkerstrafrechts, in: Juristenzeitung 2015, S. 1061–1068, S. 1061.

104 Wolfram Hilz: Kontinuität und Wandel deutscher Außenpolitik nach 1990, in: Bundeszentrale für politische Bildung (Hrsg.): Deutsche Außenpolitik. Informationen zur politischen Bildung 304, S. 33–51, S. 41.

105 BVerfGE 90, 286, Urteil v. 12.07.1994 (Az.: 2 BvE 3/92, 5/93, 7/93, 8/93) (Out-of-area-Einsätze).

106 https://web.archive.org/web/20081205182619/http://www.bundespraesident.de/Reden-und-Interviews/Reden-Roman-Herzog-,11072.12414/Ansprache-von-Bundespraesident.htm?global.back=/Reden-und-Interviews/-%2C11072%2C11/Reden-Roman-Herzog.htm?link%3Dbpr_liste (zuletzt aufgerufen am 15.03.2025).

107 John Bolton u. Richard Holbrooke: Reforming the United

Nations, in: The Brown Journal of World Affairs, 2008 (Heft 14), S. 11–21, S. 19.

108 Emily Christie: Accordance with International Law of the Unilateral Declaration of Independence in Respect of Kosovo, ICJ Advisory Opinion, ICJ Advisory Opinion of 22 July 2010, General List No. 141, in: Australian International Law Journal 2010, S. 205–212, S. 208.

109 Michael Schwab-Trapp: Kriegsdiskurse. Die politische Kultur des Krieges im Wandel 1991–1999, Berlin 2002, S. 289 ff.

110 Rede Joschka Fischers in Auszügen im Spiegel-Archiv: https://www.spiegel.de/politik/deutschland/wortlaut-auszuege-aus-der-fischer-rede-a-22143.html (zuletzt aufgerufen am 16. 03. 2025).

111 Nora Markard u. Ronen Steinke: Jura Not Alone, Frankfurt 2024, S. 203.

112 Matthias Wenzel: Schutzverantwortung im Völkerrecht. Zu Möglichkeiten und Grenzen der »Responsibility to Protect«-Konzeption, Hamburg 2010, S. 3.

113 Ebenda, S. 7 f.

114 UN SEC-RES/1674 v. 28. 04. 2006.

115 Alex J. Bellamy: Responsibility to protect. The global effort to end mass atrocities, Cambridge 2009, S. 1038–1040, S. 1039.

116 Anne-Marie Slaughter: A New U.N. for a New Century, in: Fordham Law Review Vol. 74, Issue 6, 2006, S. 2961–2970, S. 2961.

117 Thomas Wayde Pittman: The Road to the Establishment of the International Residual Mechanism for Criminal Tribunals. From Completion to Continuation, in: JICJ Vol. 9, Issue 4, 2011, S. 797–817, S. 797.

118 Francis Fukuyama: The End of History and the Last Man, London 1992.

119 Zum Ganzen: Martin Aust: Das Ende der Geschichte. Russland und der Westen 1992–2022 in zeitgeschichtlicher Perspektive, in: Arnd Uhle u. Matthias Friehe (Hrsg.): Sicherheitsordnung in Europa. Analysen und Perspektiven nach dem Ende der Geschichte, Berlin 2023, S. 35.

III Enttäuschte Hoffnungen: Die Rückkehr der Machtpolitik

1 UN SC-RES/1368 v. 12.09.2001.
2 UN SC-RES/1386 v. 20.12.2001.
3 Sönke Neitzel: Deutsche Krieger. Vom Kaiserreich zur Berliner Republik – eine Militärgeschichte, Berlin 2020, S. 12.
4 Christoph Safferling u. Stefan Kirsch: Die Strafbarkeit von Bundeswehrangehörigen bei Auslandseinsätzen: Afghanistan ist kein rechtsfreier Raum, in: Juristische Arbeitsblätter 2010, S. 81.
5 Bescheid des Generalbundesanwalts beim Bundesgerichtshof v. 13.10.2010 – 3 BJs 6/10-4.
6 OLG Düsseldorf, Beschl. v. 31.03.2011 (Az.: III-5 StS 6/10).
7 BVerfG, Beschl. v. 19.05.2015 (Az.: 2 BvR 987/11), https://www.bundesverfassungsgericht.de/SharedDocs/Entscheidungen/DE/2015/05/rk20150519_2bvr098711.html (zuletzt aufgerufen am 28.03.2025).
8 BGH, Urteil v. 06.10.2016 (Az.: III ZR 140/15).
9 Vgl. GBA, Verfügung v. 10.02.2005, in: JZ 2005, S. 311 (Rumsfeld); Christian Ritscher: Die Ermittlungstätigkeit des Generalbundesanwalts zum Völkerstrafrecht, in: Christoph Safferling u. Stefan Kirsch (Hrsg.): Völkerstrafrechtspolitik, Berlin u. Heidelberg 2014, S. 223; kritisch: Denis Basak, in: Kritische Vierteljahresschrift für Gesetzgebung und Rechtswissenschaft (KritV), Vol. 90, No. 4, 2007, S. 333–365, S. 333; vgl. Thomas Beck, in: Florian Jeßberger u. Julia Geneuss (Hrsg.): Zehn Jahre Völkerstrafgesetzbuch, Baden-Baden 2013, S. 161.
10 Peter Frank u. Holger Schneider-Glockzin: Terrorismus und Völkerstraftaten im bewaffneten Konflikt, in: Neue Zeitschrift für Strafrecht 2017 S. 1–7, S. 1.
11 GBA, Verfügung v. 16.04.2010 – 3 BJs 6/10-4, in: NStZ 2010, S. 581; Christoph Safferling u. Stefan Kirsch: Die Strafbarkeit von Bundeswehrangehörigen bei Auslandseinsätzen: Afghanistan ist kein rechtsfreier Raum, in: Juristische Arbeitsblätter 2010, S. 81; Kai Ambos: Afghanistan-

Einsatz der Bundeswehr und Völker(straf)recht, in: Neue Juristische-Wochenschrift 2010, S. 1725–1727, S. 1725.

12 Christian Tomuschat: Völkerrecht ist kein Zweiklassenrecht. Der Irak-Krieg und seine Folgen, Vereinte Nationen 2003, S. 41.

13 BVerwG, Urteil v. 21. 06. 2005 (Az.: 2 WD 12. 04); dazu Tim Metje: Grundrechte. Unverbindlichkeit eines militärischen Befehls aus Gewissensgründen, in: Juristische Arbeitsblätter 2006, S. 97–99, S. 97.

14 Sascha Mikolajczyk u. Amir Makee Mosa: The case against Saddam Hussein before the Iraqi High Tribunal (IHT), in: Zeitschrift für Internationale Strafrechtsdogmatik, 2007, S. 307–316, S. 309.

15 John R. Crook: U. S. special operations personnel raid compound in Pakistan, kill Osama bin Laden, in: The American journal of international law, 2011-07, Vol. 105 (3), S. 602–605.

16 Vgl. https://www.blaetter.de/dokumente/bis-heute-hat-sich-die-bundesregierung-nicht-bei-murat-kurnaz-fuer-die-menschenrechtsverletzungen (zuletzt aufgerufen am 02. 05. 2025).

17 Die interessante Revision mit rechtlichen Klarstellungen zur Beihilfestrafbarkeit: BGHSt 51, 144.

18 Er verfasste später eine Autobiografie: Murat Kurnaz, Fünf Jahre meines Lebens, Ein Bericht aus Guantanamo, Berlin 2019.

19 GBA Verfügung, abgedruckt in: Neue Zeitschrift für Strafrecht 2013, S., 644; hierzu Kai Ambos: Einstellungsverfügung GBA vom 20. 6. 2013 zum Drohneneinsatz in Mir Ali/Pakistan am 4. 10. 2010 u. Tötung des dt. Staatsangehörigen B. E. – Anmerkung zur »offenen Version« vom 23. 7. 2013, in: Neue Zeitschrift für Strafrecht 2013, S. 634.

20 Bundesverwaltungsgericht, Urteil v. 25. 11. 2020 – 6 C 7/19, in: Neue Zeitschrift für Verwaltungsrecht 2021, S. 800 ff.

21 Beschluss (GASP) 2025/207 des Rates v. 30. 01. 2025 zur Aktualisierung der Liste der Personen, Vereinigungen und Körperschaften, auf die der Gemeinsame Standpunkt 2001/931/GASP über die Anwendung besonderer Maßnah-

men zur Bekämpfung des Terrorismus Anwendung findet, und zur Aufhebung des Beschlusses (GASP) 2024/2056: https://eur-lex.europa.eu/eli/dec/2025/207/oj.
Zur Führung als Terrororganisation durch das amerikanische State Department vgl: https://www.state.gov/foreign-terrorist-organizations (zuletzt aufgerufen am 02. 06. 2025).

22 https://anfdeutsch.com/weltweit/pkk-verkundet-auf losung-und-ende-des-bewaffneten-kampfes-46252 (zuletzt aufgerufen am 02. 06. 2025).

23 Rachel Behring: »One-eyed prosecution? On the possibility to restrict the personal jurisdiction of an international ad hoc-tribunal for ISIS-fighters«, Völkerrechtsblog, 04. 02. 2020, doi: 10.17176/20200204-105629-0 (zuletzt aufgerufen am 19. 07. 2025).

24 https://www.un.org/unispal/document/auto-insert-193552/ (zuletzt aufgerufen am 12. 04. 2025).

25 Theodor Herzl: Der Judenstaat. Versuch einer modernen Lösung der Judenfrage, Leipzig und Wien 1896, S. 29.

26 UN GA Res 194 (III) v. 11. 12. 1948.

27 Bzgl. der UNESCO-Mitgliedschaft: https://www.unesco.org/archives/multimedia/document-2168 (zuletzt aufgerufen am 03. 06. 2025), Charter of the United Nations and Statute of the International Court of Justice, Chapter XVIII, S. 3.
Bzgl. derjenigen beim IStGH: https://treaties.un.org/Pages/ViewDetails.aspx?src=TREATY&mtdsg_no=XVIII-10&chapter=18&clang=_en

28 Siehe: Observations by the Federal Republic of Germany, ICC Situation in the State of Palestine, 16. 03. 2020, ICC-01/18-103 17-03-2020 1/17 NM PT; §§ 4 ff.

29 ICJ, Legal Consequences of the Construction of a Wall in the Occupied Palestinian Territory, Advisiory Opinon No. 2004/28.

30 Vgl. hierzu Karin Oellers-Frahm: Israel und die Mauer, Vereinte Nationen 2005, S. 104.

31 Christian Tams: Der Goldstone-Bericht zum Gaza-Krieg 2008/2009 aus Sicht des Völkerrechts, Vereinte Nationen 2010, S. 243.

32 Ebenda, S. 243, 248.
33 UN GA A/RES/77/247 v. 09.01.2023.
34 ICJ, Legal Consequences arising from the policies and practices of Israel in the occupied Palestinian territory including east Jerusalem, Advisory Opinion.
35 Herfried Münkler: Macht im Umbruch, Berlin 2025, S. 275 ff.
36 Vgl. Sicherheitsratssitzung v. 07.08.2008, https://web.archive.org/web/20080907042847/http://www.security-councilreport.org/site/c.glKWLeMTIsG/b.4423477/#CM (zuletzt aufgerufen am 24.04.2025).
37 Report Independent International Fact-Finding Mission on the Conflict in Georgia, Sept. 2009, https://web.archive.org/web/20091007030130/http://www.ceiig.ch/pdf/IIFFMCG_Volume_I.pdf (zuletzt aufgerufen am 25.04.2025).
38 Vgl. https://www.lto.de/recht/nachrichten/n/russland-suedossetien-georgien-icc-khan-haftbefehl (zuletzt aufgerufen am 25.04.2025).
39 Vgl. https://www.icc-cpi.int/news/prosecutor-international-criminal-court-karim-aa-khan-kc-announces-conclusion-investigation (zuletzt aufgerufen am 24.04.2025).
40 Herfried Münkler: Macht im Umbruch, Berlin 2025, S. 242.
41 Eckart Lohse: Die Täuschung. Angela Merkel und ihre Deutschen, München 2024, S. 280.
42 Interview v. 17.04.2014, vgl. https://www.dw.com/de/putins-lieblingsshow/a-17576446 (zuletzt aufgerufen am 24.05.2025).
43 So NATO: Wales Summit Declaration Issued by the Heads of State and Government participating in the meeting of the North Atlantic Council in Wales, 5.09.2014, http://www.nato.int/cps/en/natohq/official_texts_112964.htm (zuletzt aufgerufen am 25.04.2025), Rn. 13.
44 Pascal Hector: Hybride Kriegsführung. Eine neue Herausforderung?, in: Zeitschrift für ausländisches öffentliches Recht und Völkerrecht 2016 (Jg. 76), S. 513, S. 517.
45 Bastian Giegerich: Hybrid Warfare and the Changing Character of Conflict, in: Connections Quarterly Journal 15, 2016, S. 65.

46 Pascal Hector: Hybride Kriegsführung. Eine neue Herausforderung?, in: Zeitschrift für ausländisches öffentliches Recht und Völkerrecht 2016 (Jg. 76), S. 513, S. 518.
47 Carolin Gornig: Der Ukraine-Konflikt aus völkerrechtlicher Sicht, Berlin 2020, S. 106.
48 Case Concerning Military and Paramilitary Activities in and against Nicaragua (Nicaragua v. United States of America), ICJ Reports 1986, 14 (65).
49 Pascal Hector: Hybride Kriegsführung. Eine neue Herausforderung?, in: Zeitschrift für ausländisches öffentliches Recht und Völkerrecht 2016 (Jg. 76), S. 513, S. 522.
50 IGH, Kosovo-Gutachten, 22.07.2010, ICJ Rep. 2010.
51 Carolin Gornig: Der Ukraine-Konflikt aus völkerrechtlicher Sicht, Berlin 2020, S. 245 ff.
52 Der Resolutionsentwurf v. 15.03.2014 wurde von Russland angehalten, S/2014/189.
53 UN GA A/RES/68/262 v. 27.03.2014.
54 UN S/RES/2002 v. 17.02.2015.
55 Angelika Nußberger: Entzweiung im Völkerrecht. Das Ringen um die Deutung des Völkerrechts zwischen Russland und dem Westen 1992–2022, in: Arnd Uhle u. Matthias Friehe (Hrsg.): Sicherheitsordnung in Europa. Analysen und Perspektiven nach dem Ende der Geschichte, Berlin 2023, S. 51, S. 71.
56 UN S/2022/155 v. 25.02.2022.
57 UN A/RES/ES-11/1 v. 18.03.2022.
58 Christian Walter: Der Ukraine-Krieg und das wertebasierte Völkerrecht, in: Juristenzeitung 2022, S. 473.
59 UN A/ES-11/L.7 v. 25.02.2025.
60 https://www.tagesschau.de/ausland/europa/baerbock-putin-ukraine-krieg-100.html (zuletzt aufgerufen am 27.04.2025).
61 ICC, Office of the Prosecutor v. 02.03.2022, Statement of ICC Prosecutor, Karim A. A. Khan QC, on the Situation in Ukraine: Receipt of Referrals from 39 States Parties and the Opening of an Investigation, https://www.icc-cpi.int/Pages/item.aspx?name=2022-prosecutor-statement-referrals-ukraine.

62 Vgl. hierzu Christoph Safferling u. Klaus Hoffmann: Die Ukraine als IStGH-Mitglied. Folgen und Herausforderungen, in: Deutsche Richterzeitung 2024, S. 396.

63 Niels Blokker: Prosecuting the Crime of Aggression. The Role of the UN Security Council, in: Stefanie Bock u. Eckart Conze (Hrsg.): Rethinking the Crime of Aggression, Den Haag 2022, S. 255 ff.

64 https://www.tagesschau.de/ausland/europa/baerbock-putin-ukraine-krieg-100.html (zuletzt aufgerufen am 26. 04. 2025).

65 Vgl. https://www.icc-cpi.int/news/situation-ukraine-icc-judges-issue-arrest-warrants-against-vladimir-vladimirovich-putin-and (zuletzt aufgerufen am 26. 04. 2025).

66 Yale School of public health: Russia's systematic program for re-eduction & adoption of ukraine's children, 14. 02. 2023: https://files-profile.medicine.yale.edu/documents/8c54abb4-3c6d-4b5c-be05-727f612afccc

67 https://www.coe.int/en/web/portal/-/special-tribunal-for-ukraine-secretary-general-welcomes-completion-of-technical-discussions (zuletzt aufgerufen am 25. 04. 2025).

68 https://www.dw.com/en/ukraine-hurdles-to-special-tribunal-prosecuting-russias-war-of-aggression/a-72363945 (zuletzt aufgerufen am 25. 04. 2025).

69 https://www.eurojust.europa.eu/joint-investigation-team-alleged-crimes-committed-ukraine (zuletzt aufgerufen am 26. 04. 2025).

70 https://www.generalbundesanwalt.de/SharedDocs/Pressemitteilungen/DE/2024/Pressemitteilung-vom-31-10-2024.html (zuletzt aufgerufen am 26. 04. 2025).

71 UN S/RES/1970 v. 26. 02. 2011.

72 So etwa der Wissenschaftliche Dienst des Bundestags: https://www.bundestag.de/resource/blob/491534/2dbc167af1ff14573767328a2632abcb/IStGH-Libyen.pdf (zuletzt aufgerufen am 27. 04. 2025).

73 https://www.sueddeutsche.de/politik/streitfall-libyen-einsatz-deutsche-aussenpolitik-eine-farce-1.1075362 (zuletzt aufgerufen am 27. 04. 2025).

74 Human Rights Council: Report of the Independent Fact-Finding Mission on Libya, A/HRC/52/83 v. 03. 03. 2023.

75 Dazu Robin Geiß: »Failed States«. Die normative Erfassung gescheiterter Staaten, Berlin 2005.
76 United Nations Security Council, Resolution 1593, S/RES/1593 v. 31.03.2005.
77 Vgl. https://www.icc-cpi.int/darfur/albashir (zuletzt aufgerufen am 27.04.2025).
78 Vgl. https://fragilestatesindex.org/global-data/ (zuletzt aufgerufen am 27.04.2025).
79 Susan L. Woodward: The Ideology of Failed States. Why Intervention Fails, Cambridge 2017.
80 United Nations Security Council, Resolution 2042, S/RES/2042 v. 14.04.2012, United Nations Security Council, Resolution 2043, S/RES/2043 v. 21.04.2012 und United Nations Security Council, Resolution 2059, S/RES/2059 v. 20.07.2012.
81 Christoph Safferling: Das humanitäre Völkerrecht im nicht-internationalen Konflikt und das deutsche Strafrecht, in: Volker Bouffier u. a. (Hrsg.): Grundgesetz und Europa – Liber Amicorum für Herbert Landau zum Ausscheiden aus dem Bundesverfassungsgericht, Tübingen 2016, S. 437 ff.
82 Christoph Safferling: »War on Terror«. Der internationale Terrorismus als Herausforderung für Völkerrecht und Völkerstrafrecht, in: Frank Lüttig u. Jens Lehmann (Hrsg.),: Der Kampf gegen den Terror in Gegenwart und Zukunft, Baden-Baden 2019, S. 149 ff.
83 United Nations General Assembly, Resolution A/71/248 v. 21.12.2016.
84 https://iiim.un.org (zuletzt aufgerufen am 27.04.2025).
85 https://www.govinfo.gov/content/pkg/PLAW-104publ192/html/PLAW-104publ192.htm (zuletzt aufgerufen am 30.04.2025).
86 https://www.bbc.com/news/world-us-canada-67641900 (zuletzt aufgerufen am 20.04.2025).
87 VStGB v. 26.06.2002, BGBl. I, S. 2254; vgl. Helmut Satzger: Das neue Völkerstrafgesetzbuch, NStZ 2002, S. 125; Claus Kreß: Vom Nutzen eines deutschen Völkerstrafgesetzbuchs, Baden-Baden 2000; Thomas Dittmann u. Johannes Heinitz: Das Bundesministerium der Justiz und das Völkerstrafrecht,

in: Christoph Safferling u. Stefan Kirsch (Hrsg.): Völkerstrafrechtspolitik. Praxis des Völkerstrafrechts, Heidelberg 2014, S. 191 ff.; Sascha Rolf Lüder u. Thomas Vormbaum (Hrsg.): Materalien zum Völkerstrafgesetzbuch. Dokumentation des Gesetzgebungsverfahrens, Münster 2002.

88 Christoph Safferling u. Stefan Kirsch: Zehn Jahre Völkerstrafgesetzbuch, in: Juristische Arbeitsblätter 2012, S. 481; Florian Jeßberger u. Julia Geneuss (Hrsg.): Zehn Jahre Völkerstrafgesetzbuch. Bilanz und Perspektiven eines »deutschen Völkerstrafrechts«, Baden-Baden 2013.

89 BGHSt 64, 10; zustimmend Katrin Gierhake: Delikte nach dem Völkerstrafgesetzbuch - Tatbestandsprobleme und Beteiligungsfragen, in: Juristische Wochenschrift 2019, S. 1779. Vorinstanz: OLG Stuttgart, Urteil v. 28.09.2015, Az.: 5–3 StE 6/10, BeckRS 2015, 118449.

90 Vgl. Christine Schwöbel-Patel: Zwanzig Jahre Völkerstrafgesetzbuch, AVR 61, 2023, S. 1.

91 https://www.eurojust.europa.eu/judicial-cooperation/practitioner-networks/genocide-network (zuletzt aufgerufen am 20.04.2025).

92 https://www.eurojust.europa.eu/judicial-cooperation/practitioner-networks/genocide-network/national-juris prudence-database-core (zuletzt aufgerufen am 01.05.2025).

93 Svenja Raube: Das Gesetz zur Fortentwicklung des Völkerstrafrechts. Zu den jüngsten Arbeiten am Bau für deutsche Weltrechtspflege, in: KriPoZ 2024, S. 278, https://kripoz.de/wp-content/uploads/2024/07/raube-das-gesetz-zur-fortentwicklung-des-voelkerstrafrechts.pdf (zuletzt aufgerufen am 30.04.2025); Christoph Safferling: Fortentwicklung des Völkerstrafrechts in Deutschland, in: Zeitschrift für Rechtspolitik 2023, S. 122.

94 Bundesgerichtshof: Urteil v. 27.07.2017 – 3 StR 57/17, in: Entscheidungen des Bundesgerichtshofs in Strafsachen Bd. 62, S. 272.

95 BGH, Urteil v. 21.05.2015 (Az.: 3 StR 575/14), http://juris.bundesgerichtshof.de/cgi-bin/rechtsprechung/document.py?Gericht=bgh&Art=en&Datum=2015&Sort=4&Seite=22

&nr=73389&pos=671&anz=3078; Christoph Safferling u. Johanna Grzywotz: Die Völkermordabsicht nach Karlsruher Meinung, in: Juristische Rundschau 2016, S. 186.

96 BGHSt 67, 180; OLG HH Urteil v. 27.07.2022, Az.: 3 St 2/22.

97 Vgl. BGH Beschluss v. 06.02.2020, AK 2/20, https://juris.bundesgerichtshof.de/cgi-bin/rechtsprechung/document.py?Gericht=bgh&Art=en&sid=e18f07444973eea38c28871ea227b2c4&nr=103836&pos=0&anz=1 (zuletzt aufgerufen am 30.04.2025) und OLG Düsseldorf, Urteil v. 29.04.2020, 7 StS 4/19, https://nrwe.justiz.nrw.de/olgs/duesseldorf/j2020/7_StS_4_19_Urteil_20200429.html (zuletzt aufgerufen am 30.04.2025).

98 OLG Hamburg, Urteil v. 24.03.2022, Az.: 3 StS 2/21, https://www.landesrecht-hamburg.de/bsha/document/NJRE001578965 (zuletzt aufgerufen am 20.04.2025).

99 https://vstgb-datenbank.de/home (zuletzt aufgerufen am 01.05.2025).

100 Vertragsstaatenversammlung Resolution ICC-ASP/2/Res. 1 v. 12.09.2003.

101 Vertragsstaatenversammlung Resolution ICC-ASP/23/Res. 6 v. 06.12.2024.

102 Vgl. https://www.icc-cpi.int (zuletzt aufgerufen am 30.04.2025).

103 Karim A. A. Khan: Statement of the Prosecutor of the International Criminal Court, Karim A. A. Khan QC, following the application for an expedited order under article 18(2) seeking authorisation to resume investigations in the Situation in Afghanistan, 27.09.2021, https://www.icc-cpi.int/news/statement-prosecutor-international-criminal-court-karim-khan-qc-following-application (zuletzt aufgerufen am 30.04.2025).

104 https://www.icc-cpi.int/news/prosecutor-international-criminal-court-fatou-bensouda-requests-judges-authorisation-open (zuletzt aufgerufen am 30.04.2025).

105 Christoph Safferling: Ist die Krise des Internationalen Strafgerichtshofs auch eine Krise des Völkerstrafrechts?, in: Festschrift für Ulrich Sieber, Berlin 2021, S. 1235.

106 So das Ergebnis der Studie der Internationalen Akademie Nürnberger Prinzipien und der International Criminal Law Research Unit der Universität Erlangen-Nürnberg: https://www.nurembergacademy.org/fileadmin/user_upload/ianp-website/research/projects/Verfahrensdauer_am_Internationalen_Strafgerichtshof_-_Projektbericht.pdf (zuletzt aufgerufen am 30. 04. 2025).

107 https://www.spiegel.de/ausland/gaza-krieg-anklaeger-des-internationalen-strafgerichtshofs-karim-khan-trifft-abbas-und-israelis-a-b774339e-2100-43d2-81c2-f52ca4180800 (zuletzt aufgerufen am 30. 04. 2025).

108 Vgl. https://www.lto.de/recht/nachrichten/n/israel-gaza-palaestina-hamas-islamismus-terrorismus-netanyahu-gallant-deif-sinwar-haniyeh (zuletzt aufgerufen am 30. 04. 2025).

109 https://www.lto.de/recht/nachrichten/n/israel-gaza-palaestina-hamas-islamismus-terrorismus-netanyahu-gallant-deif-sinwar-haniyeh (zuletzt aufgerufen am 30. 04. 2025).

110 https://www.lawfaremedia.org/about/about-lawfare (zuletzt aufgerufen am 12. 04. 2025).

111 https://www.thelawfareproject.org (zuletzt aufgerufen am 12. 04. 2025).

112 Vgl. Orde F. Kittrie: Lawfare. Law as a Weapon of War, Oxford 2016.

113 Vgl. Collins Dictionary: https://www.collinsdictionary.com/de/worterbuch/englisch/lawfare (zuletzt aufgerufen am 12. 04. 2025).

114 Charles J. Dunlap: Lawfare: »A New Concept of War«, in: Military Review 2017, S. 8, S. 12, https://www.armyupress.army.mil/Portals/7/military-review/Archives/English/MilitaryReview_20170630_Lawfare-101.pdf (zuletzt aufgerufen am 30. 04. 2025).

115 https://www.tagesschau.de/inland/innenpolitik/bundestag-waffenlieferungen-israel-100.html (zuletzt aufgerufen am 30. 04. 2025).

116 Vgl. https://unric.org/de/041022-nicaragua/ (zuletzt aufgerufen am 30. 04. 2025).

117 IGH Order, Alleged Breaches of Certain International

Obligations in Respect of the Occupied Palestinian Territory, Nicaragua v. Germany, 30.04.2024, https://www.icj-cij.org/sites/default/files/case-related/193/193-20240430-ord-01-00-en.pdf (zuletzt aufgerufen am 30.4.2025).

118 Vom Autor übersetzt. Original: »Not only impartiality, but also appearance of impartiality, is a sine qua non requirement for justice to contribute to peace and reconciliation« und: »the duties and obligations as regards victims' rather than states«. ICC, Decision on submissions received and order to the Registry regarding the filing of documents in the proceedings pursuant to articles 18(2) and 68(3) of the Statute, 08.11.2021, ICC- 02/ 17- 171, https://www.icc-cpi.int/court-record/icc-02/17-171 (zuletzt aufgerufen am 30.05.2025).

119 Harold H. Koh: The Trump Administration and International Law, Oxford 2019, S. 129f.

120 Timothy Snyder: On Freedom, London 2024.

121 Vgl. Malcolm Jorgensen: Ideological Values and Norm Contestation in the ICC, in: Heike Krieger u. Andrea Liese (Hrsg.): Tracing Value Change in the International Legal Order. Perspectives from Legal and Political Science, Oxford 2023, S. 191, S. 208f.

122 Zur Entwicklungsgeschichte: Friedrich Kießling u. Christoph Safferling: Der Streitfall. Wie die Demokratie nach Deutschland kam und wie wir sie neu beleben müssen, München 2024.

123 Siehe auch Herfried Münkler: Macht im Umbruch. Deutschlands Rolle in Europa und die Herausforderungen des 21. Jahrhunderts, Berlin 2025, S. 303.

124 Christian Walter: Der Ukraine-Krieg und das wertebasierte Völkerrecht, Juristenzeitung 2022, S. 473.

125 Zur Demokratiegeschichte in Deutschland: Friedrich Kießling u. Christoph Safferling: Der Streitfall. Wie die Demokratie nach Deutschland kam und wie wir sie neu beleben müssen, München 2024.

Literatur

Adomeit, Klaus: Die Mauerschützenprozesse – rechtsphilosophisch, NJW 1993, S. 2914–2916.

Ahlbrecht, Heiko: Geschichte der völkerrechtlichen Strafgerichtsbarkeit im 20. Jahrhundert unter besonderer Berücksichtigung der völkerrechtlichen Straftatbestände und der Bemühungen um einen Ständigen Internationalen Strafgerichtshof, Baden-Baden 1999.

Ambos, Kai: Afghanistan-Einsatz der Bundeswehr und Völker(straf)recht, NJW 2010, S. 1725–1727.

Ambos, Kai: Einstellungsverfügung GBA vom 20.6.2013 zum Drohneneinsatz in Mir Ali/Pakistan am 4.10.2010 u. Tötung des dt. Staatsangehörigen B.E. – Anmerkung zur »offenen Version« vom 23.7.2013, NStZ 2013, S. 634–636.

Anghie, Antony: Imperialism, Sovereignty, and the Making of International Law, Cambridge 2004.

Aquinus, Thomas: Summa Theologica, Secunda secundae partis, quaestio XL; in moderner deutscher Übersetzung: Thomas von Aquin, Summa Theologica, II. Teil des II. Buches, Bd. 17 B, Frage 40, Heidelberg 1966.

Augstein, Franziska: Winston Churchill, München 2024.

Augustinus, Aurelius: De civitate dei, Buch XIX, Kap. 12–14, in moderner deutscher Übersetzung: Augustinus, Aurelius: Vom Gottesstaat, Buch 11–22, 4. Aufl., München 1997, S. 547 ff.,

Aust, Martin: Das Ende der Geschichte. Russland und der Westen 1992–2022 in zeitgeschichtlicher Perspektive, in: Arnd Uhle u. Matthias Friehe (Hrsg.), Sicherheitsordnung in Europa. Analysen und Perspektiven nach dem Ende der Geschichte, Berlin 2023, S. 35.

Bach, Gabriel: The Trial of Adolf Eichmann and Other Genocide Trials, in: Christoph Safferling u. Eckart Conze (Hrsg.), The Genocide Convention Sixty Years After its Adoption, Den Haag 2010, S. 275 ff.

Bachrach, Susan D.: The Nazi Olympics. Berlin 1936, Boston 2000.

Barrett, John Q.: Raphael Lemkin and ›Genocide‹ at Nuremberg, 1945–1946, in: Christoph Safferling u. Eckart Conze (Hrsg.), The Genocide Convention Sixty Years After its Adoption, Den Haag 2010, S. 35–54.

Basak, Denis: Der Fall Rumsfeld – ein Begräbnis Dritter Klasse für das Völkerstrafgesetzbuch?, Kritische Vierteljahresschrift für Gesetzgebung und Rechtswissenschaft (KritV), Vol 90, No. 4 2007, S. 333–365.

Bassiouni, M. Cherif: The Need for International Accountability, in: M. Cherif Bassiouni, International Criminal Law, Vol. III 2008, S. 3 ff.

Bassiouni, M. Cherif: World War I. The war to end all wars and the birth of a handicapped international criminal justice system, Denver Journal of International Law and Politics 2002, S. 244–291.

Beck, Thomas: Das Völkerstrafgesetzbuch in der praktischen Anwendung – ein Kommentar zum Beitrag von Rainer Keller, in: Florian Jeßberger u. Julia Geneuss (Hrsg.), Zehn Jahre Völkerstrafgesetzbuch, Baden-Baden 2013, S. 161–167.

Bellamy, Alex J.: Responsibility to Protect: The Global Effort to End Mass Atrocities, Cambridge 2009.

Blokker, Niels: Prosecuting the Crime of Aggression. The Role of the UN Security Council, in: Stefanie Bock u. Eckart Conze (Hrsg.), Rethinking the Crime of Aggression. International and Interdisciplinary Perspectives, Den Haag 2022, S. 255 ff.

Bodin, Jean: Sechs Bücher über den Staat, Buch I–III, XXX. Übersetzt und kommentiert von Bernd Wimmer, herausgegeben und eingeleitet von Peter Cornelius Mayer-Tasch, München 1981.

Bösch, Frank u. Wirsching, Andreas (Hrsg.): Hüter der Ordnung. Die Innenministerien in Bonn und Ost-Berlin nach dem Nationalsozialismus, Göttingen 2018.

Boister, Neil u. Cryer, Robert: The Tokyo International Military Tribunal. A Reappraisal, Oxford 2008.

Bolton, John u. Holbrooke, Richard: Reforming the United Nations, The Brown Journal of World Affairs 2008, S. 11–21.

Brosius-Gersdorf, Frauke (Hrsg.): Dreier. Grundgesetz. Kommentar, Bd. 1, 4. Aufl., Tübingen 2023.

Budjeryn, Mariana: Inheriting the Bomb. The Collapse of the USSR and the Nuclear Disarmament of Ukraine, John Hopkins University Press, Baltimore 2022.

Büngener, Lars: Disclosure of Evidence in International Criminal Trials – An Historical Overview, Marburg 2010.

Caplan, Lee M.: State Immunity, Human Rights, and Jus Cogens. A Critique of the Normative Hierarchy Theory, AJIL Vol. 97 2003, S. 741–781.

Christie, Emily: Accordance with International Law of the Unilateral Declaration of Independence in Respect of Kosovo, ICJ Advisory Opinion of 22 July 2010, General List No. 141, Australian International Law Journal 2010, S. 205–212.

Cockayne, James u. Malone, David: Creeping Unilateralism. How Operation Provide Comfort and the No-Fly Zones in 1991 and 1992 Paved the Way for the Iraq Crisis of 2003, Security Dialogue 37 2006, S. 123–141.

Conze, Eckart: Völkerstrafrecht und Völkerstrafrechtspolitik, in: Jost Dülffer u. Wilfried Loth (Hrsg.), Dimensionen internationaler Geschichte, München 2012, S. 189–209.

Conze, Eckart u. Frei, Norbert u. Hayes, Peter u. Zimmermann, Moshe: Das Amt und die Vergangenheit, München 2010.

Cooper, John: Raphael Lemkin and the Struggle for the Genocide Convention, New York 2008.

Crook, John R.: U. S. special operations personnel raid compound in Pakistan, kill Osama bin Laden, in: The American journal of international law, 2011–07, Vol. 105 (3), S. 602–605.

Czarnecki, Paweł u. a. (Hrsg.): Hominum causa omne ius constitutum sit. Festschrift für Hofmański, Warschau 2024.

Dinstein, Yoram: War, Aggression and Self-Defence, 6. Aufl., Cambridge 2017.

Dittmann, Thomas u. Heinitz, Johannes: Das Bundesministerium der Justiz und das Völkerstrafrecht, in: Christoph Safferling u. Stefan Kirsch (Hrsg.), Völkerstrafrechtspolitik. Praxis des Völkerstrafrechts, Heidelberg 2014, S. 191–197.

Dörner, Klaus u. Ebbinghaus, Angelika u. Linne, Karsten (Hrsg.): Der Nürnberger Ärzteprozess 1946/47. Wortprotokolle, Anklage- und Verteidigungsmaterial, Quellen zum Umfeld.

Deutsche und englische Ausgabe. Mikrofiche-Edition, München 2000/2001.

Dörr, Oliver u. Grote, Rainer u. Marauhn, Thilo: EMRK/GG Konkordanzkommentar zum europäischen und deutschen Grundrechtsschutz, Tübingen 2006.

Dreier, Horst: Gustav Radbruch und die Mauerschützen, JZ 1997, S. 421–434.

Duchhardt, Heinz: »Westphalian System«. Zur Problematik einer Denkfigur, in: Historische Zeitschrift 1999 (Jg. 269), S. 306.

Dülffer, Jost: Der Weg in den Krieg, in: Gerhard Hirschfeld u. Gerd Krumeich u. Irina Renz (Hrsg.), Enzyklopädie Erster Weltkrieg, 2. Aufl., Paderborn 2014, S. 233 ff.

Dülffer, Jost: The United Nations and the Origins of the Genocide Convention 1946–1948, in: Christoph Safferling u. Eckart Conze (Hrsg.), The Genocide Convention Sixty Years After its Adoption, Den Haag 2010, S. 55 ff.

Dunlap, Charles J.: Lawfare: A New Concept of War, Military Review 2017.

Earl, Hilary: Beweise, Zeugen, Narrative. Der Einsatzgruppen-Prozess und die historische Forschung zur Genese der »Endlösung«, in: Kim Christian Priemel u. Alexa Stiller (Hrsg.), NMT. Die Nürnberger Militärtribunale zwischen Geschichte Gerechtigkeit und Rechtschöpfung, Hamburg 2013, S. 127 ff.

Ehlers, Dirk: Die Europäische Menschenrechtskonvention, Jura 2000, S. 372–383.

Eichenberg, Julia: Crossroads in London on the Road to Nuremberg: The London International Assembly, Exile Governments and War Crimes, Journal of the History of International Law 24 (2022), S. 334–353.

Eisele, Jörg: Die Bedeutung der Europäischen Menschenrechtskonvention für das deutsche Strafverfahren, JA 2005, S. 390–395.

Frank, Peter u. Schneider-Glockzin, Holger: Terrorismus und Völkerstraftaten im bewaffneten Konflikt, NStZ 2017, S. 1–7.

Frei, Norbert: Vergangenheitspolitik. Die Anfänge der Bundesrepublik und die NS-Vergangenheit, München 1994.

Fröhlich, Claudia: Der »Ulmer Einsatzgruppenprozess« 1958. Die Wahrnehmung des ersten großen Holocaust-Prozesses als rechtsgeschichtliche Zäsur, in: Martin Löhnig u. Mareike Preisner u. Thomas Schlemmer (Hrsg.), Krieg und Recht. Die Ausdifferenzierung des Rechts von der ersten Haager Friedenskonferenz bis heute, Regenstauf 2014, S. 99 ff.

Fukuyama, Francis: The End of History and the Last Man, New York 1992.

Futamura, Madoka: War Crimes Tribunals and Transitional Justice. The Tokyo Trial and the Nuremberg legacy, Contemporary Security Studies 2008.

Geis, Max-Emanuel u. Bosiacki, Adam u. Safferling, Christoph (Hrsg.): Dealing with Totalitarian Regimes and Human Rights, Berlin 2024.

Geiß, Robin: »Failed States«. Die normative Erfassung gescheiterter Staaten, Berlin 2005.

Giegerich, Bastian: Hybrid Warfare and the Changing Character of Conflict, Connections Quarterly Journal 15 (2016), S. 65–72.

Gierhake, Katrin: Delikte nach dem Völkerstrafgesetzbuch – Tatbestandsprobleme und Beteiligungsfragen, NJW 2019, S. 1779–1781.

Glahé, Philipp: Amnestielobbyismus für NS-Verbrecher. Der Heidelberger Juristenkreis und die alliierte Justiz 1949–1955, Göttingen 2024.

Görtemaker, Manfred: Geschichte der Bundesrepublik Deutschland. Von der Gründung bis zur Gegenwart, München 1999.

Goldsmith, Jack L. u. Posner, Eric A.: The Limits of International Law, Oxford 2005.

Gornig Carolin: Der Ukraine-Konflikt aus völkerrechtlicher Sicht, Berlin 2020.

Gould, Matthew u. Rablen, Matthew D.: Reform of the United Nations Security Council: equity and efficiency, Public Choice 173 (2017), S. 145–168.

Grabenwarter, Christoph u. Pabel, Katharina: Europäische Menschenrechtskonvention, 7. Aufl., München 2021.

Graebke, Philipp: Die Verteidigung im Verfahren gegen Adolf Eichmann, in: Hiérmente, Mayeul u. Schneider, Patricia (Hrsg.), The Defence in International Criminal Trials. Observations on the Role of the Defence at the ICTY, ICTR and ICC, Baden-Baden 2016.

Grewe, Wilhelm: Die Epochen der modernen Völkerrechtsgeschichte, Zeitschrift für die gesamte Staatswissenschaft 1943 (Jg. 103), S. 38.

Gropp, Walter: Naturrecht oder Rückwirkungsverbot? – Zur Strafbarkeit der Berliner »Mauerschützen«, NJ 1996, S. 393–398.

Grotius, Hugo: De jure belli ac pacis, 1625, in moderner deutscher Übersetzung: Hugo Grotius, Drei Bücher vom Recht des Krieges und des Friedens, Tübingen 1950.

Hankel, Gerd: Der Prozess gegen Helmut Patzig, Ludwig Dithmar und John Boldt. Deutschland 1921–1931, in: Kurt Groenewold u. Alexander Ignor u. Arnd Koch (Hrsg.), Lexikon der Politischen Strafprozesse, https://www.lexikon-der-politischen-strafprozesse.de/glossar/patzig-helmut-ludwig-dithmar-und-john-boldt-1921-1931/ (zuletzt aufgerufen am 15.07.2025).

Hankel, Gerd: Die Leipziger Prozesse. Deutsche Kriegsverbrechen und ihre strafrechtliche Verfolgung nach dem Ersten Weltkrieg, Hamburg 2003.

Harris, Whitney R.: Tyrannen vor Gericht. Das Verfahren gegen die deutschen Hauptkriegsverbrecher nach dem Zweiten Weltkrieg in Nürnberg 1945–1946, Berlin 2008.

Hassel, Katrin: Kriegsverbrechen vor Gericht. Die Kriegsverbrecherprozesse vor Militärgerichten in der britischen Besatzungszone unter dem Royal Warrant vom 18. Juni 1945 (1945–1949), Baden-Baden 2008.

Hébert, Valerie: Befehlsempfänger und Helden oder Verschwörer und Verbrecher? Konzeptionen, Argumente und Probleme im OKW-Prozess, in: Kim Christian Priemel u. Alexa Stiller (Hrsg.), NMT. Die Nürnberger Militärtribunale zwischen Geschichte Gerechtigkeit und Rechtschöpfung, Hamburg 2013, S. 255 ff.

Hector, Pascal: Hybride Kriegsführung: Eine neue Herausforderung?, ZaöRV 76 2016, S. 513–526.

Hegel, Georg Wilhelm Friedrich: Grundlinien der Philosophie des Rechts, 1821. Werke in 20 Bänden, Redaktion: Eva Moldenhauer und Karl Markus Michel, Bd. 7, 13. Aufl., Berlin 2013.

Heller, Kevin Jon: The Nuremberg Military Tribunals and the Origins of International Criminal Law, Oxford 2011.

Hellmann, Gunther: Sollte Deutschland einen ständigen Sitz im UN-Sicherheitsrat erhalten? Nein!, Vereinte Nationen, 4/2023, S. 167, Berlin 2023.

Henninger, Hartmut: Menschenrechte und Frieden als Rechtsprinzipien des Völkerrechts, Tübingen 2013.

Herdegen, Matthias: Völkerrecht, 23. Aufl., München 2024.

Hertogen, An: Letting Lotus Bloom, EJIL 26 (2015), S. 901–926.

Herzl, Theodor: Der Judenstaat. Versuch einer modernen Lösung der Judenfrage, Leipzig und Wien 1896.

Hildebrand, Klaus: Das vergangene Reich. Deutsche Außenpolitik von Bismarck bis Hitler, München 2008.

Hilz, Wolfram: Kontinuität und Wandel deutscher Außenpolitik nach 1990, in: Bundeszentrale für politische Bildung (Hrsg.), Deutsche Außenpolitik. Informationen zur politischen Bildung, siehe: https://www.bpb.de/shop/zeitschriften/izpb/deutsche-aussenpolitik-304/7902/kontinuitaet-und-wandel-deutscher-aussenpolitik-nach-1990/(zuletzt aufgerufen am 19. 07. 2025).

Hobbes, Thomas: Leviathan oder Stoff, Form und Gewalt eines kirchlichen und bürgerlichen Staates, 1651. Aus dem Englischen von Walter Euchner. Kommentiert von Lothar R. Waas, Berlin 2011.

Hosfeld, Rolf u. Petrossian, Gurgen: Der Prozess gegen Soghomon Tehlirjan, Deutschland 1919–1921, in: Kurt Groenewold u. Alexander Ignor u. Arnd Koch (Hrsg.), Lexikon der Politischen Strafprozesse, https://lexikon-der-politischen-strafprozesse.de/glossar/tehlirjan-soghomon/ (zuletzt aufgerufen am 15. 07. 2025).

Hughes, R. Gerald: The Ghosts of Appeasement. Britain and the Legacy of the Munich Agreement, Journal of Contemporary History 2013, S. 688–716.

Huhle, Rainer: Ricardo J. Alfaro (1882 – 1971) Panama, Nürnberger Menschenrechtszentrum 2008.

Internationaler Militärgerichtshof: Der Prozeß gegen die Hauptkriegsverbrecher vor dem Internationalen Gerichtshof Nürnberg. Nürnberg 1947, Bd. 1–23.

Jackson, Robert H.: Report of Robert H. Jackson, United States

Representative to the International Conference on Military Trials, Washington 1949.

Jennings, R. Y.: The Caroline and McLeod Case, AJIL 32 (1938), S. 82–99.

Jeßberger, Florian u. Geneuss, Julia (Hrsg.): Zehn Jahre Völkerstrafgesetzbuch. Bilanz und Perspektiven eines »deutschen Völkerstrafrechts«, Baden-Baden 2013.

Jorgensen, Malcolm: Ideological Values and Norm Contestation in the ICC. The Afghanistan Investigation and American Opposition to Article 12(2)(a) Jurisdiction, in: Heike Krieger u. Andrea Liese (Hrsg.), Tracing Value Change in the International Legal Order. Perspectives from Legal and Political Science, Oxford 2023.

Jung, Susanne: Die Rechtsprobleme der Nürnberger Prozesse, Tübingen 1992.

Kant, Immanuel: Zum ewigen Frieden, 1796. Kommentar von Oliver Eberl und Peter Niesen, 3. Aufl. Berlin 2024.

Kastner, Klaus: Strafrechtliche Verantwortlichkeit für administratives Unrecht. Der Wilhelmstraßen-Prozess (1948/49), in: Matthias Jahn u. Hans Kudlich u. Franz Streng (Hrsg.), Strafrechtspraxis und Reform. Festschrift für Heinz Stöckel zum 70. Geburtstag, Berlin 2010, S. 499 ff.

Keldungs, Karl-Heinz: NS-Prozesse 1945–2015. Eine Bilanz aus juristischer Sicht, Düsseldorf 2019.

Kempner, Robert M. W.: Ankläger einer Epoche. Lebenserinnerungen. In Zusammenarbeit mit Jörg Friedrich, Frankfurt am Main 1983.

Kießling, Friedrich: Zur Einführung: Nationalsozialistische Außendarstellung und der fremde Blick. Die internationale Dimension der Reichsparteitage, in: Friedrich Kießling u. Gregor Schöllgen (Hrsg.), Bilder für die Welt. Die Reichsparteitage der NSDAP im Spiegel der ausländischen Presse, Köln 2006, S. 1 ff.

Kießling, Friedrich u. Safferling, Christoph: Der Streitfall. Wie die Demokratie nach Deutschland kam und wie wir sie neu beleben müssen, München 2024.

Kießling, Friedrich u. Safferling, Christoph: Staatsschutz im Kalten Krieg. Die Bundesanwaltschaft zwischen NS-Vergangenheit, Spiegel-Affäre und RAF, München 2021.

Kittrie, Orde F.: Lawfare. Law as a Weapon of War, Oxford 2016.

Koh, Harold H.: The Trump Administration and International Law, Oxford 2019.

Koshy, Ninan: The United Nations, the US and Northern Iraq, Economic and Political Weekly 1996, S. 2760–2765.

Krajewski, Markus: Selbstverteidigung gegen bewaffnete Angriffe nicht-staatlicher Organisationen – Der 11. September 2001 und seine Folgen, Archiv des Völkerrechts (AVR) 2002, S. 183–214.

Kramlinger, George D.: Sustained Coercive Air Presence, Air University Press, 2001.

Kremer, Markus (Hrsg.): Francisco Suárez. De pace – de bello: Über den Frieden – Über den Krieg, Stuttgart-Bad Cannstatt 2013.

Kreß, Claus: Vom Nutzen eines deutschen Völkerstrafgesetzbuchs, Baden-Baden 2000.

Kreß, Claus u. Schiffbauer, Björn: Erst versenkt, dann zu Völkerrecht erhoben, JA 2009, S. 611–617.

Kurnaz, Murat: Fünf Jahre meines Lebens. Ein Bericht aus Guantanamo, Berlin 2019.

Laudi, Florian: Sollte Deutschland einen ständigen Sitz im UN-Sicherheitsrat erhalten? Ja!, Vereinte Nationen, 4/2023, S. 166, Berlin 2023.

Lemkin, Raphael: Axis Rule in Occupied Europe. Laws of Occupation, Analysis of Government, Proposals for Redress, Washington 1944.

Lesaffer, Randall u. Nijman, Janne E. (Hrsg.): The Cambridge Companion to Hugo Grotius, Cambridge 2021.

Lohse, Eckart: Die Täuschung. Angela Merkel und ihre Deutschen, München 2024.

Lüder, Sascha Rolf u. Vormbaum, Thomas (Hrsg.): Materalien zum Völkerstrafgesetzbuch – Dokumentation des Gesetzgebungsverfahrens, Münster 2002.

Markard, Nora u. Steinke, Ronen: Jura Not Alone. 12 Ermutigungen, die Welt mit den Mitteln des Rechts zu verändern, Frankfurt 2024.

Melčić, Dunja (Hrsg.): Der Jugoslawien-Krieg. Handbuch zu Vorgeschichte, Verlauf und Konsequenzen, 2.Aufl., Wiesbaden 2007.

Mentel, Christian: Das Protokoll der Wannsee-Konferenz. Überlieferung, Veröffentlichung und revisionistische Infragestellung, in: Norbert Kampe u. Peter Klein (Hrsg.), Die Wannsee-Konferenz am 20. Januar 1942, Köln 2013, S. 116–138.

Merkel, Reinhard u. Wittmann, Roland (Hrsg.): »Zum ewigen Frieden«. Grundlagen, Aktualität und Aussichten einer Idee von Immanuel Kant, Frankfurt am Main 1996.

Metje, Tim M.: Grundrechte. Unverbindlichkeit eines militärischen Befehls aus Gewissensgründen, JA 2006, S. 97–99.

Mikolajczyk, Sascha und Mosa, Amir Makee: The case against Saddam Hussein before the Iraqi High Tribunal (IHT), Zeitschrift für Internationale Strafrechtsdogmatik 2007, S. 307–316.

Miquel, Marc von: Ahnden oder amnestieren?, Göttingen 2004.

Möller, Horst: Europa zwischen den Weltkriegen, München 1998.

Münkler, Herfried: Macht im Umbruch: Deutschlands Rolle in Europa und die Herausforderungen des 21. Jahrhunderts, Berlin 2025.

Neitzel, Sönke: Deutsche Krieger. Vom Kaiserreich zur Berliner Republik – eine Militärgeschichte, Berlin 2020.

Nußberger, Angelika: Entzweiung im Völkerrecht. Das Ringen um die Deutung des Völkerrechts zwischen Russland und dem Westen 1992–2022, in: Arnd Uhle u. Matthias Friehe (Hrsg.), Sicherheitsordnung in Europa. Analysen und Perspektiven nach dem Ende der Geschichte, Berlin 2023, S. 51.

Oellers-Frahm, Karin: Israel und die Mauer, Vereinte Nationen 2005, S. 104–107.

Osten, Philipp: Der Tokioter Kriegsverbrecherprozeß und die japanische Rechtswissenschaft, Berlin 2003.

Pendas, Devin O.: Der Auschwitz-Prozess. Völkermord vor Gericht, München 2013.

Peschel-Gutzeit, Lore Maria (Hrsg.): Das Nürnberger Juristen-Urteil von 1947. Historischer Zusammenhang und aktuelle Bezüge, Baden-Baden 1996.

Pittman, Thomas Wayde: The Road to the Establishment of the International Residual Mechanism for Criminal Tribunals.

From Completion to Continuation, in: JICJ Vol. 9, Issue 4 2011, S. 797–817.

Plesch, Daniel: Human Rights After Hitler. The Lost History of Prosecuting Axis War Crimes, Washington 2017.

Priemel, Kim Christian: The Betrayal. The Nuremberg Trials and German Divergence, Oxford 2016.

Priemel, Kim Christian u. Stiller, Alexa (Hrsg.): NMT. Die Nürnberger Militärtribunale zwischen Geschichte, Gerechtigkeit und Rechtschöpfung, Hamburg 2013.

Radbruch, Gustav: Gesetzliches Unrecht und übergesetzliches Recht, SJZ 1946, S. 105–108.

Raim, Edith: Justiz zwischen Diktatur und Demokratie. Wiederaufbau und Ahndung von NS-Verbrechen in Westdeutschland 1945–1949, München 2013.

Raming, Sean: The 1967 Russell Tribunal and transatlantic anti-war activism, Journal of Transatlantic Studies 2000. In deutscher Sprache vgl. Gassert, Philipp: Das Russell-Tribunal von 1966/67. »Blaming and Shaming« und die Nürnberger Prinzipien, in: Norbert Frei u. Annette Weinke, Toward a new moral world order? Menschenrechtspolitik und Völkerrecht seit 1945, Göttingen 2013, S. 149 ff.

Ramler, Siegfried: Die Nürnberger Prozesse, Frankfurt a. M. 2010.

Raube, Svenja: Das Gesetz zur Fortentwicklung des Völkerstrafrechts – zu den jüngsten Arbeiten am Bau für deutsche Weltrechtspflege, KriPoZ 2024, S. 278–297.

Reginbogin, Herbert u. Safferling, Christoph (Hrsg.): Die Nürnberger Prozesse. Völkerstrafrecht seit 1945, München 2006.

Reynolds, David: From World War to Cold War. Churchill, Roosevelt, and the International History of the 1940s, Oxford 2006.

Ritscher, Christian: Die Ermittlungstätigkeit des Generalbundesanwalts zum Völkerstrafrecht. Herausforderungen und Chancen, in: Christoph Safferling u. Stefan Kirsch (Hrsg.), Völkerstrafrechtspolitik. Praxis des Völkerstrafrechts, Heidelberg 2014, S. 223–235.

Roggemann, Herwig: Der Internationale Strafgerichtshof der Vereinten Nationen von 1993 und der Krieg auf dem Balkan, Berlin 1994.

Safferling, Christoph: Das humanitäre Völkerrecht im nicht-internationalen Konflikt und das deutsche Strafrecht, in: Volker Bouffier u. Hans-Detlef Horn u. Roman Poseck u. Henning Radtke u. Christoph Safferling (Hrsg.), Grundgesetz und Europa – Liber Amicorum für Herbert Landau zum Ausscheiden aus dem Bundesverfassungsgericht, Tübingen 2016, S. 437 ff.

Safferling, Christoph: »… daß es sich empfiehlt, generell tabula rasa zu machen …«. Die Anfänge der Abteilung II – Strafrecht im BMJ, in: Manfred Görtemaker u. Christoph Safferling (Hrsg.), Die Rosenburg. Das Bundesministerium der Justiz und die NS-Vergangenheit – eine Bestandsaufnahme, Göttingen 2013, S. 169 ff.

Safferling, Christoph: Die Strafbarkeit wegen »Conspiracy« in Nürnberg und ihre Bedeutung für die Gegenwart, Kritische Vierteljahresschrift für Gesetzgebung und Rechtswissenschaft (KritV) 2010, S. 65–82.

Safferling, Christoph: Fortentwicklung des Völkerstrafrechts in Deutschland. Die Eckpunkte des Bundesministeriums der Justiz, ZRP 2023, S. 122–125.

Safferling, Christoph: Internationales Strafrecht. Strafanwendungsrecht, Völkerstrafrecht, Europäisches Strafrecht, Heidelberg 2011.

Safferling, Christoph: Ist die Krise des Internationalen Strafgerichtshofs auch eine Krise des Völkerstrafrechts?, in: Marc Engelhart u. Hans Kudlich u. Benjamin Vogel (Hrsg.), Digitalisierung, Globalisierung und Risikoprävention. Festschrift für Ulrich Sieber zum 70. Geburtstag, Berlin 2021, S. 1235–1250.

Safferling, Christoph: Nürnberg und die Zukunft des Völkerstrafrechts. Die Bedeutung des Nürnberger Hauptkriegsverbrecherprozesses 70 Jahre nach seinem Beginn, JZ 2015, S. 1061–1068.

Safferling, Christoph: »War on Terror« – Der internationale Terrorismus als Herausforderung für Völkerrecht und Völkerstrafrecht, in: Frank Lüttig u. Jens Lehmann (Hrsg.), Der Kampf gegen den Terror in Gegenwart und Zukunft, Baden-Baden 2019.

Safferling, Christoph u. Conze, Eckart (Hrsg.): The Genocide

Convention Sixty Years After its Adoption, Den Haag 2010, S. 275.

Safferling, Christoph u. de Almeida, Diana: KZ Stutthof – Das vermutlich letzte Urteil des BGH wegen nationalsozialistischer Verbrechen, JZ 2025, S. 302–307.

Safferling, Christoph u. Graebke, Philipp: Strafverteidigung im Nürnberger Hauptkriegsverbrecherprozess. Strategien und Wirkung, ZStW 2011, S. 47–81.

Safferling, Christoph u. Hoffmann, Klaus: Die Ukraine als IStGH-Mitglied. Folgen und Herausforderungen, DRiZ 2024, S. 396–397.

Safferling, Christoph u. Kirsch, Stefan: Die Strafbarkeit von Bundeswehrangehörigen bei Auslandseinsätzen. Afghanistan ist kein rechtsfreier Raum, JA 2010, S. 81–86.

Safferling, Christoph u. Kirsch, Stefan: Zehn Jahre Völkerstrafgesetzbuch, JA 2012, S. 481–487.

Salleck, Benedikt: Strafverteidigung in den Nürnberger Prozessen. Prozessabläufe und Verteidigungsstrategien dargestellt am Wirken des Verteidigers Dr. Friedrich Bergold, Berlin 2016.

Satzger, Helmut: Das neue Völkerstrafgesetzbuch. Eine kritische Würdigung, NStZ 2002, S. 125–132.

Satzger, Helmut: Internationales und Europäisches Strafrecht, Strafanwendungsrecht, Europäisches Straf- und Strafverfahrensrecht, Völkerstrafrecht, 11. Aufl., Baden-Baden 2025.

Schabas, William: Genocide in International Law and International Relations Prior to 1948, in: Christoph Safferling u. Eckart Conze (Hrsg.), The Genocide Convention Sixty Years after its Adoption, Den Haag 2010, S. 19–34.

Schiller, Friedrich: Wallenstein. Ein dramatisches Gedicht. Zweiter Teil: Die Piccolomini. In fünf Aufzügen, 1799. Friedrich Schiller: Sämtliche Werke, Band 2, München 1962, S. 313.

Schlesinger, Stephen: Can the United Nations Reform?, World Policy Journal 1997, S. 47–52.

Schmid, Florian: An Unfortunate Trend of Vagueness: Why Germany Should Reconsider its Position on Functional Immunity Ratione Materiae, VerfBlog, 2024/2/01

Schulmeister-André, Irina: Internationale Strafgerichtsbarkeit unter sowjetischem Einfluss. Der Beitrag der UdSSR zum Nürnberger Hauptkriegsverbrecherprozess, Berlin 2016.

Schwab-Trapp, Michael: Kriegsdiskurse. Die politische Kultur des Krieges im Wandel 1991–1999, Berlin 2002.

Schwehm, Johannes: Präventive Selbstverteidigung. Eine vergleichende Analyse der völkerrechtlichen Debatte, Archiv des Völkerrechts (AVR) 2008, S. 368–406.

Schwöbel-Patel, Christine: Zwanzig Jahre Völkerstrafgesetzbuch. Deutsches Völkerstrafrecht und (dessen) Kolonialität, Archiv des Völkerrechts (AVR) 2023, S. 1–14.

Scott, James Brown: The Spanish Origin of International Law, Oxford 1934.

Seliger, Hubert: Politische Anwälte? Die Verteidiger der Nürnberger Prozesse, Baden-Baden 2016.

Slaughter, Anne-Marie: A New U.N. for a New Century, Fordham Law Review, Vol. 74, 2006, S. 2961–2970.

Snyder, Timothy: On Freedom, London 2024.

Stahl, Daniel: Bedrohliches Geschäft. Waffenhandel und Völkerrecht in Zeiten imperialer Expansion, Berlin 2024.

Stein, Torsten u. von Buttlar, Christian u. Kotzur, Markus: Völkerrecht, 15. Aufl., München 2024.

Steinke, Ronen: The Politics of International Criminal Justice, European Journal of International Law 2012, S. 1190–1191.

Stolle, Peer u. Singelnstein, Tobias: On the Aims and Actual Consequences of International Prosecution of Human Rights Crimes, in: Wolfgang Kaleck u. Michael Ratner u. Tobias Singelnstein u. Peter Weiss (Hrsg.), International Prosecution of Human Rights Crimes, Heidelberg u. a. 2007, S. 37 ff.

Tams, Christian J.: Der Goldstone-Bericht zum Gaza-Krieg 2008/2009 aus Sicht des Völkerrechts, Vereinte Nationen 2010, S. 243–248.

Taylor, Telford: Die Nürnberger Prozesse. Hintergründe, Analysen und Erkenntnisse aus heutiger Sicht, München 1994.

Tomuschat, Christian: Völkerrecht ist kein Zweiklassenrecht. Der Irak-Krieg und seine Folgen, Vereinte Nationen 2003, S. 41–46.

UN Department of Public Information, Yearbook of the United Nations 1946–47, https://digitallibrary.un.org/record/860253?-In=en&v=pdf (zuletzt aufgerufen am 15. 07. 2025).

Verdross, Alfred u. Simma, Bruno: Universelles Völkerrecht. Theorie und Praxis, 3. Aufl. 1984.

Vereinte Nationen: Die Palästinafrage. Ein kurzer historischer Überblick, New York 1980.

De Vitoria, Francisco: Relectio de iure belli, 1539. Vom Recht des Krieges der Spanier gegen die Barbaren, herausgegeben von Walter Schätzel, Franciscus de Victoria, De indis recenter inventis et de iure belli hispanorum in barabaros. Lateinischer Text nebst deutscher Übersetzung, Tübingen 1952.

Walser Smith, Helmut: Germany. A Nation in its Time. Before, During, and After Nationalism 1500–2000, New York 2020.

Walter, Christian: Der Ukraine-Krieg und das wertebasierte Völkerrecht, Juristenzeitung 2022, S. 473.

Walter, Tonio: Der Ulmer Einsatzgruppen-Prozess – Eine Urteilsanalyse, in: Martin Löhnig u. Mareike Preisner u. Thomas Schlemmer (Hrsg.), Krieg und Recht. Die Ausdifferenzierung des Rechts von der ersten Haager Friedenskonferenz bis heute, Regenstauf 2014, S. 123 ff.

Weinke, Annette: Die Nürnberger Prozesse, München 2019.

Weinke, Annette: Eine Gesellschaft ermittelt gegen sich selbst. Die Geschichte der Zentralen Stelle Ludwigsburg 1958–2008, Darmstadt 2009.

Wenzel, Matthias: Schutzverantwortung im Völkerrecht. Zu Möglichkeiten und Grenzen der »Responsibility to Protect«-Konzeption, Hamburg 2010.

Werle, Gerhard u. Jeßberger, Florian: Völkerstrafrecht, 5. Aufl., Tübingen 2020.

Wiggenhorn, Harald: Verliererjustiz. Die Leipziger Kriegsverbrecherprozesse nach dem Ersten Weltkrieg, Baden-Baden 2005.

Winkler, Heinrich August: Wie wir wurden, was wir sind. Eine kurze Geschichte der Deutschen, München 2020.

Woodward, Susan L.: The Ideology of Failed States. Why Intervention Fails, Cambridge 2017.

Yale School of public health: Russia's systematic program for the re-eduction & adoption of ukraine's children. A Conflict Observatory Report, New Haven 2023.

Yoo, John: International Law and the War in Iraq, American Journal of International Law 2003, S. 563–576.